INHALT

ÜBERSICHT
ÜBER DIE SZENENFOLGE

DER TRAGÖDIE ERSTER TEIL

← Die Pfeile verweisen auf Anmerkungen im Anhang.
Kurze Worterläuterungen stehen direkt neben dem Text.

1–32

ZUEIGNUNG

→

Ihr naht euch wieder, schwankende Gestalten,
Die früh sich einst dem trüben Blick gezeigt.
Versuch ich wohl, euch diesmal festzuhalten?
Fühl ich mein Herz noch jenem Wahn geneigt?
Ihr drängt euch zu! nun gut, so mögt ihr walten,
Wie ihr aus Dunst und Nebel um mich steigt;
Mein Busen fühlt sich jugendlich erschüttert
Vom Zauberhauch, der euren Zug umwittert.

Wahn Einbildungskraft, Gefühlsüberschwang

Ihr bringt mit euch die Bilder froher Tage,
Und manche liebe Schatten steigen auf;
Gleich einer alten, halb verklungnen Sage
Kommt erste Lieb und Freundschaft mit herauf;
Der Schmerz wird neu, es wiederholt die Klage
Des Lebens labyrinthisch irren Lauf,
Und nennt die Guten, die, um schöne Stunden
Vom Glück getäuscht, vor mir hinweggeschwunden.

Sie hören nicht die folgenden Gesänge,
Die Seelen, denen ich die ersten sang;
Zerstoben ist das freundliche Gedränge,
Verklungen, ach! der erste Widerklang.
Mein Lied ertönt der unbekannten Menge, →
Ihr Beifall selbst macht meinem Herzen bang,
Und was sich sonst an meinem Lied erfreuet,
Wenn es noch lebt, irrt in der Welt zerstreuet.

Und mich ergreift ein längst entwöhntes Sehnen
Nach jenem stillen, ernsten Geisterreich,
Es schwebet nun in unbestimmten Tönen
Mein lispelnd Lied, der Äolsharfe gleich, →
Ein Schauer fasst mich, Träne folgt den Tränen,
Das strenge Herz, es fühlt sich mild und weich;
Was ich besitze, seh ich wie im Weiten,
Und was verschwand, wird mir zu Wirklichkeiten.

←
VORSPIEL AUF DEM THEATER

Direktor. Theaterdichter. Lustige Person.

DIREKTOR. Ihr beiden, die ihr mir so oft,
In Not und Trübsal, beigestanden,
Sagt, was ihr wohl in deutschen Landen
Von unsrer Unternehmung hofft?
Ich wünschte sehr der Menge zu behagen,
Besonders weil sie lebt und leben lässt.
Die Pfosten sind, die Bretter aufgeschlagen,
Und jedermann erwartet sich ein Fest.
Sie sitzen schon, mit hohen Augenbraunen,
Gelassen da und möchten gern erstaunen.
Ich weiß, wie man den Geist des Volks versöhnt;
Doch so verlegen bin ich nie gewesen:
Zwar sind sie an das Beste nicht gewöhnt,
Allein sie haben schrecklich viel gelesen.
Wie machen wir's, dass alles frisch und neu
Und mit Bedeutung auch gefällig sei?
Denn freilich mag ich gern die Menge sehen,
Wenn sich der Strom nach unsrer Bude drängt
Und mit gewaltig wiederholten Wehen
Sich durch die enge Gnadenpforte zwängt,
Bei hellem Tage, schon vor vieren,
Mit Stößen sich bis an die Kasse ficht
Und, wie in Hungersnot um Brot an Bäckertüren,
Um ein Billett sich fast die Hälse bricht.
Dies Wunder wirkt auf so verschiedne Leute
Der Dichter nur; mein Freund, o tu es heute!

Gnadenpforte biblisch, vgl. Matth. 7, 13 f.

← DICHTER. O sprich mir nicht von jener bunten Menge,
Bei deren Anblick uns der Geist entflieht.
Verhülle mir das wogende Gedränge,
Das wider Willen uns zum Strudel zieht.
Nein, führe mich zur stillen Himmelsenge,
Wo nur dem Dichter reine Freude blüht,
Wo Lieb und Freundschaft unsres Herzens Segen
← Mit Götterhand erschaffen und erpflegen.
Ach! was in tiefer Brust uns da entsprungen,
Was sich die Lippe schüchtern vorgelallt,
Missraten jetzt und jetzt vielleicht gelungen,
Verschlingt des wilden Augenblicks Gewalt.
Oft, wenn es erst durch Jahre durchgedrungen,

Erscheint es in vollendeter Gestalt.
Was glänzt, ist für den Augenblick geboren,
Das Echte bleibt der Nachwelt unverloren.
LUSTIGE PERSON.
Wenn ich nur nichts von Nachwelt hören sollte.
Gesetzt, dass ich von Nachwelt reden wollte,
Wer machte denn der Mitwelt Spaß?
Den will sie doch und soll ihn haben.
Die Gegenwart von einem braven Knaben
Ist, dächt ich, immer auch schon was.
Wer sich behaglich mitzuteilen weiß,
Den wird des Volkes Laune nicht erbittern;
Er wünscht sich einen großen Kreis,
Um ihn gewisser zu erschüttern.
Drum seid nur brav und zeigt euch musterhaft,
Lasst Phantasie mit allen ihren Chören,
Vernunft, Verstand, Empfindung, Leidenschaft,
Doch, merkt euch wohl! nicht ohne Narrheit hören!
DIREKTOR. Besonders aber lasst genug geschehn!
Man kommt zu schaun, man will am liebsten sehn.
Wird vieles vor den Augen abgesponnen,
Sodass die Menge staunend gaffen kann,
Da habt Ihr in der Breite gleich gewonnen,
Ihr seid ein viel geliebter Mann.
Die Masse könnt Ihr nur durch Masse zwingen,
Ein jeder sucht sich endlich selbst was aus.
Wer vieles bringt, wird manchem etwas bringen;
Und jeder geht zufrieden aus dem Haus.
Gebt Ihr ein Stück, so gebt es gleich in Stücken! →
Solch ein Ragout, es muss Euch glücken;
Leicht ist es vorgelegt, so leicht als ausgedacht.
Was hilft's, wenn Ihr ein Ganzes dargebracht,
Das Publikum wird es Euch doch zerpflücken.
DICHTER.
Ihr fühlet nicht, wie schlecht ein solches Handwerk sei!
Wie wenig das dem echten Künstler zieme!
Der saubern Herren Pfuscherei →
Ist, merk ich, schon bei Euch Maxime.
DIREKTOR. Ein solcher Vorwurf lässt mich ungekränkt:
Ein Mann, der recht zu wirken denkt,
Muss auf das beste Werkzeug halten.
Bedenkt, Ihr habet weiches Holz zu spalten,
Und seht nur hin, für wen Ihr schreibt!

Ragout *(franz.)* Mischgericht

Wenn diesen Langeweile treibt,
Kommt jener satt vom übertischten Mahle,
Und, was das Allerschlimmste bleibt,
Gar mancher kommt vom Lesen der Journale.
Man eilt zerstreut zu uns, wie zu den Maskenfesten,
Und Neugier nur beflügelt jeden Schritt;
Die Damen geben sich und ihren Putz zum Besten
Und spielen ohne Gage mit.
Was träumet Ihr auf Eurer Dichterhöhe?
Was macht ein volles Haus Euch froh?
Beseht die Gönner in der Nähe!
Halb sind sie kalt, halb sind sie roh.
Der, nach dem Schauspiel, hofft ein Kartenspiel,
Der eine wilde Nacht an einer Dirne Busen.
Was plagt ihr armen Toren viel,
Zu solchem Zweck, die holden Musen?
Ich sag Euch, gebt nur mehr und immer, immer mehr,
So könnt Ihr Euch vom Ziele nie verirren.
Sucht nur die Menschen zu verwirren,
Sie zu befriedigen, ist schwer – –
Was fällt Euch an? Entzückung oder Schmerzen?
DICHTER. Geh hin und such dir einen andern Knecht!
Der Dichter sollte wohl das höchste Recht,
Das Menschenrecht, das ihm Natur vergönnt,
Um deinetwillen freventlich verscherzen!
Wodurch bewegt er alle Herzen?
Wodurch besiegt er jedes Element?
Ist es der Einklang nicht, der aus dem Busen dringt
Und in sein Herz die Welt zurücke schlingt?
Wenn die Natur des Fadens ew'ge Länge,
Gleichgültig drehend, auf die Spindel zwingt,
Wenn aller Wesen unharmon'sche Menge
Verdrießlich durcheinander klingt,
Wer teilt die fließend immer gleiche Reihe
Belebend ab, dass sie sich rhythmisch regt?
Wer ruft das Einzelne zur allgemeinen Weihe,
Wo es in herrlichen Akkorden schlägt?
Wer lässt den Sturm zu Leidenschaften wüten?
Das Abendrot im ernsten Sinne glühn?
Wer schüttet alle schönen Frühlingsblüten
Auf der Geliebten Pfade hin?
Wer flicht die unbedeutend grünen Blätter
Zum Ehrenkranz Verdiensten jeder Art?

Wer sichert den Olymp? vereinet Götter? →
Des Menschen Kraft, im Dichter offenbart.

LUSTIGE PERSON.
So braucht sie denn, die schönen Kräfte,
Und treibt die dichtrischen Geschäfte,
Wie man ein Liebesabenteuer treibt.
Zufällig naht man sich, man fühlt, man bleibt,
Und nach und nach wird man verflochten;
Es wächst das Glück, dann wird es angefochten,
Man ist entzückt, nun kommt der Schmerz heran,
Und eh man sich's versieht, ist's eben ein Roman.
Lasst uns auch so ein Schauspiel geben!
Greift nur hinein ins volle Menschenleben!
Ein jeder lebt's, nicht vielen ist's bekannt,
Und wo ihr's packt, da ist's interessant.
In bunten Bildern wenig Klarheit,
Viel Irrtum und ein Fünkchen Wahrheit,
So wird der beste Trank gebraut,
Der alle Welt erquickt und auferbaut. →
Dann sammelt sich der Jugend schönste Blüte
Vor eurem Spiel und lauscht der Offenbarung,
Dann sauget jedes zärtliche Gemüte
Aus eurem Werk sich melanchol'sche Nahrung,
Dann wird bald dies, bald jenes aufgeregt,
Ein jeder sieht, was er im Herzen trägt.
Noch sind sie gleich bereit, zu weinen und zu lachen,
Sie ehren noch den Schwung, erfreuen sich am Schein;
Wer fertig ist, dem ist nichts recht zu machen;
Ein Werdender wird immer dankbar sein.

DICHTER. So gib mir auch die Zeiten wieder,
Da ich noch selbst im Werden war,
Da sich ein Quell gedrängter Lieder
Ununterbrochen neu gebar,
Da Nebel mir die Welt verhüllten,
Die Knospe Wunder noch versprach,
Da ich die tausend Blumen brach,
Die alle Täler reichlich füllten.
Ich hatte nichts und doch genug:
Den Drang nach Wahrheit und die Lust am Trug.
Gib ungebändigt jene Triebe,
Das tiefe, schmerzenvolle Glück,
Des Hasses Kraft, die Macht der Liebe,
Gib meine Jugend mir zurück!

LUSTIGE PERSON.
Der Jugend, guter Freund, bedarfst du allenfalls,
Wenn dich in Schlachten Feinde drängen,
Wenn mit Gewalt an deinen Hals
Sich allerliebste Mädchen hängen,
Wenn fern des schnellen Laufes Kranz
Vom schwer erreichten Ziele winket,
Wenn nach dem heft'gen Wirbeltanz
Die Nächte schmausend man vertrinket.
Doch ins bekannte Saitenspiel
Mit Mut und Anmut einzugreifen,
Nach einem selbst gesteckten Ziel
Mit holdem Irren hinzuschweifen,
Das, alte Herrn, ist eure Pflicht,
Und wir verehren euch darum nicht minder.
Das Alter macht nicht kindisch, wie man spricht,
Es findet uns nur noch als wahre Kinder.
DIREKTOR. Der Worte sind genug gewechselt,
Lasst mich auch endlich Taten sehn!
Indes ihr Komplimente drechselt,
Kann etwas Nützliches geschehn.
Was hilft es viel von Stimmung reden?
Dem Zaudernden erscheint sie nie.
Gebt ihr euch einmal für Poeten,
← So kommandiert die Poesie.
Euch ist bekannt, was wir bedürfen:
Wir wollen stark Getränke schlürfen;
Nun braut mir unverzüglich dran!
Was heute nicht geschieht, ist morgen nicht getan,
Und keinen Tag soll man verpassen.
Das Mögliche soll der Entschluss
Beherzt sogleich beim Schopfe fassen,
Er will es dann nicht fahren lassen
Und wirket weiter, weil er muss.

Ihr wisst, auf unsern deutschen Bühnen
Probiert ein jeder, was er mag;
Drum schonet mir an diesem Tag
← Prospekte nicht und nicht Maschinen.
Gebraucht das groß und kleine Himmelslicht,
Die Sterne dürfet ihr verschwenden;
An Wasser, Feuer, Felsenwänden,
An Tier und Vögeln fehlt es nicht.

das groß und kleine Himmelslicht vgl. 1. Mose 1, 16

So schreitet in dem engen Bretterhaus
Den ganzen Kreis der Schöpfung aus
Und wandelt mit bedächt'ger Schnelle
Vom Himmel durch die Welt zur Hölle. →

PROLOG IM HIMMEL

Der Herr. Die himmlischen Heerscharen.
Nachher Mephistopheles.
Die drei Erzengel treten vor.

RAPHAEL. Die Sonne tönt nach alter Weise
In Brudersphären Wettgesang,
Und ihre vorgeschriebne Reise
Vollendet sie mit Donnergang.
Ihr Anblick gibt den Engeln Stärke,
Wenn keiner sie ergründen mag;
Die unbegreiflich hohen Werke
Sind herrlich wie am ersten Tag.
GABRIEL. Und schnell und unbegreiflich schnelle
Dreht sich umher der Erde Pracht;
Es wechselt Paradieseshelle
Mit tiefer, schauervoller Nacht;
Es schäumt das Meer in breiten Flüssen
Am tiefen Grund der Felsen auf,
Und Fels und Meer wird fortgerissen
In ewig schnellem Sphärenlauf.
MICHAEL. Und Stürme brausen um die Wette,
Vom Meer aufs Land, vom Land aufs Meer,
Und bilden wütend eine Kette
Der tiefsten Wirkung rings umher.
Da flammt ein blitzendes Verheeren
Dem Pfade vor des Donnerschlags;
Doch deine Boten, Herr, verehren
Das sanfte Wandeln deines Tags.
ZU DREI. Der Anblick gibt den Engeln Stärke,
Da keiner dich ergründen mag,
Und alle deine hohen Werke
Sind herrlich wie am ersten Tag.
MEPHISTOPHELES. Da du, o Herr, dich einmal wieder nahst
Und fragst, wie alles sich bei uns befinde,
Und du mich sonst gewöhnlich gerne sahst,
So siehst du mich auch unter dem Gesinde.
Verzeih, ich kann nicht hohe Worte machen,
Und wenn mich auch der ganze Kreis verhöhnt;
Mein Pathos brächte dich gewiss zum Lachen,
Hättst du dir nicht das Lachen abgewöhnt.
Von Sonn und Welten weiß ich nichts zu sagen,

Ich sehe nur, wie sich die Menschen plagen.
Der kleine Gott der Welt bleibt stets von gleichem Schlag, →
Und ist so wunderlich als wie am ersten Tag.
Ein wenig besser würd er leben,
Hättst du ihm nicht den Schein des Himmelslichts gegeben;
Er nennt's Vernunft und braucht's allein,
Nur tierischer als jedes Tier zu sein.
Er scheint mir, mit Verlaub von Euer Gnaden,
Wie eine der langbeinigen Zikaden,
Die immer fliegt und fliegend springt
Und gleich im Gras ihr altes Liedchen singt;
Und läg er nur noch immer in dem Grase!
In jeden Quark begräbt er seine Nase.

Zikade *(lat.)* Baumgrille

DER HERR. Hast du mir weiter nichts zu sagen?
Kommst du nur immer anzuklagen?
Ist auf der Erde ewig dir nichts recht?
MEPHISTOPHELES.
Nein, Herr! ich find es dort, wie immer, herzlich schlecht.
Die Menschen dauern mich in ihren Jammertagen,
Ich mag sogar die armen selbst nicht plagen.
DER HERR. Kennst du den Faust?
MEPHISTOPHELES. Den Doktor?
DER HERR Meinen Knecht!
MEPHISTOPHELES.
Fürwahr! er dient Euch auf besondre Weise.
Nicht irdisch ist des Toren Trank noch Speise.
Ihn treibt die Gärung in die Ferne,
Er ist sich seiner Tollheit halb bewusst;
Vom Himmel fordert er die schönsten Sterne.
Und von der Erde jede höchste Lust,
Und alle Näh und alle Ferne
Befriedigt nicht die tief bewegte Brust.
DER HERR. Wenn er mir jetzt auch nur verworren dient,
So werd ich ihn bald in die Klarheit führen.
Weiß doch der Gärtner, wenn das Bäumchen grünt,
Dass Blüt und Frucht die künft'gen Jahre zieren.
MEPHISTOPHELES.
Was wettet Ihr? den sollt Ihr noch verlieren,
Wenn Ihr mir die Erlaubnis gebt,
Ihn meine Straße sacht zu führen!
DER HERR. Solang er auf der Erde lebt,
Solange sei dir's nicht verboten.
Es irrt der Mensch, solang er strebt.

MEPHISTOPHELES. Da dank ich Euch; denn mit den Toten
Hab ich mich niemals gern befangen.
Am meisten lieb ich mir die vollen, frischen Wangen.
Für einen Leichnam bin ich nicht zu Haus;
Mir geht es wie der Katze mit der Maus.
DER HERR. Nun gut, es sei dir überlassen!
Zieh diesen Geist von seinem Urquell ab,
Und führ ihn, kannst du ihn erfassen,
Auf deinem Wege mit herab,
Und steh beschämt, wenn du bekennen musst:
Ein guter Mensch in seinem dunklen Drange
Ist sich des rechten Weges wohl bewusst.
MEPHISTOPHELES. Schon gut! nur dauert es nicht lange.
Mir ist für meine Wette gar nicht bange.
Wenn ich zu meinem Zweck gelange,
Erlaubt Ihr mir Triumph aus voller Brust.
← Staub soll er fressen, und mit Lust,
Wie meine Muhme, die berühmte Schlange.
← DER HERR. Du darfst auch da nur frei erscheinen;
Ich habe deinesgleichen nie gehasst.
Von allen Geistern, die verneinen,
Schalk Spaßvogel
Ist mir der Schalk am wenigsten zur Last.
Des Menschen Tätigkeit kann allzu leicht erschlaffen,
Er liebt sich bald die unbedingte Ruh;
Drum geb ich gern ihm den Gesellen zu,
Der reizt und wirkt und muss als Teufel schaffen. –
← Doch ihr, die echten Göttersöhne,
Erfreut euch der lebendig reichen Schöne!
Das Werdende, das ewig wirkt und lebt,
Umfass euch mit der Liebe holden Schranken,
Und was in schwankender Erscheinung schwebt,
Befestiget mit dauernden Gedanken.
(Der Himmel schließt, die Erzengel verteilen sich.)
MEPHISTOPHELES *(allein)*.
Von Zeit zu Zeit seh ich den Alten gern,
Und hüte mich, mit ihm zu brechen.
Es ist gar hübsch von einem großen Herrn,
So menschlich mit dem Teufel selbst zu sprechen.

DER TRAGÖDIE ERSTER TEIL →

NACHT

In einem hoch gewölbten, engen gotischen Zimmer
Faust unruhig auf seinem Sessel am Pulte.

FAUST. Habe nun, ach! Philosophie,
Juristerei und Medizin,
Und leider auch Theologie
Durchaus studiert, mit heißem Bemühn.
Da steh ich nun, ich armer Tor,
Und bin so klug als wie zuvor!
Heiße Magister, heiße Doktor gar, →
Und ziehe schon an die zehen Jahr'
Herauf, herab und quer und krumm
Meine Schüler an der Nase herum –
Und sehe, dass wir nichts wissen können!
Das will mir schier das Herz verbrennen.
Zwar bin ich gescheiter als alle die Laffen,
Doktoren, Magister, Schreiber und Pfaffen;
Mich plagen keine Skrupel noch Zweifel,
Fürchte mich weder vor Hölle noch Teufel –
Dafür ist mir auch alle Freud entrissen,
Bilde mir nicht ein, was Rechts zu wissen,
Bilde mir nicht ein, ich könnte was lehren,
Die Menschen zu bessern und zu bekehren.
Auch hab ich weder Gut noch Geld,
Noch Ehr und Herrlichkeit der Welt;
Es möchte kein Hund so länger leben!
Drum hab ich mich der Magie ergeben, →
Ob mir durch Geistes Kraft und Mund
Nicht manch Geheimnis würde kund;
Dass ich nicht mehr mit sauerm Schweiß
Zu sagen brauche, was ich nicht weiß;
Dass ich erkenne, was die Welt
Im Innersten zusammenhält,
Schau alle Wirkenskraft und Samen →
Und tu nicht mehr in Worten kramen.

O sähst du, voller Mondenschein,
Zum letzten Mal auf meine Pein,
Den ich so manche Mitternacht

An diesem Pult herangewacht:
Dann über Büchern und Papier,
Trübsel'ger Freund, erschienst du mir!
Ach! könnt ich doch auf Bergeshöhn
In deinem lieben Lichte gehn,
Um Bergeshöhle mit Geistern schweben,
Auf Wiesen in deinem Dämmer weben,
Von allem Wissensqualm entladen,
In deinem Tau gesund mich baden!

Weh! steck ich in dem Kerker noch?
Verfluchtes dumpfes Mauerloch,
Wo selbst das liebe Himmelslicht
Trüb durch gemalte Scheiben bricht!
Beschränkt von diesem Bücherhauf,
Den Würme nagen, Staub bedeckt,
Den, bis ans hohe Gewölb hinauf,
Ein angeraucht Papier umsteckt;
Mit Gläsern, Büchsen rings umstellt,
Mit Instrumenten voll gepfropft,
Urväter-Hausrat drein gestopft –
Das ist deine Welt! das heißt eine Welt!

Würme alter Plural für Würmer

←

Und fragst du noch, warum dein Herz
Sich bang in deinem Busen klemmt?
Warum ein unerklärter Schmerz
Dir alle Lebensregung hemmt?
Statt der lebendigen Natur,
Da Gott die Menschen schuf hinein,
Umgibt in Rauch und Moder nur
Dich Tiergeripp und Totenbein.

Flieh! auf! hinaus ins weite Land!
Und dies geheimnisvolle Buch,
Von Nostradamus' eigner Hand,
Ist dir es nicht Geleit genug?
Erkennest dann der Sterne Lauf,
Und wenn Natur dich unterweist,
Dann geht die Seelenkraft dir auf,
Wie spricht ein Geist zum andern Geist.
Umsonst, dass trocknes Sinnen hier
Die heil'gen Zeichen dir erklärt:
Ihr schwebt, ihr Geister, neben mir;

←

Antwortet mir, wenn ihr mich hört!
(Er schlägt das Buch auf und erblickt das Zeichen des Makrokosmus.) →
Ha! welche Wonne fließt in diesem Blick
Auf einmal mir durch alle meine Sinnen!
Ich fühle junges, heil'ges Lebensglück
Neu glühend mir durch Nerv' und Adern rinnen.
War es ein Gott, der diese Zeichen schrieb,
Die mir das innre Toben stillen,
Das arme Herz mit Freude füllen
Und mit geheimnisvollem Trieb
Die Kräfte der Natur rings um mich her enthüllen?
Bin ich ein Gott? Mir wird so licht!
Ich schau in diesen reinen Zügen
Die wirkende Natur vor meiner Seele liegen.
Jetzt erst erkenn ich, was der Weise spricht:
„Die Geisterwelt ist nicht verschlossen;
Dein Sinn ist zu, dein Herz ist tot!
Auf, bade, Schüler, unverdrossen
Die ird'sche Brust im Morgenrot!"
(Er beschaut das Zeichen.)
Wie alles sich zum Ganzen webt,
Eins in dem andern wirkt und lebt!
Wie Himmelskräfte auf und nieder steigen →
Und sich die goldnen Eimer reichen!
Mit segenduftenden Schwingen
Vom Himmel durch die Erde dringen,
Harmonisch all das All durchklingen!

Welch Schauspiel! Aber ach! ein Schauspiel nur!
Wo fass ich dich, unendliche Natur?
Euch Brüste, wo? Ihr Quellen alles Lebens, →
An denen Himmel und Erde hängt,
Dahin die welke Brust sich drängt –
Ihr quellt, ihr tränkt, und schmacht ich so vergebens?
(Er schlägt unwillig das Buch um und erblickt das Zeichen des Erdgeistes.) →
Wie anders wirkt dies Zeichen auf mich ein!
Du, Geist der Erde, bist mir näher;
Schon fühl ich meine Kräfte höher,
Schon glüh ich wie von neuem Wein,
Ich fühle Mut, mich in die Welt zu wagen,
Der Erde Weh, der Erde Glück zu tragen,

Mit Stürmen mich herumzuschlagen
Und in des Schiffbruchs Knirschen nicht zu zagen.
Es wölkt sich über mir –
Der Mond verbirgt sein Licht –
Die Lampe schwindet!
Es dampft – Es zucken rote Strahlen
Mir um das Haupt – Es weht
Ein Schauer vom Gewölb herab
Und fasst mich an!
Ich fühl's, du schwebst um mich, erflehter Geist.
Enthülle dich!
Ha! wie's in meinem Herzen reißt!
Zu neuen Gefühlen
All' meine Sinnen sich erwühlen!
Ich fühle ganz mein Herz dir hingegeben!
Du musst! du musst! und kostet es mein Leben!

(Er fasst das Buch und spricht das Zeichen des Geistes geheimnisvoll aus. Es zuckt eine rötliche Flamme, der Geist erscheint in der Flamme.)

Wer ruft mir?
Wer ruft nach mir?

GEIST. Wer ruft mir?
FAUST *(abgewendet)*. Schreckliches Gesicht!
GEIST. Du hast mich mächtig angezogen,
An meiner Sphäre lang gesogen,
Und nun –
FAUST. Weh! ich ertrag dich nicht!

eratmend
Verstärkung des Verbs durch die Vorsilbe

GEIST. Du flehst eratmend, mich zu schauen,
Meine Stimme zu hören, mein Antlitz zu sehn;
Mich neigt dein mächtig Seelenflehn,
Da bin ich! – Welch erbärmlich Grauen
Fasst Übermenschen dich! Wo ist der Seele Ruf?
Wo ist die Brust, die eine Welt in sich erschuf
Und trug und hegte, die mit Freudebeben
Erschwoll, sich uns, den Geistern, gleich zu heben?
Wo bist du, Faust, des Stimme mir erklang,
Der sich an mich mit allen Kräften drang?
Bist du es, der, von meinem Hauch umwittert,
In allen Lebenstiefen zittert,
Ein furchtsam weggekrümmter Wurm?
FAUST. Soll ich dir, Flammenbildung, weichen?
Ich bin's, bin Faust, bin deinesgleichen!
GEIST. In Lebensfluten, im Tatensturm
Wall ich auf und ab,
Webe hin und her!

Geburt und Grab,
Ein ewiges Meer,
Ein wechselnd Weben,
Ein glühend Leben,
So schaff ich am sausenden Webstuhl der Zeit
Und wirke der Gottheit lebendiges Kleid.

FAUST. Der du die weite Welt umschweifst,
Geschäftiger Geist, wie nah fühl ich mich dir!

GEIST. Du gleichst dem Geist, den du begreifst,
Nicht mir! *(Verschwindet.)*

FAUST *(zusammenstürzend).* Nicht dir?
Wem denn?
Ich Ebenbild der Gottheit!
Und nicht einmal dir! *(Es klopft.)*
O Tod! ich kenn's – das ist mein Famulus –
Es wird mein schönstes Glück zunichte!
Dass diese Fülle der Gesichte
Der trockne Schleicher stören muss!

Wagner im Schlafrocke und der Nachtmütze, eine Lampe in der Hand. Faust wendet sich unwillig.

WAGNER. Verzeiht! ich hör Euch deklamieren;
Ihr last gewiss ein griechisch Trauerspiel?
In dieser Kunst möcht ich was profitieren,
Denn heutzutage wirkt das viel.
Ich hab es öfters rühmen hören,
Ein Komödiant könnt einen Pfarrer lehren.

FAUST. Ja, wenn der Pfarrer ein Komödiant ist;
Wie das denn wohl zu Zeiten kommen mag.

WAGNER. Ach! wenn man so in sein Museum gebannt ist,
Und sieht die Welt kaum einen Feiertag,
Kaum durch ein Fernglas, nur von weiten,
Wie soll man sie durch Überredung leiten?

FAUST. Wenn ihr's nicht fühlt, ihr werdet's nicht erjagen,
Wenn es nicht aus der Seele dringt
Und mit urkräftigem Behagen
Die Herzen aller Hörer zwingt.
Sitzt ihr nur immer! Leimt zusammen,
Braut ein Ragout von andrer Schmaus,
Und blast die kümmerlichen Flammen
Aus eurem Aschenhäufchen 'raus!
Bewundrung von Kindern und Affen,
Wenn euch darnach der Gaumen steht –
Doch werdet ihr nie Herz zu Herzen schaffen,

Ebenbild der Gottheit biblisch, 1. Mose, 1, 27

Famulus *(lat.)* Gehilfe

Museum im 18. Jahrhundert Bezeichnung für die Studierstube

Wenn es euch nicht von Herzen geht.
WAGNER. Allein der Vortrag macht des Redners Glück;
Ich fühl es wohl, noch bin ich weit zurück.
FAUST. Such Er den redlichen Gewinn!
Sei Er kein schellenlauter Tor!
Es trägt Verstand und rechter Sinn
Mit wenig Kunst sich selber vor;
Und wenn's euch Ernst ist, was zu sagen,
Ist's nötig, Worten nachzujagen?
Ja, eure Reden, die so blinkend sind,
← In denen ihr der Menschheit Schnitzel kräuselt,
Sind unerquicklich wie der Nebelwind,
Der herbstlich durch die dürren Blätter säuselt!
WAGNER. Ach Gott! die Kunst ist lang,
Und kurz ist unser Leben.
Mir wird, bei meinem kritischen Bestreben,
Doch oft um Kopf und Busen bang.
Wie schwer sind nicht die Mittel zu erwerben,
Durch die man zu den Quellen steigt!
Und eh man nur den halben Weg erreicht,
Muss wohl ein armer Teufel sterben.
FAUST. Das Pergament, ist das der heil'ge Bronnen,
Woraus ein Trunk den Durst auf ewig stillt?
Erquickung hast du nicht gewonnen,
Wenn sie dir nicht aus eigner Seele quillt.
WAGNER. Verzeiht! es ist ein groß Ergetzen,
Sich in den Geist der Zeiten zu versetzen;
Zu schauen, wie vor uns ein weiser Mann gedacht,
Und wie wir's dann zuletzt so herrlich weit gebracht.
FAUST. O ja, bis an die Sterne weit!
Mein Freund, die Zeiten der Vergangenheit
Sind uns ein Buch mit sieben Siegeln.
Was ihr den Geist der Zeiten heißt,
Das ist im Grund der Herren eigner Geist,
In dem die Zeiten sich bespiegeln.
Da ist's denn wahrlich oft ein Jammer!
Man läuft euch bei dem ersten Blick davon:
Ein Kehrichtfass und eine Rumpelkammer
← Und höchstens eine Haupt- und Staatsaktion
← Mit trefflichen pragmatischen Maximen,
Wie sie den Puppen wohl im Munde ziemen!
WAGNER. Allein die Welt! des Menschen Herz und Geist!
Möcht jeglicher doch was davon erkennen.

ein Buch mit sieben Siegeln biblisch, Offenbarung Joh. 5,1

FAUST. Ja, was man so erkennen heißt!
Wer darf das Kind beim rechten Namen nennen?
Die wenigen, die was davon erkannt,
Die töricht gnug ihr volles Herz nicht wahrten,
Dem Pöbel ihr Gefühl, ihr Schauen offenbarten,
Hat man von je gekreuzigt und verbrannt.
Ich bitt Euch, Freund, es ist tief in der Nacht,
Wir müssen's diesmal unterbrechen.
WAGNER. Ich hätte gern nur immer fortgewacht,
Um so gelehrt mit Euch mich zu besprechen.
Doch morgen, als am ersten Ostertage,
Erlaubt mir ein und andre Frage.
Mit Eifer hab ich mich der Studien beflissen;
Zwar weiß ich viel, doch möcht ich alles wissen. *(Ab.)*
FAUST *(allein).* →
Wie nur dem Kopf nicht alle Hoffnung schwindet,
Der immerfort an schalem Zeuge klebt,
Mit gier'ger Hand nach Schätzen gräbt,
Und froh ist, wenn er Regenwürmer findet!
Darf eine solche Menschenstimme hier,
Wo Geisterfülle mich umgab, ertönen?
Doch ach! für diesmal dank ich dir,
Dem ärmlichsten von allen Erdensöhnen.
Du rissest mich von der Verzweiflung los,
Die mir die Sinne schon zerstören wollte.
Ach! die Erscheinung war so riesengroß,
Dass ich mich recht als Zwerg empfinden sollte.

Ich, Ebenbild der Gottheit, das sich schon
Ganz nah gedünkt dem Spiegel ew'ger Wahrheit,
Sein selbst genoss in Himmelsglanz und Klarheit,
Und abgestreift den Erdensohn;
Ich, mehr als Cherub, dessen freie Kraft →
Schon durch die Adern der Natur zu fließen
Und, schaffend, Götterleben zu genießen
Sich ahnungsvoll vermaß, wie muss ich's büßen!
Ein Donnerwort hat mich hinweggerafft.

Nicht darf ich dir zu gleichen mich vermessen!
Hab ich die Kraft dich anzuziehn besessen,
So hatt ich dich zu halten keine Kraft.
In jenem sel'gen Augenblicke
Ich fühlte mich so klein, so groß;

Du stießest grausam mich zurücke,
Ins ungewisse Menschenlos.
Wer lehret mich? was soll ich meiden?
Soll ich gehorchen jenem Drang?
Ach! unsre Taten selbst, so gut als unsre Leiden,
Sie hemmen unsres Lebens Gang.

Dem Herrlichsten, was auch der Geist empfangen,
Drängt immer fremd und fremder Stoff sich an;
Wenn wir zum Guten dieser Welt gelangen,
Dann heißt das Bessre Trug und Wahn.
Die uns das Leben gaben, herrliche Gefühle,
Erstarren in dem irdischen Gewühle.

Wenn Phantasie sich sonst mit kühnem Flug
Und hoffnungsvoll zum Ewigen erweitert,
So ist ein kleiner Raum ihr nun genug,
Wenn Glück auf Glück im Zeitenstrudel scheitert.
Die Sorge nistet gleich im tiefen Herzen,
Dort wirket sie geheime Schmerzen,
Unruhig wiegt sie sich und störet Lust und Ruh;
Sie deckt sich stets mit neuen Masken zu,
Sie mag als Haus und Hof, als Weib und Kind erscheinen,
Als Feuer, Wasser, Dolch und Gift;
Du bebst vor allem, was nicht trifft,
Und was du nie verlierst, das musst du stets beweinen.

Den Göttern gleich ich nicht! Zu tief ist es gefühlt;
Dem Wurme gleich ich, der den Staub durchwühlt,
Den, wie er sich im Staube nährend lebt,
Des Wandrers Tritt vernichtet und begräbt.

Ist es nicht Staub, was diese hohe Wand
Aus hundert Fächern mir verenget,
Der Trödel, der mit tausendfachem Tand
In dieser Mottenwelt mich dränget?
Hier soll ich finden, was mir fehlt?
Soll ich vielleicht in tausend Büchern lesen,
Dass überall die Menschen sich gequält,
Dass hie und da ein Glücklicher gewesen? –
Was grinsest du mir, hohler Schädel, her,
Als dass dein Hirn wie meines einst verwirret
← Den leichten Tag gesucht und in der Dämmrung schwer,

Mit Lust nach Wahrheit, jämmerlich geirret?
Ihr Instrumente freilich spottet mein
Mit Rad und Kämmen, Walz und Bügel:
Ich stand am Tor, ihr solltet Schlüssel sein;
Zwar euer Bart ist kraus, doch hebt ihr nicht die Riegel.
Geheimnisvoll am lichten Tag
Lässt sich Natur des Schleiers nicht berauben,
Und was sie deinem Geist nicht offenbaren mag,
Das zwingst du ihr nicht ab mit Hebeln und mit Schrauben.
Du alt Geräte, das ich nicht gebraucht,
Du stehst nur hier, weil dich mein Vater brauchte.
Du alte Rolle, du wirst angeraucht,
Solang an diesem Pult die trübe Lampe schmauchte.
Weit besser hätt ich doch mein weniges verprasst,
Als mit dem wenigen belastet hier zu schwitzen!
Was du ererbt von deinen Vätern hast,
Erwirb es, um es zu besitzen.
Was man nicht nützt, ist eine schwere Last,
Nur was der Augenblick erschafft, das kann er nützen.

Doch warum heftet sich mein Blick auf jene Stelle?
Ist jenes Fläschchen dort den Augen ein Magnet?
Warum wird mir auf einmal lieblich helle,
Als wenn im nächt'gen Wald uns Mondenglanz umweht?

Ich grüße dich, du einzige Phiole, →
Die ich mit Andacht nun herunterhole!
In dir verehr ich Menschenwitz und Kunst.
Du Inbegriff der holden Schlummersäfte,
Du Auszug aller tödlich feinen Kräfte,
Erweise deinem Meister deine Gunst!
Ich sehe dich, es wird der Schmerz gelindert,
Ich fasse dich, das Streben wird gemindert,
Des Geistes Flutstrom ebbet nach und nach.
Ins hohe Meer werd ich hinausgewiesen,
Die Spiegelflut erglänzt zu meinen Füßen,
Zu neuen Ufern lockt ein neuer Tag.

Ein Feuerwagen schwebt auf leichten Schwingen
An mich heran! Ich fühle mich bereit,
Auf neuer Bahn den Äther zu durchdringen,
Zu neuen Sphären reiner Tätigkeit.
Dies hohe Leben, diese Götterwonne,

ein Feuerwagen schwebt biblisch, 2. Könige 2, 11

Du, erst noch Wurm, und die verdienest du?
Ja, kehre nur der holden Erdensonne
Entschlossen deinen Rücken zu!
Vermesse dich, die Pforten aufzureißen,
Vor denen jeder gern vorüberschleicht.
Hier ist es Zeit, durch Taten zu beweisen,
Dass Manneswürde nicht der Götterhöhe weicht,
Vor jener dunkeln Höhle nicht zu beben,
In der sich Phantasie zu eigner Qual verdammt,
Nach jenem Durchgang hinzustreben,
Um dessen engen Mund die ganze Hölle flammt;
Zu diesem Schritt sich heiter zu entschließen,
Und wär es mit Gefahr, ins Nichts dahinzufließen.

Nun komm herab, kristallne reine Schale!
Hervor aus deinem alten Futterale,
An die ich viele Jahre nicht gedacht!
Du glänztest bei der Väter Freudenfeste,
Erheitertest die ernsten Gäste,
Wenn einer dich dem andern zugebracht.
Der vielen Bilder künstlich reiche Pracht,
Des Trinkers Pflicht, sie reimweis zu erklären,
Auf einen Zug die Höhlung auszuleeren,
Erinnert mich an manche Jugendnacht;
Ich werde jetzt dich keinem Nachbar reichen,
Ich werde meinen Witz an deiner Kunst nicht zeigen;
Hier ist ein Saft, der eilig trunken macht;
Mit brauner Flut erfüllt er deine Höhle.
Den ich bereitet, den ich wähle,
Der letzte Trunk sei nun, mit ganzer Seele,
Als festlich hoher Gruß, dem Morgen zugebracht!

(Er setzt die Schale an den Mund.)

← *Glockenklang und Chorgesang.*

CHOR DER ENGEL. Christ ist erstanden!
Freude dem Sterblichen,
Den die verderblichen,
Schleichenden, erblichen
Mängel umwanden.

FAUST. Welch tiefes Summen, welch ein heller Ton
Zieht mit Gewalt das Glas von meinem Munde?
Verkündiget ihr dumpfen Glocken schon
Des Osterfestes erste Feierstunde?
Ihr Chöre, singt ihr schon den tröstlichen Gesang,

Der einst, um Grabes Nacht, von Engelslippen klang,
Gewissheit einem neuen Bunde?
CHOR DER WEIBER. Mit Spezereien
Hatten wir ihn gepflegt,
Wir seine Treuen
Hatten ihn hingelegt;
Tücher und Binden
Reinlich umwanden wir,
Ach! und wir finden
Christ nicht mehr hier.
CHOR DER ENGEL. Christ ist erstanden!
Selig der Liebende,
Der die betrübende,
Heilsam und übende
Prüfung bestanden.
FAUST. Was sucht ihr, mächtig und gelind,
Ihr Himmelstöne, mich am Staube?
Klingt dort umher, wo weiche Menschen sind.
Die Botschaft hör ich wohl, allein mir fehlt der Glaube;
Das Wunder ist des Glaubens liebstes Kind.
Zu jenen Sphären wag ich nicht zu streben,
Woher die holde Nachricht tönt;
Und doch, an diesen Klang von Jugend auf gewöhnt,
Ruft er auch jetzt zurück mich in das Leben.
Sonst stürzte sich der Himmelsliebe Kuss
Auf mich herab, in ernster Sabbatstille;
Da klang so ahnungsvoll des Glockentones Fülle,
Und ein Gebet war brünstiger Genuss;
Ein unbegreiflich holdes Sehnen
Trieb mich, durch Wald und Wiesen hinzugehn,
Und unter tausend heißen Tränen
Fühlt' ich mir eine Welt entstehn.
Dies Lied verkündete der Jugend muntre Spiele,
Der Frühlingsfeier freies Glück;
Erinnrung hält mich nun mit kindlichem Gefühle
Vom letzten, ernsten Schritt zurück.
O tönet fort, ihr süßen Himmelslieder!
Die Träne quillt, die Erde hat mich wieder!
CHOR DER JÜNGER. Hat der Begrabene
Schon sich nach oben,
Lebend Erhabene,
Herrlich erhoben,
Ist er in Werdelust

Botschaft
gemeint ist die Auferstehungsgeschichte

Schaffender Freude nah:
Ach! an der Erde Brust
Sind wir zum Leide da.
Ließ er die Seinen
Schmachtend uns hier zurück;
Ach! wir beweinen,
Meister, dein Glück!

CHOR DER ENGEL. Christ ist erstanden,
Aus der Verwesung Schoß;
Reißet von Banden
Freudig euch los!
Tätig ihn Preisenden,
Liebe Beweisenden,
Brüderlich Speisenden,
Predigend Reisenden,
Wonne Verheißenden
Euch ist der Meister nah,
Euch ist er da!

← VOR DEM TOR

Spaziergänger aller Art ziehen hinaus.

EINIGE HANDWERKSBURSCHEN.
Warum denn dort hinaus?
ANDRE. Wir gehn hinaus aufs Jägerhaus.
DIE ERSTEN. Wir aber wollen nach der Mühle wandern.
EIN HANDWERKSBURSCH.
Ich rat euch, nach dem Wasserhof zu gehn.
ZWEITER. Der Weg dahin ist gar nicht schön.
DIE ZWEITEN. Was tust denn du?
EIN DRITTER. Ich gehe mit den andern.
VIERTER. Nach Burgdorf kommt herauf, gewiss dort findet ihr
Die schönsten Mädchen und das beste Bier,
Und Händel von der ersten Sorte.
FÜNFTER. Du überlustiger Gesell,
Juckt dich zum dritten Mal das Fell?
Ich mag nicht hin, mir graut es vor dem Orte.
DIENSTMÄDCHEN.
Nein, nein! ich gehe nach der Stadt zurück.
ANDRE. Wir finden ihn gewiss bei jenen Pappeln stehen.
ERSTE. Das ist für mich kein großes Glück;

Er wird an deiner Seite gehen,
Mit dir nur tanzt er auf dem Plan.
Was gehn mich deine Freuden an!
ANDRE. Heut ist er sicher nicht allein,
Der Krauskopf, sagt er, würde bei ihm sein.
SCHÜLER. Blitz, wie die wackern Dirnen schreiten!
Herr Bruder, komm! wir müssen sie begleiten,
Ein starkes Bier, ein beizender Toback
Und eine Magd im Putz, das ist nun mein Geschmack.
BÜRGERMÄDCHEN. Da sieh mir nur die schönen Knaben!
Es ist wahrhaftig eine Schmach:
Gesellschaft könnten sie die allerbeste haben,
Und laufen diesen Mägden nach!
ZWEITER SCHÜLER *(zum ersten)*.
Nicht so geschwind! dort hinten kommen zwei,
Sie sind gar niedlich angezogen,
's ist meine Nachbarin dabei;
Ich bin dem Mädchen sehr gewogen.
Sie gehen ihren stillen Schritt
Und nehmen uns doch auch am Ende mit.
ERSTER. Herr Bruder, nein! Ich bin nicht gern geniert.
Geschwind! dass wir das Wildbret nicht verlieren.
Die Hand, die Samstags ihren Besen führt,
Wird Sonntags dich am besten karessieren.
BÜRGER. Nein, er gefällt mir nicht, der neue Burgemeister!
Nun, da er's ist, wird er nur täglich dreister.
Und für die Stadt was tut denn er?
Wird es nicht alle Tage schlimmer?
Gehorchen soll man mehr als immer,
Und zahlen mehr als je vorher.
BETTLER *(singt)*. Ihr guten Herrn, ihr schönen Frauen,
So wohl geputzt und backenrot,
Belieb es euch, mich anzuschauen,
Und seht und mildert meine Not!
Lasst hier mich nicht vergebens leiern!
Nur der ist froh, der geben mag.
Ein Tag, den alle Menschen feiern,
Er sei für mich ein Erntetag.
ANDRER BÜRGER.
Nichts Bessers weiß ich mir an Sonn- und Feiertagen
Als ein Gespräch von Krieg und Kriegsgeschrei,
Wenn hinten, weit, in der Türkei,
Die Völker auf einander schlagen.

Plan *(lat., franz., mhd.)* Tanzplatz im Freien

→

karessieren *(franz.)* liebhaben, streicheln

Man steht am Fenster, trinkt sein Gläschen aus
Und sieht den Fluss hinab die bunten Schiffe gleiten;
Dann kehrt man abends froh nach Haus,
Und segnet Fried und Friedenszeiten.

DRITTER BÜRGER.
Herr Nachbar, ja! so lass ich's auch geschehn,
Sie mögen sich die Köpfe spalten,
Mag alles durch einander gehn;
Doch nur zu Hause bleib's beim Alten.

ALTE *(zu den Bürgermädchen).*
Ei! wie geputzt! das schöne junge Blut!
Wer soll sich nicht in euch vergaffen? –
Nur nicht so stolz! Es ist schon gut!
Und was ihr wünscht, das wüsst ich wohl zu schaffen.

BÜRGERMÄDCHEN. Agathe, fort! ich nehme mich in Acht,
Mit solchen Hexen öffentlich zu gehen;
← Sie ließ mich zwar in Sankt Andreas' Nacht
Den künft'gen Liebsten leiblich sehen –

← DIE ANDRE. Mir zeigte sie ihn im Kristall,
Soldatenhaft, mit mehreren Verwegnen;
Ich seh mich um, ich such ihn überall,
Allein mir will er nicht begegnen.

SOLDATEN. Burgen mit hohen
Mauern und Zinnen,
Mädchen mit stolzen
Höhnenden Sinnen
Möcht ich gewinnen!
Kühn ist das Mühen,
Herrlich der Lohn!
Und die Trompete
Lassen wir werben,
Wie zu der Freude,
So zum Verderben.
Das ist ein Stürmen!
Das ist ein Leben!
Mädchen und Burgen
Müssen sich geben.
Kühn ist das Mühen,
Herrlich der Lohn!
Und die Soldaten
Ziehen davon.

Faust und Wagner.

FAUST. Vom Eise befreit sind Strom und Bäche
Durch des Frühlings holden, belebenden Blick;
Im Tale grünet Hoffnungsglück;
Der alte Winter, in seiner Schwäche,
Zog sich in raue Berge zurück.
Von dorther sendet er, fliehend, nur
Ohnmächtige Schauer körnigen Eises
In Streifen über die grünende Flur;
Aber die Sonne duldet kein Weißes:
Überall regt sich Bildung und Streben,
Alles will sie mit Farben beleben;
Doch an Blumen fehlt's im Revier,
Sie nimmt geputzte Menschen dafür.
Kehre dich um, von diesen Höhen
Nach der Stadt zurückzusehen.
Aus dem hohlen finstern Tor
Dringt ein buntes Gewimmel hervor.
Jeder sonnt sich heute so gern.
Sie feiern die Auferstehung des Herrn,
Denn sie sind selber auferstanden,
Aus niedriger Häuser dumpfen Gemächern,
Aus Handwerks- und Gewerbesbanden,
Aus dem Druck von Giebeln und Dächern,
Aus der Straßen quetschender Enge,
Aus der Kirchen ehrwürdiger Nacht
Sind sie alle ans Licht gebracht.
Sieh nur, sieh! wie behänd sich die Menge
Durch die Gärten und Felder zerschlägt,
Wie der Fluss, in Breit und Länge,
So manchen lustigen Nachen bewegt,
Und bis zum Sinken überladen
Entfernt sich dieser letzte Kahn.
Selbst von des Berges fernen Pfaden
Blinken uns farbige Kleider an.
Ich höre schon des Dorfs Getümmel,
Hier ist des Volkes wahrer Himmel,
Zufrieden jauchzet Groß und Klein;
Hier bin ich Mensch, hier darf ich's sein.
WAGNER. Mit Euch, Herr Doktor, zu spazieren,
Ist ehrenvoll und ist Gewinn;
Doch würd ich nicht allein mich her verlieren,
Weil ich ein Feind von allem Rohen bin.

Das Fiedeln, Schreien, Kegelschieben
Ist mir ein gar verhasster Klang;
Sie toben wie vom bösen Geist getrieben
Und nennen's Freude, nennen's Gesang.
(B a u e r n unter der Linde. Tanz und Gesang.)

Der Schäfer putzte sich zum Tanz,
Mit bunter Jacke, Band und Kranz,
Schmuck war er angezogen.
Schon um die Linde war es voll;
Und alles tanzte schon wie toll.
Juchhe! Juchhe!
Juchheisa! Heisa! He!
So ging der Fiedelbogen.

Er drückte hastig sich heran,
Da stieß er an ein Mädchen an
Mit seinem Ellenbogen;
Die frische Dirne kehrt' sich um
Und sagte: Nun, das find ich dumm!
Juchhe! Juchhe!
Juchheisa! Heisa! He!
Seid nicht so ungezogen.

Doch hurtig in dem Kreise ging's,
Sie tanzten rechts, sie tanzten links,
Und alle Röcke flogen.
Sie wurden rot, sie wurden warm
Und ruhten atmend Arm in Arm,
Juchhe! Juchhe!
Juchheisa! Heisa! He!
Und Hüft an Ellenbogen.

Und tu mir doch nicht so vertraut!
Wie mancher hat nicht seine Braut
Belogen und betrogen!
Er schmeichelte sie doch bei Seit,
Und von der Linde scholl es weit:
Juchhe! Juchhe!
Juchheisa! Heisa! He!
Geschrei und Fiedelbogen.

ALTER BAUER. Herr Doktor, das ist schön von Euch,
Dass Ihr uns heute nicht verschmäht
Und unter dieses Volksgedräng,
Als ein so Hochgelahrter, geht.
So nehmet auch den schönsten Krug,
Den wir mit frischem Trunk gefüllt,
Ich bring ihn zu und wünsche laut,
Dass er nicht nur den Durst Euch stillt:
Die Zahl der Tropfen, die er hegt,
Sei Euren Tagen zugelegt.
FAUST. Ich nehme den Erquickungstrank,
Erwidr' euch allen Heil und Dank.
(Das Volk sammelt sich im Kreis umher.)
ALTER BAUER. Fürwahr, es ist sehr wohl getan,
Dass Ihr am frohen Tag erscheint;
Habt Ihr es vormals doch mit uns
An bösen Tagen gut gemeint!
Gar mancher steht lebendig hier,
Den Euer Vater noch zuletzt
Der heißen Fieberwut entriss,
Als er der Seuche Ziel gesetzt.
Auch damals Ihr, ein junger Mann,
Ihr gingt in jedes Krankenhaus;
Gar manche Leiche trug man fort,
Ihr aber kamt gesund heraus;
Bestandet manche harte Proben;
Dem Helfer half der Helfer droben.
ALLE. Gesundheit dem bewährten Mann,
Dass er noch lange helfen kann!
FAUST. Vor jenem droben steht gebückt,
Der helfen lehrt und Hilfe schickt.
(Er geht mit Wagnern weiter.)
WAGNER. Welch ein Gefühl musst du, o großer Mann,
Bei der Verehrung dieser Menge haben!
O glücklich, wer von seinen Gaben
Solch einen Vorteil ziehen kann!
Der Vater zeigt dich seinem Knaben,
Ein jeder fragt und drängt und eilt,
Die Fiedel stockt, der Tänzer weilt.
Du gehst, in Reihen stehen sie,
Die Mützen fliegen in die Höh:
Und wenig fehlt, so beugten sich die Knie,
Als käm das Venerabile.

→

FAUST. Nur wenig Schritte noch hinauf zu jenem Stein,
Hier wollen wir von unsrer Wandrung rasten.
Hier saß ich oft gedankenvoll allein
Und quälte mich mit Beten und mit Fasten.
An Hoffnung reich, im Glauben fest,
Mit Tränen, Seufzen, Händeringen
Dacht' ich das Ende jener Pest
Vom Herrn des Himmels zu erzwingen.
Der Menge Beifall tönt mir nun wie Hohn.
O könntest du in meinem Innern lesen,
Wie wenig Vater und Sohn
Solch eines Ruhmes wert gewesen!
Mein Vater war ein dunkler Ehrenmann,
Der über die Natur und ihre heil'gen Kreise
In Redlichkeit, jedoch auf seine Weise,
Mit grillenhafter Mühe sann;
Der, in Gesellschaft von Adepten,
Sich in die schwarze Küche schloss
Und, nach unendlichen Rezepten,

das Widrige das Widerstrebende

Das Widrige zusammengoss.
Da ward ein roter Leu, ein kühner Freier,
Im lauen Bad der Lilie vermählt,
Und beide dann mit offnem Flammenfeuer
Aus einem Brautgemach ins andere gequält.
Erschien darauf mit bunten Farben
Die junge Königin im Glas,
Hier war die Arzenei, die Patienten starben,
Und niemand fragte: wer genas?
So haben wir mit höllischen Latwergen
In diesen Tälern, diesen Bergen
Weit schlimmer als die Pest getobt.

Gift auch sonst bei Goethe gelegentlich als Maskulinum

Ich habe selbst den Gift an Tausende gegeben,
Sie welkten hin, ich muss erleben,
Dass man die frechen Mörder lobt.
WAGNER. Wie könnt Ihr Euch darum betrüben!
Tut nicht ein braver Mann genug,
Die Kunst, die man ihm übertrug,
Gewissenhaft und pünktlich auszuüben?
Wenn du, als Jüngling, deinen Vater ehrst,
So wirst du gern von ihm empfangen;
Wenn du, als Mann, die Wissenschaft vermehrst,
So kann dein Sohn zu höhrem Ziel gelangen.
FAUST. O glücklich, wer noch hoffen kann

Aus diesem Meer des Irrtums aufzutauchen!
Was man nicht weiß, das eben brauchte man,
Und was man weiß, kann man nicht brauchen.
Doch lass uns dieser Stunde schönes Gut
Durch solchen Trübsinn nicht verkümmern!
Betrachte, wie in Abendsonneglut
Die grün umgebnen Hütten schimmern.
Sie rückt und weicht, der Tag ist überlebt,
Dort eilt sie hin und fördert neues Leben.
O dass kein Flügel mich vom Boden hebt,
Ihr nach und immer nach zu streben!
Ich säh im ewigen Abendstrahl
Die stille Welt zu meinen Füßen,
Entzündet alle Höhn, beruhigt jedes Tal,
Den Silberbach in goldne Ströme fließen.
Nicht hemmte dann den göttergleichen Lauf
Der wilde Berg mit allen seinen Schluchten;
Schon tut das Meer sich mit erwärmten Buchten
Vor den erstaunten Augen auf.
Doch scheint die Göttin endlich wegzusinken;
Allein der neue Trieb erwacht,
Ich eile fort, ihr ew'ges Licht zu trinken,
Vor mir den Tag und hinter mir die Nacht,
Den Himmel über mir und unter mir die Wellen.
Ein schöner Traum, indessen sie entweicht.
Ach! zu des Geistes Flügeln wird so leicht
Kein körperlicher Flügel sich gesellen.
Doch ist es jedem eingeboren,
Dass sein Gefühl hinauf und vorwärts dringt,
Wenn über uns, im blauen Raum verloren,
Ihr schmetternd Lied die Lerche singt;
Wenn über schroffen Fichtenhöhen
Der Adler ausgebreitet schwebt,
Und über Flächen, über Seen
Der Kranich nach der Heimat strebt.
WAGNER. Ich hatte selbst oft grillenhafte Stunden,
Doch solchen Trieb hab ich noch nie empfunden.
Man sieht sich leicht an Wald und Feldern satt;
Des Vogels Fittich werd ich nie beneiden.
Wie anders tragen uns die Geistesfreuden
Von Buch zu Buch, von Blatt zu Blatt!
Da werden Winternächte hold und schön,
Ein selig Leben wärmet alle Glieder,

← Und ach! entrollst du gar ein würdig Pergamen,
So steigt der ganze Himmel zu dir nieder.
FAUST. Du bist dir nur des einen Triebs bewusst;
O lerne nie den andern kennen!
Zwei Seelen wohnen, ach! in meiner Brust,
Die eine will sich von der andern trennen;
Die eine hält, in derber Liebeslust,
Sich an die Welt mit klammernden Organen;
Die andre hebt gewaltsam sich vom Dust
Zu den Gefilden hoher Ahnen.
O gibt es Geister in der Luft,
Die zwischen Erd und Himmel herrschend weben,
So steiget nieder aus dem goldnen Duft
Und führt mich weg, zu neuem, buntem Leben!
← Ja, wäre nur ein Zaubermantel mein
Und trüg er mich in fremde Länder!
Mir sollt er um die köstlichsten Gewänder,
Nicht feil um einen Königsmantel sein.
WAGNER. Berufe nicht die wohl bekannte Schar,
Die strömend sich im Dunstkreis überbreitet,
Dem Menschen tausendfältige Gefahr,
Von allen Enden her, bereitet.
Von Norden dringt der scharfe Geisterzahn
Auf dich herbei, mit pfeilgespitzten Zungen;
Von Morgen ziehn, vertrocknend, sie heran
Und nähren sich von deinen Lungen;
Wenn sie der Mittag aus der Wüste schickt,
Die Glut auf Glut um deinen Scheitel häufen,
So bringt der West den Schwarm, der erst erquickt,
Um dich und Feld und Aue zu ersäufen.
Sie hören gern, zum Schaden froh gewandt,
Gehorchen gern, weil sie uns gern betrügen;
Sie stellen wie vom Himmel sich gesandt,
Und lispeln englisch, wenn sie lügen.
Doch gehen wir! Ergraut ist schon die Welt,
Die Luft gekühlt, der Nebel fällt!
Am Abend schätzt man erst das Haus. –
Was stehst du so und blickst erstaunt hinaus?
Was kann dich in der Dämmrung so ergreifen?
FAUST. Siehst du den schwarzen Hund durch Saat und Stoppel
[streifen?
WAGNER. Ich sah ihn lange schon, nicht wichtig schien er mir.
FAUST. Betracht ihn recht! für was hältst du das Tier?

Dust
Staub

englisch
im 18. Jahrhundert allgemein für engelhaft

WAGNER. Für einen Pudel, der auf seine Weise
Sich auf der Spur des Herren plagt.
FAUST. Bemerkst du, wie in weitem Schneckenkreise
Er um uns her und immer näher jagt?
Und irr ich nicht, so zieht ein Feuerstrudel
Auf seinen Pfaden hinterdrein.
WAGNER. Ich sehe nichts als einen schwarzen Pudel;
Es mag bei Euch wohl Augentäuschung sein.
FAUST. Mir scheint es, dass er magisch leise Schlingen
Zu künft'gem Band um unsre Füße zieht.
WAGNER.
Ich seh ihn ungewiss und furchtsam uns umspringen,
Weil er, statt seines Herrn, zwei Unbekannte sieht.
FAUST. Der Kreis wird eng, schon ist er nah!
WAGNER. Du siehst! ein Hund, und kein Gespenst ist da.
Er knurrt und zweifelt, legt sich auf den Bauch.
Er wedelt. Alles Hundebrauch.
FAUST. Geselle dich zu uns! Komm hier!
WAGNER. Es ist ein pudelnärrisch Tier.
Du stehest still, er wartet auf;
Du sprichst ihn an, er strebt an dir hinauf;
Verliere was, er wird es bringen,
Nach deinem Stock ins Wasser springen.
FAUST. Du hast wohl Recht, ich finde nicht die Spur
Von einem Geist, und alles ist Dressur.
WAGNER. Dem Hunde, wenn er gut gezogen,
Wird selbst ein weiser Mann gewogen.
Ja, deine Gunst verdient er ganz und gar,
Er, der Studenten trefflicher Skolar.
(Sie gehen in das Stadttor.)

pudelnärrisch ein aus Wien stammendes Kunstwort

→

STUDIERZIMMER

FAUST *(mit dem Pudel hereintretend).*
Verlassen hab ich Feld und Auen,
Die eine tiefe Nacht bedeckt,
Mit ahnungsvollem, heil'gem Grauen
In uns die bessre Seele weckt.
Entschlafen sind nun wilde Triebe
Mit jedem ungestümen Tun;
Es reget sich die Menschenliebe,
Die Liebe Gottes regt sich nun.

die Liebe Gottes Genitivus objectivus: Die Liebe zu Gott

Sei ruhig, Pudel! renne nicht hin und wider!
An der Schwelle was schnoperst du hier?
Lege dich hinter den Ofen nieder,
Mein bestes Kissen geb ich dir.
Wie du draußen auf dem bergigen Wege
Durch Rennen und Springen ergetzt uns hast,
So nimm nun auch von mir die Pflege,
Als ein willkommner stiller Gast.

Ach, wenn in unsrer engen Zelle
Die Lampe freundlich wieder brennt,
Dann wird's in unserm Busen helle,
Im Herzen, das sich selber kennt.
Vernunft fängt wieder an zu sprechen,
Und Hoffnung wieder an zu blühn,
Man sehnt sich nach des Lebens Bächen,
Ach! nach des Lebens Quelle hin.

Knurre nicht, Pudel! Zu den heiligen Tönen,
Die jetzt meine ganze Seel umfassen,
Will der tierische Laut nicht passen.
Wir sind gewohnt, dass die Menschen verhöhnen,
Was sie nicht verstehn,
Dass sie vor dem Guten und Schönen,
Das ihnen oft beschwerlich ist, murren;
Will es der Hund, wie sie, beknurren?

Aber ach! schon fühl ich, bei dem besten Willen,
Befriedigung nicht mehr aus dem Busen quillen.
Aber warum muss der Strom so bald versiegen,
Und wir wieder im Durste liegen?
Davon hab ich so viel Erfahrung.
Doch dieser Mangel lässt sich ersetzen:
Wir lernen das Überirdische schätzen,
Wir sehnen uns nach Offenbarung,
Die nirgends würd'ger und schöner brennt
Als in dem Neuen Testament.
Mich drängt's, den Grundtext aufzuschlagen,
Mit redlichem Gefühl einmal
Das heilige Original
In mein geliebtes Deutsch zu übertragen.
(Er schlägt ein Volum auf und schickt sich an.)

Geschrieben steht: „Im Anfang war das Wort!“ →
Hier stock ich schon! Wer hilft mir weiter fort?
Ich kann das Wort so hoch unmöglich schätzen,
Ich muss es anders übersetzen,
Wenn ich vom Geiste recht erleuchtet bin.
Geschrieben steht: Im Anfang war der Sinn.
Bedenke wohl die erste Zeile,
Dass deine Feder sich nicht übereile!
Ist es der Sinn, der alles wirkt und schafft?
Es sollte stehn: Im Anfang war die Kraft!
Doch, auch indem ich dieses niederschreibe,
Schon warnt mich was, dass ich dabei nicht bleibe.
Mir hilft der Geist! Auf einmal seh ich Rat
Und schreibe getrost: Im Anfang war die Tat!

Soll ich mit dir das Zimmer teilen,
Pudel, so lass das Heulen,
So lass das Bellen!
Solch einen störenden Gesellen
Mag ich nicht in der Nähe leiden.
Einer von uns beiden
Muss die Zelle meiden.
Ungern heb ich das Gastrecht auf,
Die Tür ist offen, hast freien Lauf.
Aber was muss ich sehen!
Kann das natürlich geschehen?
Ist es Schatten? ist's Wirklichkeit?
Wie wird mein Pudel lang und breit!
Er hebt sich mit Gewalt,
Das ist nicht eines Hundes Gestalt!
Welch ein Gespenst bracht' ich ins Haus!
Schon sieht er wie ein Nilpferd aus,
Mit feurigen Augen, schrecklichem Gebiss.
Oh! du bist mir gewiss!
Für solche halbe Höllenbrut
Ist Salomonis Schlüssel gut. →

GEISTER *(auf dem Gange).*
Drinnen gefangen ist einer!
Bleibet haußen, folg ihm keiner! →
Wie im Eisen der Fuchs,
Zagt ein alter Höllenluchs.
Aber gebt Acht!

Schwebet hin, schwebet wider,
Auf und nieder,
Und er hat sich losgemacht.
Könnt ihr ihm nützen,
Lasst ihn nicht sitzen!
Denn er tat uns allen
Schon viel zu Gefallen.

FAUST. Erst zu begegnen dem Tiere,
Brauch ich den Spruch der viere:

← Salamander soll glühen,
Undene sich winden,
Sylphe verschwinden,
Kobold sich mühen.

Wer sie nicht kennte,
Die Elemente,
Ihre Kraft
Und Eigenschaft,
Wäre kein Meister
Über die Geister.

Verschwind in Flammen,
Salamander!
Rauschend fließe zusammen,
Undene!
Leucht in Meteoren-Schöne,
Sylphe!
Bring häusliche Hilfe,
← Incubus! Incubus!
Tritt hervor und mache den Schluss.

Keines der viere
Steckt in dem Tiere.
Es liegt ganz ruhig und grinst mich an;
Ich hab ihm noch nicht weh getan.
Du sollst mich hören
Stärker beschwören.

Bist du Geselle
Ein Flüchtling der Hölle?
← So sieh dies Zeichen,

Dem sie sich beugen,
Die schwarzen Scharen!

Schon schwillt es auf mit borstigen Haaren.

Verworfnes Wesen!
Kannst du ihn lesen?
Den nie Entsprossnen,
Unausgesprochnen,
Durch alle Himmel Gegossnen,
Freventlich Durchstochnen?

Hinter den Ofen gebannt,
Schwillt es wie ein Elefant.
Den ganzen Raum füllt es an,
Es will zum Nebel zerfließen.
Steige nicht zur Decke hinan!
Lege dich zu des Meisters Füßen!
Du siehst, dass ich nicht vergebens drohe.
Ich versenge dich mit heiliger Lohe!
Erwarte nicht
Das dreimal glühende Licht! →
Erwarte nicht
Die stärkste von meinen Künsten!

MEPHISTOPHELES *(tritt, indem der Nebel fällt, gekleidet wie ein fahrender Scholastikus, hinter dem Ofen hervor).*
Wozu der Lärm? was steht dem Herrn zu Diensten?
FAUST. Das also war des Pudels Kern!
Ein fahrender Skolast? Der Casus macht mich lachen.
MEPHISTOPHELES. Ich salutiere den gelehrten Herrn!
Ihr habt mich weidlich schwitzen machen.
FAUST. Wie nennst du dich?
MEPHISTOPHELES. Die Frage scheint mir klein
Für einen, der das Wort so sehr verachtet,
Der, weit entfernt von allem Schein,
Nur in der Wesen Tiefe trachtet.
FAUST. Bei euch, ihr Herrn, kann man das Wesen
Gewöhnlich aus dem Namen lesen,
Wo es sich allzu deutlich weist,
Wenn man euch Fliegengott, Verderber, Lügner heißt. →
Nun gut, wer bist du denn?
MEPHISTOPHELES. Ein Teil von jener Kraft,

Scholastikus, Skolast *(lat.)* Schüler. Vgl. Anm. zu V. 1177

salutieren *(lat.)* begrüßen

Die stets das Böse will und stets das Gute schafft.
FAUST. Was ist mit diesem Rätselwort gemeint?
MEPHISTOPHELES. Ich bin der Geist, der stets verneint!
Und das mit Recht; denn alles, was entsteht,
Ist wert, dass es zugrunde geht;
Drum besser wär's, dass nichts entstünde.
So ist denn alles, was ihr Sünde,
Zerstörung, kurz das Böse nennt,
Mein eigentliches Element.
FAUST.
Du nennst dich einen Teil, und stehst doch ganz vor mir?
MEPHISTOPHELES. Bescheidne Wahrheit sprech ich dir.
← Wenn sich der Mensch, die kleine Narrenwelt,
Gewöhnlich für ein Ganzes hält –
← Ich bin ein Teil des Teils, der anfangs alles war,
Ein Teil der Finsternis, die sich das Licht gebar,
Das stolze Licht, das nun der Mutter Nacht
Den alten Rang, den Raum ihr streitig macht,
Und doch gelingt's ihm nicht, da es, so viel es strebt,
Verhaftet an den Körpern klebt.
Von Körpern strömt's, die Körper macht es schön,
Ein Körper hemmt's auf seinem Gange,
So, hoff ich, dauert es nicht lange,
Und mit den Körpern wird's zugrunde gehn.
FAUST. Nun kenn ich deine würd'gen Pflichten!
Du kannst im Großen nichts vernichten
Und fängst es nun im Kleinen an.
MEPHISTOPHELES. Und freilich ist nicht viel damit getan.
Was sich dem Nichts entgegenstellt,
Das Etwas, diese plumpe Welt,
So viel als ich schon unternommen,
Ich wusste nicht ihr beizukommen,
Mit Wellen, Stürmen, Schütteln, Brand –
← Geruhig bleibt am Ende Meer und Land!
Und dem verdammten Zeug, der Tier- und Menschenbrut,
Dem ist nun gar nichts anzuhaben:
Wie viele hab ich schon begraben!
Und immer zirkuliert ein neues, frisches Blut.
So geht es fort, man möchte rasend werden!
Der Luft, dem Wasser, wie der Erden
Entwinden tausend Keime sich,
Im Trocknen, Feuchten, Warmen, Kalten!
Hätt ich mir nicht die Flamme vorbehalten,

Ich hätte nichts Aparts für mich.
FAUST. So setzest du der ewig regen,
Der heilsam schaffenden Gewalt
Die kalte Teufelsfaust entgegen,
Die sich vergebens tückisch ballt!
Was anders suche zu beginnen,
Des Chaos wunderlicher Sohn!
MEPHISTOPHELES.
Wir wollen wirklich uns besinnen,
Die nächsten Male mehr davon!
Dürft ich wohl diesmal mich entfernen?
FAUST. Ich sehe nicht, warum du fragst.
Ich habe jetzt dich kennen lernen,
Besuche nun mich, wie du magst.
Hier ist das Fenster, hier die Türe,
Ein Rauchfang ist dir auch gewiss.
MEPHISTOPHELES.
Gesteh ich's nur! dass ich hinausspaziere,
Verbietet mir ein kleines Hindernis,
Der Drudenfuß auf Eurer Schwelle – →
FAUST. Das Pentagramma macht dir Pein?
Ei sage mir, du Sohn der Hölle,
Wenn das dich bannt, wie kamst du denn herein?
Wie ward ein solcher Geist betrogen?
MEPHISTOPHELES.
Beschaut es recht! Es ist nicht gut gezogen;
Der eine Winkel, der nach außen zu,
Ist, wie du siehst, ein wenig offen.
FAUST. Das hat der Zufall gut getroffen!
Und mein Gefangner wärst denn du?
Das ist von ungefähr gelungen!
MEPHISTOPHELES.
Der Pudel merkte nichts, als er hereingesprungen,
Die Sache sieht jetzt anders aus:
Der Teufel kann nicht aus dem Haus.
FAUST. Doch warum gehst du nicht durchs Fenster?
MEPHISTOPHELES.
's ist ein Gesetz der Teufel und Gespenster:
Wo sie hereingeschlüpft, da müssen sie hinaus.
Das Erste steht uns frei, beim Zweiten sind wir Knechte.
FAUST. Die Hölle selbst hat ihre Rechte?
Das find ich gut, da ließe sich ein Pakt,
Und sicher wohl, mit euch, ihr Herren, schließen?

ein Pakt der Begriff des Paktes erscheint hier zum ersten Mal

MEPHISTOPHELES.
Was man verspricht, das sollst du rein genießen,
Dir wird davon nichts abgezwackt.
Doch das ist nicht so kurz zu fassen,
Und wir besprechen das zunächst;
Doch jetzo bitt ich hoch und höchst,
Für dieses Mal mich zu entlassen.
FAUST. So bleibe doch noch einen Augenblick,
← Um mir erst gute Mär zu sagen.
MEPHISTOPHELES.
Jetzt lass mich los! Ich komme bald zurück,
Dann magst du nach Belieben fragen.
FAUST. Ich habe dir nicht nachgestellt,
Bist du doch selbst ins Garn gegangen.
Den Teufel halte, wer ihn hält!
Er wird ihn nicht so bald zum zweiten Male fangen.
MEPHISTOPHELES. Wenn dir's beliebt, so bin ich auch bereit,
Dir zur Gesellschaft hier zu bleiben;
Doch mit Bedingnis, dir die Zeit
Durch meine Künste würdig zu vertreiben.
FAUST. Ich seh es gern, das steht dir frei;
Nur dass die Kunst gefällig sei!
MEPHISTOPHELES. Du wirst, mein Freund, für deine Sinnen
In dieser Stunde mehr gewinnen
Als in des Jahres Einerlei.
Was dir die zarten Geister singen,
Die schönen Bilder, die sie bringen,
Sind nicht ein leeres Zauberspiel.
Auch dein Geruch wird sich ergetzen,
Dann wirst du deinen Gaumen letzen,
Und dann entzückt sich dein Gefühl.
Bereitung braucht es nicht voran,
Beisammen sind wir, fanget an!
GEISTER. Schwindet, ihr dunkeln
Wölbungen droben!
Reizender schaue
Freundlich der blaue
Äther herein!
← Wären die dunkeln
Wolken zerronnen!
Sternelein funkeln,
Mildere Sonnen
Scheinen darein.

voran
hier: vorab, zuvor

Himmlischer Söhne
Geistige Schöne,
Schwankende Beugung
Schwebet vorüber.
Sehnende Neigung
Folget hinüber;
Und der Gewänder
Flatternde Bänder
Decken die Länder,
Decken die Laube,
Wo sich fürs Leben,
Tief in Gedanken,
Liebende geben.
Laube bei Laube!
Sprossende Ranken!
Lastende Traube
Stürzt ins Behälter
Drängender Kelter,
Stürzen in Bächen
Schäumende Weine,
Rieseln durch reine,
Edle Gesteine,
Lassen die Höhen
Hinter sich liegen,
Breiten zu Seen
Sich ums Genügen →
Grünender Hügel.
Und das Geflügel
Schlürfet sich Wonne,
Flieget der Sonne,
Flieget den hellen
Inseln entgegen,
Die sich auf Wellen
Gauklend bewegen; →
Wo wir in Chören
Jauchzende hören,
Über den Auen
Tanzende schauen,
Die sich im Freien
Alle zerstreuen.
Einige klimmen
Über die Höhen,
Andere schwimmen

Über die Seen,
Andere Schweben;
Alle zum Leben,
Alle zur Ferne
Liebender Sterne,
Seliger Huld.

MEPHISTOPHELES.
Er schläft! So recht, ihr luft'gen zarten Jungen!
Ihr habt ihn treulich eingesungen!
Für dies Konzert bin ich in eurer Schuld.
Du bist noch nicht der Mann, den Teufel festzuhalten!
Umgaukelt ihn mit süßen Traumgestalten,
Versenkt ihn in ein Meer des Wahns;
Doch dieser Schwelle Zauber zu zerspalten,
Bedarf ich eines Rattenzahns.
Nicht lange brauch ich zu beschwören,
Schon raschelt eine hier und wird sogleich mich hören.

← Der Herr der Ratten und der Mäuse,
Der Fliegen, Frösche, Wanzen, Läuse
Befiehlt dir, dich hervorzuwagen
Und diese Schwelle zu benagen,
Sowie er sie mit Öl betupft –
Da kommst du schon hervorgehupft!
Nur frisch ans Werk! Die Spitze, die mich bannte,
Sie sitzt ganz vornen an der Kante.
Noch einen Biss, so ist's geschehn. –
Nun, Fauste, träume fort, bis wir uns wieder sehn.

FAUST *(erwachend).* Bin ich denn abermals betrogen?
Verschwindet so der geisterreiche Drang,
Dass mir ein Traum den Teufel vorgelogen,
Und dass ein Pudel mir entsprang?

← STUDIERZIMMER

Faust. Mephistopheles.

FAUST. Es klopft? Herein! Wer will mich wieder plagen?
MEPHISTOPHELES. Ich bin's.
FAUST. Herein!
MEPHISTOPHELES. Du musst es dreimal sagen.
FAUST. Herein denn!

MEPHISTOPHELES. So gefällst du mir.
Wir werden, hoff ich, uns vertragen!
Denn dir die Grillen zu verjagen,
Bin ich als edler Junker hier,
In rotem, gold verbrämtem Kleide,
Das Mäntelchen von starrer Seide,
Die Hahnenfeder auf dem Hut,
Mit einem langen spitzen Degen,
Und rate nun dir, kurz und gut,
Dergleichen gleichfalls anzulegen;
Damit du, losgebunden, frei,
Erfahrest, was das Leben sei.
FAUST. In jedem Kleide werd ich wohl die Pein →
Des engen Erdelebens fühlen.
Ich bin zu alt, um nur zu spielen,
Zu jung, um ohne Wunsch zu sein.
Was kann die Welt mir wohl gewähren?
Entbehren sollst du! sollst entbehren!
Das ist der ewige Gesang,
Der jedem an die Ohren klingt,
Den, unser ganzes Leben lang,
Uns heiser jede Stunde singt.
Nur mit Entsetzen wach ich morgens auf,
Ich möchte bittre Tränen weinen,
Den Tag zu sehn, der mir in seinem Lauf
Nicht Einen Wunsch erfüllen wird, nicht Einen,
Der selbst die Ahnung jeder Lust
Mit eigensinnigem Krittel mindert, →
Die Schöpfung meiner regen Brust
Mit tausend Lebensfratzen hindert.
Auch muss ich, wenn die Nacht sich niedersenkt, →
Mich ängstlich auf das Lager strecken;
Auch da wird keine Rast geschenkt,
Mich werden wilde Träume schrecken.
Der Gott, der mir im Busen wohnt,
Kann tief mein Innerstes erregen;
Der über allen meinen Kräften thront,
Er kann nach außen nichts bewegen;
Und so ist mir das Dasein eine Last,
Der Tod erwünscht, das Leben mir verhasst.
MEPHISTOPHELES.
Und doch ist nie der Tod ein ganz willkommner Gast.
FAUST. O selig der, dem er im Siegesglanze

Die blut'gen Lorbeern um die Schläfe windet,
Den er, nach rasch durchrastem Tanze,
In eines Mädchens Armen findet!
O wär ich vor des hohen Geistes Kraft
Entzückt, entseelt dahingesunken!
MEPHISTOPHELES.
Und doch hat jemand einen braunen Saft,
In jener Nacht, nicht ausgetrunken.
FAUST. Das Spionieren, scheint's, ist deine Lust.
MEPHISTOPHELES.
Allwissend bin ich nicht; doch viel ist mir bewusst.
← FAUST. Wenn aus dem schrecklichen Gewühle
Ein süß bekannter Ton mich zog,
Den Rest von kindlichem Gefühle
Mit Anklang froher Zeit betrog,
So fluch ich allem, was die Seele
Mit Lock- und Gaukelwerk umspannt,
Und sie in diese Trauerhöhle
Mit Blend- und Schmeichelkräften bannt!
Verflucht voraus die hohe Meinung,
Womit der Geist sich selbst umfängt!
Verflucht das Blenden der Erscheinung,
Die sich an unsre Sinne drängt!
Verflucht, was uns in Träumen heuchelt,
Des Ruhms, der Namensdauer Trug!
Verflucht, was als Besitz uns schmeichelt,
Als Weib und Kind, als Knecht und Pflug!
Verflucht sei Mammon, wenn mit Schätzen
Er uns zu kühnen Taten regt,
Wenn er zu müßigem Ergetzen
Die Polster uns zurechtelegt!
Fluch sei dem Balsamsaft der Trauben!
← Fluch jener höchsten Liebeshuld!
Fluch sei der Hoffnung! Fluch dem Glauben,
Und Fluch vor allen der Geduld!
← GEISTERCHOR *(unsichtbar).*
Weh! weh!
Du hast sie zerstört,
Die schöne Welt,
Mit mächtiger Faust;
Sie stürzt, sie zerfällt!
Ein Halbgott hat sie zerschlagen!
Wir tragen

Die Trümmern ins Nichts hinüber,
Und klagen
Über die verlorne Schöne.
Mächtiger
Der Erdensöhne,
Prächtiger
Baue sie wieder,
In deinem Busen baue sie auf!
Neuen Lebenslauf
Beginne,
Mit hellem Sinne,
Und neue Lieder
Tönen darauf!

MEPHISTOPHELES.
Dies sind die Kleinen
Von den Meinen.
Höre, wie zu Lust und Taten
Altklug sie raten!
In die Welt weit,
Aus der Einsamkeit,
Wo Sinnen und Säfte stocken,
Wollen sie dich locken.
Hör auf, mit deinem Gram zu spielen,
Der, wie ein Geier, dir am Leben frisst;
Die schlechteste Gesellschaft lässt dich fühlen,
Dass du ein Mensch mit Menschen bist.
Doch so ist's nicht gemeint,
Dich unter das Pack zu stoßen.
Ich bin keiner von den Großen;
Doch willst du mit mir vereint
Deine Schritte durchs Leben nehmen,
So will ich mich gern bequemen,
Dein zu sein, auf der Stelle.
Ich bin dein Geselle,
Und mach ich dir's recht,
Bin ich dein Diener, bin dein Knecht!

FAUST. Und was soll ich dagegen dir erfüllen?

MEPHISTOPHELES. Dazu hast du noch eine lange Frist.

FAUST. Nein, nein! der Teufel ist ein Egoist
Und tut nicht leicht um Gottes willen,
Was einem andern nützlich ist.
Sprich die Bedingung deutlich aus;
Ein solcher Diener bringt Gefahr ins Haus.

um Gottes Willen
umsonst

MEPHISTOPHELES.
Ich will mich hier zu deinem Dienst verbinden,
Auf deinen Wink nicht rasten und nicht ruhn;
Wenn wir uns drüben wieder finden,
So sollst du mir das Gleiche tun.
FAUST. Das Drüben kann mich wenig kümmern;
Schlägst du erst diese Welt zu Trümmern,
Die andre mag darnach entstehn.
Aus dieser Erde quillen meine Freuden,
Und diese Sonne scheinet meinen Leiden;
Kann ich mich erst von ihnen scheiden,
Dann mag, was will und kann, geschehn.
Davon will ich nichts weiter hören,
Ob man auch künftig hasst und liebt,
Und ob es auch in jenen Sphären
Ein Oben oder Unten gibt.
MEPHISTOPHELES. In diesem Sinne kannst du's wagen.
Verbinde dich; du sollst, in diesen Tagen,
Mit Freuden meine Künste sehn,
Ich gebe dir, was noch kein Mensch gesehn.
FAUST. Was willst du armer Teufel geben?
Ward eines Menschen Geist, in seinem hohen Streben,
Von deinesgleichen je gefasst?
Doch hast du Speise, die nicht sättigt, hast
Du rotes Gold, das ohne Rast,
Quecksilber gleich, dir in der Hand zerrinnt,
Ein Spiel, bei dem man nie gewinnt,
Ein Mädchen, das an meiner Brust
Mit Äugeln schon dem Nachbar sich verbindet,
Der Ehre schöne Götterlust,
Die, wie ein Meteor, verschwindet.
Zeig mir die Frucht, die fault, eh man sie bricht,
Und Bäume, die sich täglich neu begrünen!
MEPHISTOPHELES.
Ein solcher Auftrag schreckt mich nicht,
Mit solchen Schätzen kann ich dienen.
Doch, guter Freund, die Zeit kommt auch heran,
Wo wir was Guts in Ruhe schmausen mögen.
← FAUST. Werd ich beruhigt je mich auf ein Faulbett legen,
So sei es gleich um mich getan!
Kannst du mich schmeichelnd je belügen,
Dass ich mir selbst gefallen mag,
Kannst du mich mit Genuss betrügen,

Das sei für mich der letzte Tag!
Die Wette biet ich!
MEPHISTOPHELES. Topp!
FAUST. Und Schlag auf Schlag!
Werd ich zum Augenblicke sagen:
Verweile doch! du bist so schön!
Dann magst du mich in Fesseln schlagen,
Dann will ich gern zugrunde gehn!
Dann mag die Totenglocke schallen,
Dann bist du deines Dienstes frei,
Die Uhr mag stehn, der Zeiger fallen,
Es sei die Zeit für mich vorbei!
MEPHISTOPHELES.
Bedenk es wohl, wir werden's nicht vergessen.
FAUST. Dazu hast du ein volles Recht;
Ich habe mich nicht freventlich vermessen.
Wie ich beharre, bin ich Knecht,
Ob dein, was frag ich, oder wessen.
MEPHISTOPHELES.
Ich werde heute gleich, beim Doktorschmaus,
Als Diener, meine Pflicht erfüllen.
Nur eins! – Um Lebens oder Sterbens willen
Bitt ich mir ein paar Zeilen aus.
FAUST. Auch was Geschriebnes forderst du Pedant?
Hast du noch keinen Mann, nicht Manneswort gekannt?
Ist's nicht genug, dass mein gesprochnes Wort
Auf ewig soll mit meinen Tagen schalten?
Rast nicht die Welt in allen Strömen fort,
Und mich soll ein Versprechen halten?
Doch dieser Wahn ist uns ins Herz gelegt,
Wer mag sich gern davon befreien?
Beglückt, wer Treue rein im Busen trägt,
Kein Opfer wird ihn je gereuen!
Allein ein Pergament, beschrieben und beprägt,
Ist ein Gespenst, vor dem sich alle scheuen.
Das Wort erstirbt schon in der Feder,
Die Herrschaft führen Wachs und Leder.
Was willst du böser Geist von mir?
Erz, Marmor, Pergament, Papier?
Soll ich mit Griffel, Meißel, Feder schreiben?
Ich gebe jede Wahl dir frei.
MEPHISTOPHELES. Wie magst du deine Rednerei
Nur gleich so hitzig übertreiben?

Ist doch ein jedes Blättchen gut.
Du unterzeichnest dich mit einem Tröpfchen Blut.
FAUST. Wenn dies dir völlig G'nüge tut,
So mag es bei der Fratze bleiben.
MEPHISTOPHELES. Blut ist ein ganz besondrer Saft.
FAUST. Nur keine Furcht, dass ich dies Bündnis breche!
Das Streben meiner ganzen Kraft
Ist grade das, was ich verspreche.
Ich habe mich zu hoch gebläht,
In deinen Rang gehör ich nur.
Der große Geist hat mich verschmäht,
Vor mir verschließt sich die Natur.
Des Denkens Faden ist zerrissen,
Mir ekelt lange vor allem Wissen.
Lass in den Tiefen der Sinnlichkeit
Uns glühende Leidenschaften stillen!
In undurchdrungnen Zauberhüllen
Sei jedes Wunder gleich bereit!
Stürzen wir uns in das Rauschen der Zeit,
Ins Rollen der Begebenheit!
Da mag denn Schmerz und Genuss,
Gelingen und Verdruss
Mit einander wechseln, wie es kann;
Nur rastlos betätigt sich der Mann.
MEPHISTOPHELES. Euch ist kein Maß und Ziel gesetzt.
Beliebt's Euch, überall zu naschen,
Im Fliehen etwas zu erhaschen,
Bekomm Euch wohl, was Euch ergetzt.
Nur greift mir zu und seid nicht blöde!
FAUST. Du hörest ja, von Freud ist nicht die Rede.
Dem Taumel weih ich mich, dem schmerzlichsten Genuss,
Verliebtem Hass, erquickendem Verdruss.
Mein Busen, der vom Wissensdrang geheilt ist,
Soll keinen Schmerzen künftig sich verschließen,
Und was der ganzen Menschheit zugeteilt ist,
Will ich in meinem innern Selbst genießen,
Mit meinem Geist das Höchst und Tiefste greifen,
Ihr Wohl und Weh auf meinen Busen häufen,
Und so mein eigen Selbst zu ihrem Selbst erweitern,
Und, wie sie selbst, am End auch ich zerscheitern.
MEPHISTOPHELES.
O glaube mir, der manche tausend Jahre
An dieser harten Speise kaut,

der große Geist der Erdgeist

Dass von der Wiege bis zur Bahre
Kein Mensch den alten Sauerteig verdaut!
Glaub unsereinem: dieses Ganze
Ist nur für einen Gott gemacht!
Er findet sich in einem ew'gen Glanze,
Uns hat er in die Finsternis gebracht,
Und euch taugt einzig Tag und Nacht.
FAUST. Allein ich will!
MEPHISTOPHELES. Das lässt sich hören!
Doch nur vor einem ist mir bang:
Die Zeit ist kurz, die Kunst ist lang.
Ich dächt, Ihr ließet Euch belehren.
Assoziiert Euch mit einem Poeten,
Lasst den Herrn in Gedanken schweifen,
Und alle edlen Qualitäten
Auf Euren Ehrenscheitel häufen,
Des Löwen Mut,
Des Hirsches Schnelligkeit,
Des Italieners feurig Blut,
Des Nordens Dau'rbarkeit.
Lasst ihn Euch das Geheimnis finden,
Großmut und Arglist zu verbinden,
Und Euch, mit warmen Jugendtrieben,
Nach einem Plane zu verlieben.
Möchte selbst solch einen Herren kennen,
Würd ihn Herrn Mikrokosmus nennen.
FAUST. Was bin ich denn, wenn es nicht möglich ist,
Der Menschheit Krone zu erringen,
Nach der sich alle Sinne dringen?
MEPHISTOPHELES. Du bist am Ende – was du bist.
Setz dir Perücken auf von Millionen Locken,
Setz deinen Fuß auf ellenhohe Socken,
Du bleibst doch immer, was du bist.
FAUST. Ich fühl's, vergebens hab ich alle Schätze
Des Menschengeists auf mich herbeigerafft,
Und wenn ich mich am Ende niedersetze,
Quillt innerlich doch keine neue Kraft;
Ich bin nicht um ein Haarbreit höher,
Bin dem Unendlichen nicht näher.
MEPHISTOPHELES. Mein guter Herr, Ihr seht die Sachen,
Wie man die Sachen eben sieht;
Wir müssen das gescheiter machen,
Eh uns des Lebens Freude flieht.

Assoziieren *(lat., franz.) hier*: verbünden. Vgl. Assoziation

→

Herr Mikrokosmus vgl. Anm. v. V. 430 (Makrokosmus)

→

Was Henker! freilich Händ' und Füße
Und Kopf und Hintern, die sind dein;
Doch alles, was ich frisch genieße,
Ist das drum weniger mein?
Wenn ich sechs Hengste zahlen kann,
Sind ihre Kräfte nicht die meine?
Ich renne zu und bin ein rechter Mann,
Als hätt ich vierundzwanzig Beine.
Drum frisch! Lass alles Sinnen sein,
← Und grad mit in die Welt hinein!
← Ich sag es dir: ein Kerl, der spekuliert,
Ist wie ein Tier, auf dürrer Heide
Von einem bösen Geist im Kreis herumgeführt,
Und rings umher liegt schöne grüne Weide.
FAUST. Wie fangen wir das an?
MEPHISTOPHELES. Wir gehen eben fort.
Was ist das für ein Marterort?
Was heißt das für ein Leben führen,
Sich und die Jungens ennuyieren?
Lass du das dem Herrn Nachbar Wanst!
Was willst du dich das Stroh zu dreschen plagen?
Das Beste, was du wissen kannst,
Darfst du den Buben doch nicht sagen.
Gleich hör ich einen auf dem Gange!
FAUST. Mir ist's nicht möglich, ihn zu sehn.
MEPHISTOPHELES. Der arme Knabe wartet lange,
Der darf nicht ungetröstet gehn.
Komm, gib mir deinen Rock und Mütze;
Die Maske muss mir köstlich stehn. *(Er kleidet sich um.)*
Nun überlass es meinem Witze!
Ich brauche nur ein Viertelstündchen Zeit;
Indessen mache dich zur schönen Fahrt bereit! *(Faust ab.)*
MEPHISTOPHELES *(in Fausts langem Kleide).*
Verachte nur Vernunft und Wissenschaft,
Des Menschen allerhöchste Kraft,
Lass nur in Blend- und Zauberwerken
Dich von dem Lügengeist bestärken,
So hab ich dich schon unbedingt –
Ihm hat das Schicksal einen Geist gegeben,
Der ungebändigt immer vorwärts dringt,
Und dessen übereiltes Streben
Der Erde Freuden überspringt.
Den schlepp ich durch das wilde Leben,

ennuyieren *(franz.)* langweilen

gleich hör ich einen … gerade eben, eben jetzt

Durch flache Unbedeutenheit, →
Er soll mir zappeln, starren, kleben, →
Und seiner Unersättlichkeit
Soll Speis und Trank vor gier'gen Lippen schweben;
Er wird Erquickung sich umsonst erflehn,
Und hätt er sich auch nicht dem Teufel übergeben,
Er müsste doch zugrunde gehn!

Ein Schüler tritt auf. →

SCHÜLER. Ich bin allhier erst kurze Zeit,
Und komme voll Ergebenheit,
Einen Mann zu sprechen und zu kennen,
Den alle mir mit Ehrfurcht nennen.
MEPHISTOPHELES. Eure Höflichkeit erfreut mich sehr!
Ihr seht einen Mann wie andre mehr.
Habt Ihr Euch sonst schon umgetan?
SCHÜLER. Ich bitt Euch, nehmt Euch meiner an!
Ich komme mit allem guten Mut,
Leidlichem Geld und frischem Blut;
Meine Mutter wollte mich kaum entfernen;
Möchte gern was Rechts hieraußen lernen.
MEPHISTOPHELES. Da seid Ihr eben recht am Ort.
SCHÜLER. Aufrichtig, möchte schon wieder fort:
In diesen Mauern, diesen Hallen
Will es mir keineswegs gefallen.
Es ist ein gar beschränkter Raum,
Man sieht nichts Grünes, keinen Baum,
Und in den Sälen auf den Bänken
Vergeht mir Hören, Sehn und Denken.
MEPHISTOPHELES. Das kommt nur auf Gewohnheit an.
So nimmt ein Kind der Mutter Brust
Nicht gleich im Anfang willig an,
Doch bald ernährt es sich mit Lust.
So wird's Euch an der Weisheit Brüsten
Mit jedem Tage mehr gelüsten.
SCHÜLER. An ihrem Hals will ich mit Freuden hangen;
Doch sagt mir nur, wie kann ich hingelangen?
MEPHISTOPHELES. Erklärt Euch, eh Ihr weiter geht,
Was wählt Ihr für eine Fakultät?
SCHÜLER. Ich wünschte recht gelehrt zu werden,
Und möchte gern, was auf der Erden
Und in dem Himmel ist, erfassen,
Die Wissenschaft und die Natur.
MEPHISTOPHELES. Da seid Ihr auf der rechten Spur;

Doch müsst Ihr Euch nicht zerstreuen lassen.
SCHÜLER. Ich bin dabei mit Seel und Leib;
Doch freilich würde mir behagen
Ein wenig Freiheit und Zeitvertreib
An schönen Sommerfeiertagen.
MEPHISTOPHELES.
Gebraucht der Zeit, sie geht so schnell von hinnen,
Doch Ordnung lehrt Euch Zeit gewinnen.
Mein teurer Freund, ich rat Euch drum
← Zuerst Collegium Logicum.
Da wird der Geist Euch wohl dressiert,
← In spanische Stiefeln eingeschnürt,
Dass er bedächtiger so fortan
Hinschleiche die Gedankenbahn,
Und nicht etwa, die Kreuz und Quer,
Irrlichteliere hin und her.
Dann lehret man Euch manchen Tag,
Dass, was Ihr sonst auf einen Schlag
Getrieben, wie Essen und Trinken frei,
Eins! Zwei! Drei! dazu nötig sei.
Zwar ist's mit der Gedankenfabrik
Wie mit einem Weber-Meisterstück,
Wo ein Tritt tausend Fäden regt,
Die Schifflein herüber hinüber schießen,
Die Fäden ungesehen fließen,
Ein Schlag tausend Verbindungen schlägt:
Der Philosoph, der tritt herein
Und beweist Euch, es müsst so sein:
Das Erst wär so, das Zweite so,
Und drum das Dritt und Vierte so,
Und wenn das Erst und Zweit nicht wär,
Das Dritt und Viert wär nimmermehr.
Das preisen die Schüler aller Orten,
Sind aber keine Weber geworden.
Wer will was Lebendigs erkennen und beschreiben,
Sucht erst den Geist heraus zu treiben,
Dann hat er die Teile in seiner Hand,
Fehlt leider! nur das geistige Band.
← Encheiresin naturae nennt's die Chemie,
Spottet ihrer selbst und weiß nicht wie.
SCHÜLER. Kann Euch nicht eben ganz verstehen.
MEPHISTOPHELES. Das wird nächstens schon besser gehen,
Wenn Ihr lernt alles reduzieren

Und gehörig klassifizieren.
SCHÜLER. Mir wird von alle dem so dumm,
Als ging mir ein Mühlrad im Kopf herum.
MEPHISTOPHELES. Nachher, vor allen andern Sachen,
Müsst Ihr Euch an die Metaphysik machen! →
Da seht, dass Ihr tiefsinnig fasst,
Was in des Menschen Hirn nicht passt;
Für was drein geht und nicht drein geht,
Ein prächtig Wort zu Diensten steht.
Doch vorerst dieses halbe Jahr
Nehmt ja der besten Ordnung wahr.
Fünf Stunden habt Ihr jeden Tag;
Seid drinnen mit dem Glockenschlag!
Habt Euch vorher wohl präpariert,
Paragraphos wohl einstudiert,
Damit Ihr nachher besser seht,
Dass er nichts sagt, als was im Buche steht;
Doch Euch des Schreibens ja befleißt,
Als diktiert' Euch der Heilig Geist!
SCHÜLER. Das sollt Ihr mir nicht zweimal sagen!
Ich denke mir, wie viel es nützt;
Denn, was man schwarz auf weiß besitzt,
Kann man getrost nach Hause tragen.
MEPHISTOPHELES. Doch wählt mir eine Fakultät!
SCHÜLER.
Zur Rechtsgelehrsamkeit kann ich mich nicht bequemen.
MEPHISTOPHELES.
Ich kann es Euch so sehr nicht übel nehmen,
Ich weiß, wie es um diese Lehre steht.
Es erben sich Gesetz' und Rechte
Wie eine ew'ge Krankheit fort,
Sie schleppen von Geschlecht sich zum Geschlechte
Und rücken sacht von Ort zu Ort.
Vernunft wird Unsinn, Wohltat Plage;
Weh dir, dass du ein Enkel bist!
Vom Rechte, das mit uns geboren ist,
Von dem ist leider! nie die Frage.
SCHÜLER. Mein Abscheu wird durch Euch vermehrt.
O glücklich der, den Ihr belehrt!
Fast möcht ich nun Theologie studieren.
MEPHISTOPHELES. Ich wünschte nicht, Euch irre zu führen.
Was diese Wissenschaft betrifft,
Es ist so schwer, den falschen Weg zu meiden,

präpariert vorbereitet, gelernt

Es liegt in ihr so viel verborgnes Gift,
Und von der Arzenei ist's kaum zu unterscheiden.
Am besten ist's auch hier, wenn Ihr nur Einen hört,
Und auf des Meisters Worte schwört.
Im Ganzen – haltet Euch an Worte!
Dann geht Ihr durch die sichre Pforte
Zum Tempel der Gewissheit ein.
SCHÜLER. Doch ein Begriff muss bei dem Worte sein.
MEPHISTOPHELES.
Schon gut! Nur muss man sich nicht allzu ängstlich quälen;
Denn eben wo Begriffe fehlen,
Da stellt ein Wort zur rechten Zeit sich ein.
Mit Worten lässt sich trefflich streiten,
Mit Worten ein System bereiten,
An Worte lässt sich trefflich glauben,
Von einem Wort lässt sich kein Jota rauben.
SCHÜLER. Verzeiht, ich halt Euch auf mit vielen Fragen,
Allein ich muss Euch noch bemühn.
Wollt Ihr mir von der Medizin
Nicht auch ein kräftig Wörtchen sagen?
Drei Jahr' ist eine kurze Zeit,
Und, Gott! das Feld ist gar zu weit.
Wenn man einen Fingerzeig nur hat,
Lässt sich's schon eher weiter fühlen.
MEPHISTOPHELES *(für sich)*.
Ich bin des trocknen Tons nun satt,
Muss wieder recht den Teufel spielen.
(Laut.) Der Geist der Medizin ist leicht zu fassen;
Ihr durchstudiert die groß und kleine Welt,
Um es am Ende gehn zu lassen,
Wie's Gott gefällt.
Vergebens, dass Ihr ringsum wissenschaftlich schweift,
Ein jeder lernt nur, was er lernen kann;
Doch der den Augenblick ergreift,
Das ist der rechte Mann.
Ihr seid noch ziemlich wohl gebaut,
An Kühnheit wird's Euch auch nicht fehlen,
Und wenn Ihr Euch nur selbst vertraut,
Vertrauen Euch die andern Seelen.
Besonders lernt die Weiber führen;
Es ist ihr ewig Weh und Ach
So tausendfach
Aus e i n e m Punkte zu kurieren,

Jota der kleinste griechische Buchstabe; hier so viel wie i-Punkt

Und wenn Ihr halbweg ehrbar tut,
Dann habt Ihr sie all' unterm Hut.
Ein Titel muss sie erst vertraulich machen,
Dass Eure Kunst viel Künste übersteigt;
Zum Willkomm tappt Ihr dann nach allen Siebensachen,
Um die ein andrer viele Jahre streicht,
Versteht das Pülslein wohl zu drücken,
Und fasset sie, mit feurig schlauen Blicken,
Wohl um die schlanke Hüfte frei,
Zu sehn, wie fest geschnürt sie sei.
SCHÜLER.
Das sieht schon besser aus! Man sieht doch, wo und wie.
MEPHISTOPHELES. Grau, teurer Freund, ist alle Theorie,
Und grün des Lebens goldner Baum.
SCHÜLER. Ich schwör Euch zu, mir ist's als wie ein Traum.
Dürft ich Euch wohl ein andermal beschweren,
Von Eurer Weisheit auf den Grund zu hören?
MEPHISTOPHELES. Was ich vermag, soll gern geschehn.
SCHÜLER. Ich kann unmöglich wieder gehn,
Ich muss Euch noch mein Stammbuch überreichen. →
Gönn Eure Gunst mir dieses Zeichen!
MEPHISTOPHELES. Sehr wohl. *(Er schreibt und gibt's.)*
SCHÜLER *(liest)*. Eritis sicut Deus scientes bonum et malum. →
Macht's ehrerbietig zu und empfiehlt sich.
MEPHISTOPHELES.
Folg nur dem alten Spruch und meiner Muhme, der Schlange,
Dir wird gewiss einmal bei deiner Gottähnlichkeit bange!
Faust tritt auf.
FAUST. Wohin soll es nun gehn?
MEPHISTOPHELES. Wohin es dir gefällt.
Wir sehn die kleine, dann die große Welt. →
Mit welcher Freude, welchem Nutzen
Wirst du den Cursum durchschmarutzen! →
FAUST. Allein bei meinem langen Bart
Fehlt mir die leichte Lebensart.
Es wird mir der Versuch nicht glücken;
Ich wusste nie mich in die Welt zu schicken.
Vor andern fühl ich mich so klein;
Ich werde stets verlegen sein.
MEPHISTOPHELES.
Mein guter Freund, das wird sich alles geben;
Sobald du dir vertraust, sobald weißt du zu leben.
FAUST. Wie kommen wir denn aus dem Haus?

Wo hast du Pferde, Knecht und Wagen?
← MEPHISTOPHELES. Wir breiten nur den Mantel aus,
Der soll uns durch die Lüfte tragen.
Du nimmst bei diesem kühnen Schritt
Nur keinen großen Bündel mit.
← Ein bisschen Feuerluft, die ich bereiten werde,
Hebt uns behänd von dieser Erde.
Und sind wir leicht, so geht es schnell hinauf;
Ich gratuliere dir zum neuen Lebenslauf!

← AUERBACHS KELLER IN LEIPZIG

Zeche lustiger Gesellen.

FROSCH. Will keiner trinken? keiner lachen?
Ich will euch lehren Gesichter machen!
Ihr seid ja heut wie nasses Stroh,
Und brennt sonst immer lichterloh.
BRANDER. Das liegt an dir; du bringst ja nichts herbei,
Nicht eine Dummheit, keine Sauerei.
FROSCH *(gießt ihm ein Glas Wein über den Kopf)*.
Da hast du beides!
BRANDER. Doppelt Schwein!
FROSCH. Ihr wollt es ja, man soll es sein!
SIEBEL. Zur Tür hinaus, wer sich entzweit!
← Mit offner Brust singt Runda, sauft und schreit!
Auf! Holla! Ho!
ALTMAYER. Weh mir, ich bin verloren!
Baumwolle her! der Kerl sprengt mir die Ohren.
SIEBEL. Wenn das Gewölbe widerschallt,
Fühlt man erst recht des Basses Grundgewalt.
FROSCH. So recht, hinaus mit dem, der etwas übel nimmt!
A! tara lara da!
ALTMAYER. A! tara lara da!
FROSCH. Die Kehlen sind gestimmt.
(Singt.) Das liebe heil'ge Röm'sche Reich,
Wie hält's nur noch zusammen?
BRANDER. Ein garstig Lied! Pfui! ein politisch Lied!
Ein leidig Lied! Dankt Gott mit jedem Morgen,
Dass ihr nicht braucht fürs Röm'sche Reich zu sorgen!
Ich halt es wenigstens für reichlichen Gewinn,
Dass ich nicht Kaiser oder Kanzler bin.

Doch muss auch uns ein Oberhaupt nicht fehlen;
Wir wollen einen Papst erwählen.
Ihr wisst, welch eine Qualität
Den Ausschlag gibt, den Mann erhöht.

FROSCH *(singt).*
Schwing dich auf, Frau Nachtigall,
Grüß mir mein Liebchen zehentausendmal.

SIEBEL.
Dem Liebchen keinen Gruß! ich will davon nichts hören!

FROSCH.
Dem Liebchen Gruß und Kuss! du wirst mir's nicht verwehren!
(Singt.) Riegel auf! in stiller Nacht.
Riegel auf! der Liebste wacht.
Riegel zu! des Morgens früh.

SIEBEL.
Ja, singe, singe nur und lob und rühme sie!
Ich will zu meiner Zeit schon lachen.
Sie hat mich angeführt, dir wird sie's auch so machen.
Zum Liebsten sei ein Kobold ihr beschert!
Der mag mit ihr auf einem Kreuzweg schäkern;
Ein alter Bock, wenn er vom Blocksberg kehrt,
Mag im Galopp noch gute Nacht ihr meckern!
Ein braver Kerl von echtem Fleisch und Blut
Ist für die Dirne viel zu gut.
Ich will von keinem Gruße wissen,
Als ihr die Fenster eingeschmissen!

BRANDER *(auf den Tisch schlagend).*
Passt auf! passt auf! Gehorchet mir!
Ihr Herrn, gesteht, ich weiß zu leben;
Verliebte Leute sitzen hier,
Und diesen muss, nach Standsgebühr,
Zur guten Nacht ich was zum Besten geben.
Gebt Acht! Ein Lied vom neusten Schnitt!
Und singt den Rundreim kräftig mit!
(Er singt.) Es war eine Ratt im Kellernest,
Lebte nur von Fett und Butter,
Hatte sich ein Ränzlein angemäst't,
Als wie der Doktor Luther.
Die Köchin hatt' ihr Gift gestellt;
Da ward's so eng ihr in der Welt,
Als hätte sie Lieb im Leibe.

CHORUS *(jauchzend).* Als hätte sie Lieb im Leibe.

BRANDER. Sie fuhr herum, sie fuhr heraus,
Und soff aus allen Pfützen,
Zernagt', zerkratzt' das ganze Haus,
Wollte nichts ihr Wüten nützen;
Sie tät gar manchen Ängstesprung,
Bald hatte das arme Tier genung,
CHORUS. Als hätt es Lieb im Leibe.
BRANDER. Als hätt es Lieb im Leibe.
Sie kam für Angst am hellen Tag
Der Küche zugelaufen,
Fiel an den Herd und zuckt' und lag,
Und tät erbärmlich schnaufen.
Da lachte die Vergifterin noch:
Ha! sie pfeift auf dem letzten Loch,
Als hätte sie Lieb im Leibe.
CHORUS. Als hätte sie Lieb im Leibe.

die platten Bursche Bursche: alte Pluralform

SIEBEL. Wie sich die platten Bursche freuen!
Es ist mir eine rechte Kunst,
Den armen Ratten Gift zu streuen!
BRANDER. Sie stehn wohl sehr in deiner Gunst?
ALTMAYER. Der Schmerbauch mit der kahlen Platte!
Das Unglück macht ihn zahm und mild;
Er sieht in der geschwollnen Ratte
Sein ganz natürlich Ebenbild.

Faust und Mephistopheles treten auf.

MEPHISTOPHELES. Ich muss dich nun vor allen Dingen
In lustige Gesellschaft bringen,
Damit du siehst, wie leicht sich's leben lässt.
Dem Volke hier wird jeder Tag ein Fest.
Mit wenig Witz und viel Behagen
Dreht jeder sich im engen Zirkeltanz,
Wie junge Katzen mit dem Schwanz.
Wenn sie nicht über Kopfweh klagen,
So lang der Wirt nur weiter borgt,
Sind sie vergnügt und unbesorgt.
BRANDER. Die kommen eben von der Reise,
Man sieht's an ihrer wunderlichen Weise;
Sie sind nicht eine Stunde hier.
FROSCH. Wahrhaftig, du hast Recht! Mein Leipzig lob ich mir!
Es ist ein klein Paris, und bildet seine Leute.
SIEBEL. Für was siehst du die Fremden an?
FROSCH. Lasst mich nur gehn! Bei einem vollen Glase
Zieh ich, wie einen Kinderzahn,

Den Burschen leicht die Würmer aus der Nase.
Sie scheinen mir aus einem edlen Haus,
Sie sehen stolz und unzufrieden aus.
BRANDER. Marktschreier sind's gewiss, ich wette!
ALTMAYER. Vielleicht.
FROSCH. Gib Acht, ich schraube sie! →
MEPHISTOPHELES *(zu Faust).*
Den Teufel spürt das Völkchen nie,
Und wenn er sie beim Kragen hätte.
FAUST. Seid uns gegrüßt, ihr Herrn!
SIEBEL. Viel Dank zum Gegengruß.
(Leise, Mephistopheles von der Seite ansehend.)
Was hinkt der Kerl auf einem Fuß?
MEPHISTOPHELES. Ist es erlaubt, uns auch zu euch zu setzen?
Statt eines guten Trunks, den man nicht haben kann,
Soll die Gesellschaft uns ergetzen.
ALTMAYER. Ihr scheint ein sehr verwöhnter Mann.
FROSCH. Ihr seid wohl spät von Rippach aufgebrochen? →
Habt ihr mit Herren Hans noch erst zu Nacht gespeist?
MEPHISTOPHELES. Heut sind wir ihn vorbeigereist! →
Wir haben ihn das letzte Mal gesprochen.
Von seinen Vettern wusst' er viel zu sagen,
Viel Grüße hat er uns an jeden aufgetragen.
(Er neigt sich gegen Frosch.)
ALTMAYER *(leise).* Da hast du's! der versteht's!
SIEBEL. Ein pfiffiger Patron!
FROSCH. Nun, warte nur, ich krieg ihn schon!
MEPHISTOPHELES. Wenn ich nicht irrte, hörten wir
Geübte Stimmen Chorus singen?
Gewiss, Gesang muss trefflich hier
Von dieser Wölbung widerklingen!
FROSCH. Seid Ihr wohl gar ein Virtuos?
MEPHISTOPHELES.
O nein! die Kraft ist schwach, allein die Lust ist groß.
ALTMAYER. Gebt uns ein Lied!
MEPHISTOPHELES. Wenn ihr begehrt, die Menge.
SIEBEL. Nur auch ein nagelneues Stück!
MEPHISTOPHELES. Wir kommen erst aus Spanien zurück,
Dem schönen Land des Weins und der Gesänge.
(Singt.) Es war einmal ein König, →
Der hatt' einen großen Floh –
FROSCH. Horcht! Einen Floh! Habt ihr das wohl gefasst?
Ein Floh ist mir ein saubrer Gast.

MEPHISTOPHELES *(singt).* Es war einmal ein König,
Der hatt' einen großen Floh,
Den liebt' er gar nicht wenig,
Als wie seinen eignen Sohn.
Da rief er seinen Schneider,
Der Schneider kam heran:
Da, miss dem Junker Kleider
Und miss ihm Hosen an!
BRANDER. Vergesst nur nicht, dem Schneider einzuschärfen,
Dass er mir aufs Genauste misst,
Und dass, so lieb sein Kopf ihm ist,
Die Hosen keine Falten werfen!
MEPHISTOPHELES. In Sammet und in Seide
War er nun angetan,
Hatte Bänder auf dem Kleide,
Hatt' auch ein Kreuz daran,
Und war sogleich Minister,
Und hatt' einen großen Stern.
Da wurden seine Geschwister
Bei Hof auch große Herrn.

Und Herrn und Fraun am Hofe,
Die waren sehr geplagt,
Die Königin und die Zofe
Gestochen und genagt,
Und durften sie nicht knicken,
Und weg sie jucken nicht.
Wir knicken und ersticken
Doch gleich, wenn einer sticht.
CHORUS *(jauchzend).* Wir knicken und ersticken
Doch gleich, wenn einer sticht.
FROSCH. Bravo! Bravo! Das war schön!
SIEBEL. So soll es jedem Floh ergehn!
BRANDER. Spitzt die Finger und packt sie fein!
ALTMAYER. Es lebe die Freiheit! Es lebe der Wein!
MEPHISTOPHELES.
Ich tränke gern ein Glas, die Freiheit hoch zu ehren,
Wenn eure Weine nur ein bisschen besser wären.
SIEBEL. Wir mögen das nicht wieder hören!
MEPHISTOPHELES. Ich fürchte nur, der Wirt beschweret sich;
Sonst gäb ich diesen werten Gästen
Aus unserm Keller was zum Besten.
SIEBEL. Nur immer her! ich nehm's auf mich.

FROSCH. Schafft Ihr ein gutes Glas, so wollen wir Euch loben.
Nur gebt nicht gar zu kleine Proben;
Denn wenn ich judizieren soll,
Verlang ich auch das Maul recht voll.

judizieren *(lat.)* urteilen, ein Urteil abgeben

ALTMAYER *(leise).* Sie sind vom Rheine, wie ich spüre.
MEPHISTOPHELES. Schafft einen Bohrer an!
BRANDER. Was soll mit dem geschehn?
Ihr habt doch nicht die Fässer vor der Türe?
ALTMAYER.
Dahinten hat der Wirt ein Körbchen Werkzeug stehn.
MEPHISTOPHELES *(nimmt den Bohrer).*
(Zu Frosch.) Nun sagt, was wünschet Ihr zu schmecken?
FROSCH. Wie meint Ihr das? Habt Ihr so mancherlei?
MEPHISTOPHELES. Ich stell es einem jeden frei.
ALTMAYER *(zu Frosch).*
Aha! du fängst schon an, die Lippen abzulecken.
FROSCH.
Gut! wenn ich wählen soll, so will ich Rheinwein haben.
Das Vaterland verleiht die allerbesten Gaben.
MEPHISTOPHELES *(indem er an dem Platz, wo Frosch sitzt, ein Loch in den Tischrand bohrt).*
Verschafft ein wenig Wachs, die Pfropfen gleich zu machen!
ALTMAYER. Ach, das sind Taschenspielersachen.
MEPHISTOPHELES *(zu Brander).* Und Ihr?
BRANDER. Ich will Champagner Wein,
Und recht moussierend soll er sein! →
MEPHISTOPHELES *(bohrt; einer hat indessen die Wachspfropfen gemacht und verstopft).*
BRANDER. Man kann nicht stets das Fremde meiden,
Das Gute liegt uns oft so fern.
Ein echter deutscher Mann mag keinen Franzen leiden,
Doch ihre Weine trinkt er gern.

Franze Franzose

SIEBEL *(indem sich Mephistopheles seinem Platze nähert).*
Ich muss gestehn, den sauren mag ich nicht,
Gebt mir ein Glas vom echten süßen!
MEPHISTOPHELES *(bohrt).*
Euch soll sogleich Tokayer fließen.

Tokayer ungarischer Süßwein

ALTMAYER. Nein, Herren, seht mir ins Gesicht!
Ich seh es ein, ihr habt uns nur zum Besten.
MEPHISTOPHELES. Ei! Ei! Mit solchen edlen Gästen
Wär es ein bisschen viel gewagt.
Geschwind! Nur grad heraus gesagt!
Mit welchem Weine kann ich dienen?

ALTMAYER. Mit jedem! Nur nicht lang gefragt.
(Nachdem die Löcher alle gebohrt und verstopft sind,)
MEPHISTOPHELES *(mit seltsamen Gebärden).*
← Trauben trägt der Weinstock!
Hörner der Ziegenbock;
Der Wein ist saftig, Holz die Reben,
Der hölzerne Tisch kann Wein auch geben.
Ein tiefer Blick in die Natur!
Hier ist ein Wunder, glaubet nur!
Nun zieht die Pfropfen und genießt!
ALLE *(indem sie die Pfropfen ziehen und jedem der verlangte Wein ins Glas läuft).*
O schöner Brunnen, der uns fließt!
MEPHISTOPHELES.
Nur hütet euch, dass ihr mir nichts vergießt!
(Sie trinken wiederholt.)
ALLE *(singen).* Uns ist ganz kannibalisch wohl,
Als wie fünfhundert Säuen!
MEPHISTOPHELES.
Das Volk ist frei, seht an, wie wohl's ihm geht!
FAUST. Ich hätte Lust, nun abzufahren.
MEPHISTOPHELES. Gib nur erst Acht, die Bestialität
Wird sich gar herrlich offenbaren.
SIEBEL *(trinkt unvorsichtig, der Wein fließt auf die Erde und wird zur Flamme).*
Helft! Feuer! helft! Die Hölle brennt!
MEPHISTOPHELES *(die Flamme besprechend).*
Sei ruhig, freundlich Element! *(Zu dem Gesellen.)*
Für diesmal war es nur ein Tropfen Fegefeuer.
SIEBEL. Was soll das sein? Wart! Ihr bezahlt es teuer!
Es scheinet, dass Ihr uns nicht kennt.
FROSCH. Lass Er uns das zum zweiten Male bleiben!
ALTMAYER.
Ich dächt, wir hießen ihn ganz sachte seitwärts gehn.
SIEBEL. Was, Herr? Er will sich unterstehn,
Und hier sein Hokuspokus treiben?
MEPHISTOPHELES. Still, altes Weinfass!
SIEBEL. Besenstiel!
Du willst uns gar noch grob begegnen?
BRANDER. Wart nur, es sollen Schläge regnen!
ALTMAYER *(zieht einen Pfropf aus dem Tisch, es springt ihm Feuer entgegen).*
Ich brenne! ich brenne!

SIEBEL. Zauberei!
Stoßt zu! der Kerl ist vogelfrei!
(Sie ziehen die Messer und gehn auf Mephistopheles los.)
MEPHISTOPHELES *(mit ernsthafter Gebärde).*
Falsch Gebild und Wort
Verändern Sinn und Ort!
Seid hier und dort!
(Sie stehn erstaunt und sehn einander an.)
ALTMAYER. Wo bin ich? Welches schöne Land!
FROSCH. Weinberge! Seh ich recht?
SIEBEL. Und Trauben gleich zur Hand!
BRANDER. Hier unter diesem grünen Laube,
Seht, welch ein Stock! Seht, welche Traube!
(Er fasst Siebeln bei der Nase. Die andern tun es wechselseitig und heben die Messer.)
MEPHISTOPHELES *(wie oben).*
Irrtum, lass los der Augen Band!
Und merkt euch, wie der Teufel spaße.
(Er verschwindet mit Faust, die Gesellen fahren auseinander.)
SIEBEL. Was gibt's?
ALTMAYER. Wie?
FROSCH. War das deine Nase?
BRANDER *(zu Siebel).* Und deine hab ich in der Hand!
ALTMAYER.
Es war ein Schlag, der ging durch alle Glieder!
Schafft einen Stuhl, ich sinke nieder!
FROSCH. Nein, sagt mir nur, was ist geschehn?
SIEBEL. Wo ist der Kerl? Wenn ich ihn spüre,
Er soll mir nicht lebendig gehn!
ALTMAYER. Ich hab ihn selbst hinaus zur Kellertüre –
Auf einem Fasse reiten sehn – –
Es liegt mir bleischwer in den Füßen.
(Sich nach dem Tische wendend.)
Mein! Sollte wohl der Wein noch fließen?
SIEBEL. Betrug war alles, Lug und Schein.
FROSCH. Mir deuchte doch, als tränk ich Wein.
BRANDER. Aber wie war es mit den Trauben?
ALTMAYER.
Nun sag mir eins, man soll kein Wunder glauben!

vogelfrei geächtet, darf ungestraft getötet werden

←

HEXENKÜCHE

Auf einem niedrigen Herde steht ein großer Kessel über dem Feuer. In dem Dampfe, der davon in die Höhe steigt, zeigen sich verschiedene Gestalten. Eine Meerkatze *sitzt bei dem Kessel und schäumt ihn, und sorgt, dass er nicht überläuft. Der* Meerkater *mit den Jungen sitzt darneben und wärmt sich. Wände und Decke sind mit dem seltsamsten Hexenhausrat ausgeschmückt.*

Faust. Mephistopheles.

FAUST. Mir widersteht das tolle Zauberwesen!
Versprichst du mir, ich soll genesen
In diesem Wust von Raserei?
Verlang ich Rat von einem alten Weibe?
Und schafft die Sudelköcherei
Wohl dreißig Jahre mir vom Leibe?
Weh mir, wenn du nichts Bessers weißt!
Schon ist die Hoffnung mir verschwunden.
Hat die Natur und hat ein edler Geist
Nicht irgendeinen Balsam ausgefunden?
MEPHISTOPHELES.
Mein Freund, nun sprichst du wieder klug!
Dich zu verjüngen, gibt's auch ein natürlich Mittel;
Allein es steht in einem andern Buch,
Und ist ein wunderlich Kapitel.
FAUST. Ich will es wissen.
MEPHISTOPHELES. Gut! Ein Mittel, ohne Geld
Und Arzt und Zauberei zu haben:
Begib dich gleich hinaus aufs Feld,
Fang an zu hacken und zu graben,
Erhalte dich und deinen Sinn
In einem ganz beschränkten Kreise,
Ernähre dich mit ungemischter Speise,
Leb mit dem Vieh als Vieh, und acht es nicht für Raub,
Den Acker, den du erntest, selbst zu düngen;
Das ist das beste Mittel, glaub,
Auf achtzig Jahr dich zu verjüngen!
FAUST.
Das bin ich nicht gewöhnt, ich kann mich nicht bequemen,
Den Spaten in die Hand zu nehmen.
Das enge Leben steht mir gar nicht an.
MEPHISTOPHELES. So muss denn doch die Hexe dran.

Raub
hier: Missbrauch

FAUST. Warum denn just das alte Weib!
Kannst du den Trank nicht selber brauen?
MEPHISTOPHELES.
Das wär ein schöner Zeitvertreib!
Ich wollt indes wohl tausend Brücken bauen.
Nicht Kunst und Wissenschaft allein,
Geduld will bei dem Werke sein.
Ein stiller Geist ist Jahre lang geschäftig,
Die Zeit nur macht die feine Gärung kräftig.
Und alles, was dazu gehört,
Es sind gar wunderbare Sachen!
Der Teufel hat sie's zwar gelehrt;
Allein der Teufel kann's nicht machen.
(Die Tiere erblickend.)
Sieh, welch ein zierliches Geschlecht!
Das ist die Magd! das ist der Knecht!
(Zu den Tieren.)
Es scheint, die Frau ist nicht zu Hause?
DIE TIERE Beim Schmause,
Aus dem Haus
Zum Schornstein hinaus!
MEPHISTOPHELES. Wie lange pflegt sie wohl zu schwärmen?
DIE TIERE So lange wir uns die Pfoten wärmen.
MEPHISTOPHELES *(zu Faust).*
Wie findest du die zarten Tiere?
FAUST. So abgeschmackt, als ich nur jemand sah!
MEPHISTOPHELES. Nein, ein Diskurs wie dieser da
Ist grade der, den ich am liebsten führe!
(Zu den Tieren.) So sagt mir doch, verfluchte Puppen,
Was quirlt ihr in dem Brei herum?
DIE TIERE. Wir kochen breite Bettelsuppen. →
MEPHISTOPHELES. Da habt ihr ein groß Publikum.
DER KATER *(macht sich herbei und schmeichelt dem Mephistopheles).*
O würfle nur gleich →
Und mache mich reich,
Und lass mich gewinnen!
Gar schlecht ist's bestellt,
Und wär ich bei Geld,
So wär ich bei Sinnen.
MEPHISTOPHELES.
Wie glücklich würde sich der Affe schätzen,
Könnt er nur auch ins Lotto setzen!

(Indessen haben die jungen Meerkätzchen mit einer großen Kugel gespielt und rollen sie hervor.)

DER KATER Das ist die Welt;
Sie steigt und fällt
Und rollt beständig;
Sie klingt wie Glas –
Wie bald bricht das!
Ist hohl inwendig.
Hier glänzt sie sehr,
Und hier noch mehr:
Ich bin lebendig!
Mein lieber Sohn,
Halt dich davon!
Du musst sterben!
Sie ist von Ton,
Es gibt Scherben.

MEPHISTOPHELES. Was soll das Sieb?

DER KATER *(holt es herunter)*.
Wärst du ein Dieb,
Wollt ich dich gleich erkennen.

(Er läuft zur Kätzin und lässt sie durchsehen.)

← Sieh durch das Sieb!
Erkennst du den Dieb,
Und darfst ihn nicht nennen?

MEPHISTOPHELES *(sich dem Feuer nähernd)*.
Und dieser Topf?

KATER UND KÄTZIN. Der alberne Tropf!
Er kennt nicht den Topf,
Er kennt nicht den Kessel!

MEPHISTOPHELES. Unhöfliches Tier!

DER KATER Den Wedel nimm hier
Und setz dich in Sessel!

(Er nötigt den Mephistopheles zu sitzen.)

FAUST *(welcher diese Zeit über vor einem Spiegel gestanden, sich ihm bald genähert, bald sich von ihm entfernt hat.)*
Was seh ich? Welch ein himmlisch Bild
Zeigt sich in diesem Zauberspiegel!
O Liebe, leihe mir den schnellsten deiner Flügel,
Und führe mich in ihr Gefild!
Ach! wenn ich nicht auf dieser Stelle bleibe,
Wenn ich es wage, nah zu gehn,
Kann ich sie nur als wie im Nebel sehn! –
Das schönste Bild von einem Weibe!

Ist's möglich, ist das Weib so schön?
Muss ich an diesem hingestreckten Leibe
Den Inbegriff von allen Himmeln sehn?
So etwas findet sich auf Erden?

MEPHISTOPHELES.
Natürlich, wenn ein Gott sich erst sechs Tage plagt,
Und selbst am Ende Bravo sagt,
Da muss es was Gescheites werden.
Für diesmal sieh dich immer satt;
Ich weiß dir so ein Schätzchen auszuspüren,
Und selig, wer das gute Schicksal hat,
Als Bräutigam sie heimzuführen!

(Faust sieht immerfort in den Spiegel. Mephistopheles, sich in dem Sessel dehnend und mit dem Wedel spielend, fährt fort zu sprechen.)

Hier sitz ich wie der König auf dem Throne,
Den Zepter halt ich hier, es fehlt nur noch die Krone.

DIE TIERE *(welche bisher allerlei wunderliche Bewegungen durcheinander gemacht haben, bringen dem Mephistopheles eine Krone mit großem Geschrei).*
O sei doch so gut, →
Mit Schweiß und mit Blut
Die Krone zu leimen!

(Sie gehn ungeschickt mit der Krone um und zerbrechen sie in zwei Stücke, mit welchen sie herumspringen.)

Nun ist es geschehn!
Wir reden und sehn,
Wir hören und reimen –

FAUST *(gegen den Spiegel).* Weh mir! ich werde schier verrückt.

MEPHISTOPHELES *(auf die Tiere deutend).*
Nun fängt mir an fast selbst der Kopf zu schwanken.

DIE TIERE Und wenn es uns glückt,
Und wenn es sich schickt,
So sind es Gedanken!

FAUST *(wie oben).* Mein Busen fängt mir an zu brennen!
Entfernen wir uns nur geschwind!

MEPHISTOPHELES *(in obiger Stellung).*
Nun, wenigstens muss man bekennen,
Dass es aufrichtige Poeten sind.

(Der Kessel, welchen die Kätzin bisher außer Acht gelassen, fängt an überzulaufen; es entsteht eine große Flamme, welche zum Schornstein hinausschlägt. Die Hexe kommt durch die Flamme mit entsetzlichem Geschrei heruntergefahren.)

DIE HEXE. Au! Au! Au! Au!
Verdammtes Tier! verfluchte Sau!
Versäumst den Kessel, versengst die Frau!
Verfluchtes Tier!
(Faust und Mephistopheles erblickend.)
Was ist das hier?
Wer seid ihr hier?
Was wollt ihr da?
Wer schlich sich ein?
Die Feuerpein
Euch ins Gebein!
(Sie fährt mit dem Schaumlöffel in den Kessel und spritzt Flammen nach Faust, Mephistopheles und den Tieren. Die Tiere winseln.)
MEPHISTOPHELES *(welcher den Wedel, den er in der Hand hält, umkehrt und unter die Gläser und Töpfe schlägt).*
Entzwei! entzwei!
Da liegt der Brei!
Da liegt das Glas!
Es ist nur Spaß,
Der Takt, du Aas,
Zu deiner Melodei.
(Indem die Hexe voll Grimm und Entsetzen zurücktritt.)
Erkennst du mich? Gerippe! Scheusal du!
Erkennst du deinen Herrn und Meister?
Was hält mich ab, so schlag ich zu,
Zerschmettre dich und deine Katzengeister!
Hast du vorm roten Wams nicht mehr Respekt?
Kannst du die Hahnenfeder nicht erkennen?
Hab ich dies Angesicht versteckt?
Soll ich mich etwa selber nennen?
DIE HEXE. O Herr, verzeiht den rohen Gruß!
Seh ich doch keinen Pferdefuß.
← Wo sind denn Eure beiden Raben?
MEPHISTOPHELES. Für diesmal kommst du so davon;
Denn freilich ist es eine Weile schon,
Dass wir uns nicht gesehen haben.
Auch die Kultur, die alle Welt beleckt,
Hat auf den Teufel sich erstreckt;
← Das nordische Phantom ist nun nicht mehr zu schauen;
Wo siehst du Hörner, Schweif und Klauen?
Und was den Fuß betrifft, den ich nicht missen kann,
Der würde mir bei Leuten schaden;

Darum bedien ich mich, wie mancher junge Mann,
Seit vielen Jahren falscher Waden.
DIE HEXE *(tanzend)*. Sinn und Verstand verlier ich schier,
Seh ich den Junker Satan wieder hier!
MEPHISTOPHELES. Den Namen, Weib, verbitt ich mir!
DIE HEXE. Warum? Was hat er Euch getan?
MEPHISTOPHELES.
Er ist schon lang ins Fabelbuch geschrieben;
Allein die Menschen sind nichts besser dran,
Den Bösen sind sie los, die Bösen sind geblieben.
Du nennst mich Herr Baron, so ist die Sache gut;
Ich bin ein Kavalier, wie andre Kavaliere.
Du zweifelst nicht an meinem edlen Blut;
Sieh her, das ist das Wappen, das ich führe!
(Er macht eine unanständige Gebärde.)
DIE HEXE *(lacht unmäßig)*. Ha! Ha! Das ist in Eurer Art!
Ihr seid ein Schelm, wie Ihr nur immer wart!
MEPHISTOPHELES *(zu Faust)*.
Mein Freund, das lerne wohl verstehn!
Dies ist die Art, mit Hexen umzugehn.
DIE HEXE. Nun sagt, ihr Herren, was ihr schafft. →
MEPHISTOPHELES. Ein gutes Glas von dem bekannten Saft!
Doch muss ich Euch ums Ältste bitten;
Die Jahre doppeln seine Kraft.
DIE HEXE. Gar gern! Hier hab ich eine Flasche,
Aus der ich selbst zuweilen nasche,
Die auch nicht mehr im Mindsten stinkt;
Ich will euch gern ein Gläschen geben.
(Leise.) Doch wenn es dieser Mann unvorbereitet trinkt,
So kann er, wisst Ihr wohl, nicht eine Stunde leben.
MEPHISTOPHELES.
Es ist ein guter Freund, dem es gedeihen soll;
Ich gönn ihm gern das Beste deiner Küche.
Zieh deinen Kreis, sprich deine Sprüche,
Und gib ihm eine Tasse voll!
(Die Hexe, mit seltsamen Gebärden, zieht einen Kreis und stellt wunderbare Sachen hinein; indessen fangen die Gläser an zu klingen, die Kessel zu tönen, und machen Musik. Zuletzt bringt sie ein großes Buch, stellt die Meerkatzen in den Kreis, die ihr zum Pult dienen und die Fackel halten müssen. Sie winkt Fausten, zu ihr zu treten.)
FAUST *(zu Mephistopheles)*.
Nein, sage mir, was soll das werden?

Das tolle Zeug, die rasenden Gebärden,
Der abgeschmackteste Betrug,
Sind mir bekannt, verhasst genug.
MEPHISTOPHELES. Ei Possen! Das ist nur zum Lachen;
Sei nur nicht ein so strenger Mann!
Sie muss als Arzt ein Hokuspokus machen,
Damit der Saft dir wohl gedeihen kann.
(Er nötigt Fausten, in den Kreis zu treten.)
DIE HEXE *(mit großer Emphase fängt an, aus dem Buche zu deklamieren).* Du musst verstehn!
Aus Eins mach Zehn,
Und Zwei lass gehn,
Und Drei mach gleich,
So bist du reich.
Verlier die Vier!
Aus Fünf und Sechs,
So sagt die Hex,
Mach Sieben und Acht,
So ist's vollbracht:
Und Neun ist Eins,
Und Zehn ist keins.
Das ist das Hexen-Einmaleins.
FAUST. Mich dünkt, die Alte spricht im Fieber.
MEPHISTOPHELES. Das ist noch lange nicht vorüber,
Ich kenn es wohl, so klingt das ganze Buch;
Ich habe manche Zeit damit verloren,
Denn ein vollkommner Widerspruch
Bleibt gleich geheimnisvoll für Kluge wie für Toren.
Mein Freund, die Kunst ist alt und neu.
Es war die Art zu allen Zeiten,
Durch Drei und Eins, und Eins und Drei
Irrtum statt Wahrheit zu verbreiten.
So schwätzt und lehrt man ungestört;
Wer will sich mit den Narrn befassen?
Gewöhnlich glaubt der Mensch, wenn er nur Worte hört,
Es müsse sich dabei doch auch was denken lassen.
DIE HEXE *(fährt fort).*
Die hohe Kraft
Der Wissenschaft,
Der ganzen Welt verborgen!
Und wer nicht denkt,
Dem wird sie geschenkt,
Er hat sie ohne Sorgen.

FAUST. Was sagt sie uns für Unsinn vor?
Es wird mir gleich der Kopf zerbrechen.
Mich dünkt, ich hör ein ganzes Chor →
Von hunderttausend Narren sprechen.
MEPHISTOPHELES. Genug, genug, o treffliche Sibylle! →
Gib deinen Trank herbei, und fülle
Die Schale rasch bis an den Rand hinan;
Denn meinem Freund wird dieser Trunk nicht schaden:
Er ist ein Mann von vielen Graden,
Der manchen guten Schluck getan.
DIE HEXE *(mit vielen Zeremonien, schenkt den Trank in eine Schale; wie sie Faust an den Mund bringt, entsteht eine leichte Flamme).*
MEPHISTOPHELES. Nur frisch hinunter! Immer zu!
Es wird dir gleich das Herz erfreuen.
Bist mit dem Teufel du und du,
Und willst dich vor der Flamme scheuen?
(Die Hexe löst den Kreis. Faust tritt heraus.)
MEPHISTOPHELES. Nun frisch hinaus! Du darfst nicht ruhn.
DIE HEXE. Mög Euch das Schlückchen wohl behagen!
MEPHISTOPHELES *(zur Hexe).*
Und kann ich dir was zu Gefallen tun,
So darfst du mir's nur auf Walpurgis sagen. →
DIE HEXE. Hier ist ein Lied! wenn Ihr's zuweilen singt,
So werdet Ihr besondre Wirkung spüren.
MEPHISTOPHELES *(zu Faust).*
Komm nur geschwind und lass dich führen;
Du musst notwendig transpirieren,
Damit die Kraft durch Inn- und Äußres dringt.
Den edlen Müßiggang lehr ich hernach dich schätzen,
Und bald empfindest du mit innigem Ergetzen,
Wie sich Cupido regt und hin und wider springt.
FAUST. Lass mich nur schnell noch in den Spiegel schauen!
Das Frauenbild war gar zu schön!
MEPHISTOPHELES.
Nein! Nein! Du sollst das Muster aller Frauen
Nun bald leibhaftig vor dir sehn.
(Leise.) Du siehst, mit diesem Trank im Leibe,
Bald Helenen in jedem Weibe.

Cupido wie Amor lat. Bezeichnung für den Liebesgott

← STRASSE

Faust. Margarete vorübergehend.

← FAUST. Mein schönes Fräulein, darf ich wagen,
Meinen Arm und Geleit Ihr anzutragen?
MARGARETE. Bin weder Fräulein, weder schön,
Kann ungeleitet nach Hause gehn.
(Sie macht sich los und ab.)
FAUST. Beim Himmel, dieses Kind ist schön!
So etwas hab ich nie gesehn.
Sie ist so sitt- und tugendreich,
Und etwas schnippisch doch zugleich.
Der Lippe Rot, der Wange Licht,
Die Tage der Welt vergess ich's nicht!
Wie sie die Augen niederschlägt,
Hat tief sich in mein Herz geprägt;
Wie sie kurz angebunden war,
Das ist nun zum Entzücken gar!
Mephistopheles tritt auf.
← FAUST. Hör, du musst mir die Dirne schaffen!
MEPHISTOPHELES. Nun, welche?
FAUST. Sie ging just vorbei.
MEPHISTOPHELES. Da die? Sie kam von ihrem Pfaffen,
Der sprach sie aller Sünden frei;
Ich schlich mich hart am Stuhl vorbei.
Es ist ein gar unschuldig Ding,
Das eben für nichts zur Beichte ging;
Über die hab ich keine Gewalt!
FAUST. Ist über vierzehn Jahr doch alt.
← MEPHISTOPHELES. Du sprichst ja wie Hans Liederlich,
Der begehrt jede liebe Blum für sich,
Und dünkelt ihm, es wär kein Ehr
Und Gunst, die nicht zu pflücken wär;
Geht aber doch nicht immer an.
← FAUST. Mein Herr Magister Lobesan,
Lass Er mich mit dem Gesetz in Frieden!
Und das sag ich Ihm kurz und gut:
Wenn nicht das süße junge Blut
Heut Nacht in meinen Armen ruht,
So sind wir um Mitternacht geschieden.
MEPHISTOPHELES. Bedenkt, was gehn und stehen mag!
Ich brauche wenigstens vierzehn Tag',

Stuhl Beichtstuhl

dünkeln sich einbilden. Auch sonst gelegentlich bei Goethe

Nur die Gelegenheit auszuspüren.
FAUST. Hätt ich nur sieben Stunden Ruh,
Brauchte den Teufel nicht dazu,
So ein Geschöpfchen zu verführen.
MEPHISTOPHELES. Ihr sprecht schon fast wie ein Franzos;
Doch bitt ich, lasst's Euch nicht verdrießen:
Was hilft's, nur grade zu genießen?
Die Freud ist lange nicht so groß,
Als wenn Ihr erst herauf, herum,
Durch allerlei Brimborium, →
Das Püppchen geknetet und zugericht't,
Wie's lehret manche welsche Geschicht. →
FAUST. Hab Appetit auch ohne das.
MEPHISTOPHELES. Jetzt ohne Schimpf und ohne Spaß. →
Ich sag Euch: mit dem schönen Kind
Geht's ein für alle Mal nicht geschwind.
Mit Sturm ist da nichts einzunehmen;
Wir müssen uns zur List bequemen.
FAUST. Schaff mir etwas vom Engelsschatz!
Führ mich an ihren Ruheplatz!
Schaff mir ein Halstuch von ihrer Brust,
Ein Strumpfband meiner Liebeslust!
MEPHISTOPHELES. Damit Ihr seht, dass ich Eurer Pein
Will förderlich und dienstlich sein,
Wollen wir keinen Augenblick verlieren,
Will Euch noch heut in ihr Zimmer führen.
FAUST. Und soll sie sehn? sie haben?
MEPHISTOPHELES. Nein!
Sie wird bei einer Nachbarin sein.
Indessen könnt Ihr ganz allein
An aller Hoffnung künft'ger Freuden
In ihrem Dunstkreis satt Euch weiden.
FAUST. Können wir hin?
MEPHISTOPHELES. Es ist noch zu früh.
FAUST. Sorg du mir für ein Geschenk für sie! *(Ab.)*
MEPHISTOPHELES.
Gleich schenken? Das ist brav! Da wird er reüssieren!
Ich kenne manchen schönen Platz
Und manchen altvergrabnen Schatz;
Ich muss ein bisschen revidieren. *(Ab.)*

reüssieren *(franz.)* Erfolg haben

ABEND

Ein kleines reinliches Zimmer.

← MARGARETE *(ihre Zöpfe flechtend und aufbindend).*
Ich gäb was drum, wenn ich nur wüsst,
Wer heut der Herr gewesen ist!
Er sah gewiss recht wacker aus,
Und ist aus einem edlen Haus;
Das konnt' ich ihm an der Stirne lesen –
Er wär auch sonst nicht so keck gewesen. *(Ab.)*

Mephistopheles. Faust.

MEPHISTOPHELES. Herein, ganz leise, nur herein!
FAUST *(nach einigem Stillschweigen).*
Ich bitte dich, lass mich allein!
MEPHISTOPHELES *(herumspürend).*
Nicht jedes Mädchen hält so rein. *(Ab.)*
FAUST *(rings aufschauend).*
Willkommen, süßer Dämmerschein,
Der du dies Heiligtum durchwebst!
Ergreif mein Herz, du süße Liebespein,
Die du vom Tau der Hoffnung schmachtend lebst!
Wie atmet rings Gefühl der Stille,
Der Ordnung, der Zufriedenheit!
In dieser Armut welche Fülle!
In diesem Kerker welche Seligkeit!
(Er wirft sich auf den ledernen Sessel am Bette.)
O nimm mich auf, der du die Vorwelt schon
Bei Freud und Schmerz im offnen Arm empfangen!
Wie oft, ach! hat an diesem Väterthron
Schon eine Schar von Kindern rings gehangen!
← Vielleicht hat, dankbar für den heil'gen Christ,
Mein Liebchen hier, mit vollen Kinderwangen,
Dem Ahnherrn fromm die welke Hand geküsst.
Ich fühl, o Mädchen, deinen Geist
Der Füll und Ordnung um mich säuseln,
Der mütterlich dich täglich unterweist,
Den Teppich auf den Tisch dich reinlich breiten heißt,
Sogar den Sand zu deinen Füßen kräuseln.
O liebe Hand! so göttergleich!
Die Hütte wird durch dich ein Himmelreich.
Und hier! *(Er hebt einen Bettvorhang auf.)*
Was fasst mich für ein Wonnegraus!

Hier möcht ich volle Stunden säumen.
Natur! hier bildetest in leichten Träumen →
Den eingebornen Engel aus!
Hier lag das Kind, mit warmem Leben
Den zarten Busen angefüllt,
Und hier mit heilig reinem Weben
Entwirkte sich das Götterbild!

Und du! Was hat dich hergeführt?
Wie innig fühl ich mich gerührt!
Was willst du hier? Was wird das Herz dir schwer?
Armsel'ger Faust! ich kenne dich nicht mehr.

Umgibt mich hier ein Zauberduft?
Mich drang's, so grade zu genießen,
Und fühle mich in Liebestraum zerfließen!
Sind wir ein Spiel von jedem Druck der Luft?

Und träte sie den Augenblick herein,
Wie würdest du für deinen Frevel büßen!
Der große Hans, ach wie so klein!
Läg, hingeschmolzen, ihr zu Füßen.

MEPHISTOPHELES *(kommt).*
Geschwind! ich seh sie unten kommen.

FAUST. Fort! Fort! Ich kehre nimmermehr!

MEPHISTOPHELES.
Hier ist ein Kästchen leidlich schwer,
Ich hab's wo anders hergenommen.
Stellt's hier nur immer in den Schrein,
Ich schwör Euch, ihr vergehn die Sinnen;
Ich tat Euch Sächelchen hinein,
Um eine andre zu gewinnen.
Zwar Kind ist Kind und Spiel ist Spiel.

FAUST. Ich weiß nicht, soll ich?

MEPHISTOPHELES. Fragt Ihr viel?
Meint Ihr vielleicht den Schatz zu wahren?
Dann rat ich Eurer Lüsternheit,
Die liebe schöne Tageszeit
Und mir die weitre Müh zu sparen.
Ich hoff nicht, dass Ihr geizig seid!
Ich kratz den Kopf, reib an den Händen –
(Er stellt das Kästchen in den Schrein und drückt das Schloss wieder zu.)

Nur fort! geschwind! –
Um Euch das süße junge Kind
Nach Herzens Wunsch und Will zu wenden;
Und Ihr seht drein,
Als solltet Ihr in den Hörsaal hinein,
Als stünden grau leibhaftig vor Euch da
Physik und Metaphysika!
Nur fort! *(Ab.)*

MARGARETE *(mit einer Lampe).*
Es ist so schwül, so dumpfig hie,
(Sie macht das Fenster auf)
Und ist doch eben so warm nicht drauß.
Es wird mir so, ich weiß nicht wie –
Ich wollt, die Mutter käm nach Haus.
Mir läuft ein Schauer übern ganzen Leib –
Bin doch ein töricht furchtsam Weib!
(Sie fängt an zu singen, indem sie sich auszieht.)

← Es war ein König in Thule
Gar treu bis an das Grab,
Dem sterbend seine Buhle
Einen goldnen Becher gab.

Es ging ihm nichts darüber,
Er leert' ihn jeden Schmaus;
Die Augen gingen ihm über,
So oft er trank daraus.

Und als er kam zu sterben,
Zählt' er seine Städt' im Reich,
Gönnt' alles seinem Erben,
Den Becher nicht zugleich.

Er saß beim Königsmahle,
Die Ritter um ihn her,
Auf hohem Vätersaale,
Dort auf dem Schloss am Meer.

Dort stand der alte Zecher,
Trank letzte Lebensglut,
Und warf den heiligen Becher
Hinunter in die Flut.

Er sah ihn stürzen, trinken
Und sinken tief ins Meer,
Die Augen täten ihm sinken,
Trank nie einen Tropfen mehr.
(Sie eröffnet den Schrein, ihre Kleider einzuräumen, und erblickt das Schmuckkästchen.)
Wie kommt das schöne Kästchen hier herein?
Ich schloss doch ganz gewiss den Schrein.
Es ist doch wunderbar! Was mag wohl drinne sein?
Vielleicht bracht's jemand als ein Pfand,
Und meine Mutter lieh darauf.
Da hängt ein Schlüsselchen am Band,
Ich denke wohl, ich mach es auf!
Was ist das? Gott im Himmel! Schau,
So was hab ich mein Tage nicht gesehn!
Ein Schmuck! Mit dem könnt eine Edelfrau
Am höchsten Feiertage gehn.
Wie sollte mir die Kette stehn?
Wem mag die Herrlichkeit gehören?
(Sie putzt sich damit auf und tritt vor den Spiegel.)
Wenn nur die Ohrring' meine wären!
Man sieht doch gleich ganz anders drein.
Was hilft euch Schönheit, junges Blut?
Das ist wohl alles schön und gut,
Allein man lässt's auch alles sein;
Man lobt euch halb mit Erbarmen.
Nach Golde drängt,
Am Golde hängt
Doch alles. Ach wir Armen!

SPAZIERGANG

Faust in Gedanken auf und ab gehend. Zu ihm Mephistopheles.

MEPHISTOPHELES.
Bei aller verschmähten Liebe! Beim höllischen Elemente!
Ich wollt, ich wüsste was Ärgers, dass ich's fluchen könnte!
FAUST. Was hast? was kneipt dich denn so sehr?
So kein Gesicht sah ich in meinem Leben!
MEPHISTOPHELES.
Ich möcht mich gleich dem Teufel übergeben,

kneipen ärgern

Wenn ich nur selbst kein Teufel wär!
FAUST. Hat sich dir was im Kopf verschoben?
Dich kleidet's, wie ein Rasender zu toben!
MEPHISTOPHELES.
Denkt nur, den Schmuck, für Gretchen angeschafft,
Den hat ein Pfaff hinweggerafft! –
Die Mutter kriegt das Ding zu schauen,
Gleich fängt's ihr heimlich an zu grauen:
Die Frau hat gar einen feinen Geruch,
Schnuffelt immer im Gebetbuch,
Und riecht's einem jeden Möbel an,
Ob das Ding heilig ist oder profan;
Und an dem Schmuck da spürt' sie's klar,
Dass dabei nicht viel Segen war.
Mein Kind, rief sie, ungerechtes Gut
Befängt die Seele, zehrt auf das Blut.
Wollen's der Mutter Gottes weihen,
← Wird uns mit Himmels-Manna erfreuen!
Margretlein zog ein schiefes Maul,
Ist halt, dacht' sie, ein geschenkter Gaul,
Und wahrlich! gottlos ist nicht der,
Der ihn so fein gebracht hierher.
Die Mutter ließ einen Pfaffen kommen;
Der hatte kaum den Spaß vernommen,
Ließ sich den Anblick wohl behagen.
Er sprach: So ist man recht gesinnt!
Wer überwindet, der gewinnt.
Die Kirche hat einen guten Magen,
Hat ganze Länder aufgefressen,
Und doch noch nie sich übergessen;
Die Kirch allein, meine lieben Frauen,
Kann ungerechtes Gut verdauen.
FAUST.
Das ist ein allgemeiner Brauch,
Ein Jud und König kann es auch.
MEPHISTOPHELES.
Strich drauf ein Spange, Kett und Ring,
Als wären's eben Pfifferling',
Dankt' nicht weniger und nicht mehr,
Als ob's ein Korb voll Nüsse wär,
Versprach ihnen allen himmlischen Lohn –
Und sie waren sehr erbaut davon.
FAUST. Und Gretchen?

MEPHISTOPHELES. Sitzt nun unruhvoll,
Weiß weder, was sie will noch soll,
Denkt ans Geschmeide Tag und Nacht,
Noch mehr an den, der's ihr gebracht.
FAUST. Des Liebchens Kummer tut mir Leid.
Schaff du ihr gleich ein neu Geschmeid!
Am ersten war ja so nicht viel.
MEPHISTOPHELES. O ja, dem Herrn ist alles Kinderspiel!
FAUST. Und mach, und richt's nach meinem Sinn!
Häng dich an ihre Nachbarin!
Sei, Teufel, doch nur nicht wie Brei,
Und schaff einen neuen Schmuck herbei!
MEPHISTOPHELES. Ja, gnäd'ger Herr, von Herzen gerne.
FAUST *(ab).*
MEPHISTOPHELES. So ein verliebter Tor verpufft →
Euch Sonne, Mond und alle Sterne
Zum Zeitvertreib dem Liebchen in die Luft. *(Ab.)*

DER NACHBARIN HAUS →

MARTHE *(allein).*
Gott verzeih's meinem lieben Mann,
Er hat an mir nicht wohl getan!
Geht da stracks in die Welt hinein,
Und lässt mich auf dem Stroh allein. →
Tät ihn doch wahrlich nicht betrüben,
Tät ihn, weiß Gott, recht herzlich lieben. *(Sie weint.)*
Vielleicht ist er gar tot! – O Pein! – –
Hätt ich nur einen Totenschein! →
Margarete kommt.
MARGARETE. Frau Marthe!
MARTHE. Gretelchen, was soll's?
MARGARETE. Fast sinken mir die Kniee nieder!
Da find ich so ein Kästchen wieder
In meinem Schrein, von Ebenholz,
Und Sachen herrlich ganz und gar,
Weit reicher, als das erste war.
MARTHE. Das muss Sie nicht der Mutter sagen;
Tät's wieder gleich zur Beichte tragen.
MARGARETE. Ach seh Sie nur! ach schau Sie nur!
MARTHE *(putzt sie auf).*
O du glücksel'ge Kreatur!

MARGARETE. Darf mich, leider, nicht auf der Gassen,
Noch in der Kirche mit sehen lassen.
MARTHE. Komm du nur oft zu mir herüber,
Und leg den Schmuck hier heimlich an;
Spazier ein Stündchen lang dem Spiegelglas vorüber,
Wir haben unsre Freude dran;
Und dann gibt's einen Anlass, gibt's ein Fest,
← Wo man's so nach und nach den Leuten sehen lässt.
Ein Kettchen erst, die Perle dann ins Ohr;
Die Mutter sieht's wohl nicht, man macht ihr auch was vor.
MARGARETE. Wer konnte nur die beiden Kästchen bringen?
Es geht nicht zu mit rechten Dingen! *(Es klopft.)*
Ach Gott! mag das meine Mutter sein?
MARTHE *(durchs Vorhängel guckend).*
Es ist ein fremder Herr – Herein!
Mephistopheles tritt auf.
MEPHISTOPHELES. Bin so frei, grad hereinzutreten,
Muss bei den Frauen Verzeihn erbeten.
(Tritt ehrerbietig vor Margareten zurück.)
Wollte nach Frau Marthe Schwerdtlein fragen!
MARTHE. Ich bin's, was hat der Herr zu sagen?
MEPHISTOPHELES *(leise zu ihr).*
Ich kenne Sie jetzt, mir ist das genug;
Sie hat da gar vornehmen Besuch.
Verzeiht die Freiheit, die ich genommen,
Will Nachmittage wiederkommen.
MARTHE *(laut).*
Denk, Kind, um alles in der Welt!
Der Herr dich für ein Fräulein hält.
MARGARETE. Ich bin ein armes junges Blut;
Ach Gott! der Herr ist gar zu gut:
Schmuck und Geschmeide sind nicht mein.
MEPHISTOPHELES. Ach, es ist nicht der Schmuck allein;
Sie hat ein Wesen, einen Blick so scharf!
Wie freut mich's, dass ich bleiben darf.
MARTHE. Was bringt Er denn? Verlange sehr –
MEPHISTOPHELES. Ich wollt, ich hätt eine frohere Mär!
Ich hoffe, Sie lässt mich's drum nicht büßen:
Ihr Mann ist tot und lässt Sie grüßen.
MARTHE. Ist tot? das treue Herz! O weh!
Mein Mann ist tot! Ach, ich vergeh!
MARGARETE. Ach! liebe Frau, verzweifelt nicht!
MEPHISTOPHELES. So hört die traurige Geschicht!

MARGARETE. Ich möchte drum mein' Tag' nicht lieben,
Würde mich Verlust zu Tode betrüben.
MEPHISTOPHELES.
Freud muss Leid, Leid muss Freude haben.
MARTHE. Erzählt mir seines Lebens Schluss!
MEPHISTOPHELES. Er liegt in Padua begraben
Beim heiligen Antonius, →
An einer wohl geweihten Stätte
Zum ewig kühlen Ruhebette.
MARTHE. Habt Ihr sonst nichts an mich zu bringen?
MEPHISTOPHELES. Ja, eine Bitte, groß und schwer;
Lass Sie doch ja für ihn dreihundert Messen singen!
Im Übrigen sind meine Taschen leer.
MARTHE. Was! nicht ein Schaustück? Kein Geschmeid? →
Was jeder Handwerksbursch im Grund des Säckels spart,
Zum Angedenken aufbewahrt,
Und lieber hungert, lieber bettelt!
MEPHISTOPHELES. Madam, es tut mir herzlich Leid;
Allein er hat sein Geld wahrhaftig nicht verzettelt.
Auch er bereute seine Fehler sehr,
Ja, und bejammerte sein Unglück noch viel mehr.
MARGARETE. Ach! dass die Menschen so unglücklich sind!
Gewiss, ich will für ihn manch Requiem noch beten.
MEPHISTOPHELES. Ihr wäret wert, gleich in die Eh zu treten:
Ihr seid ein liebenswürdig Kind.
MARGARETE. Ach nein, das geht jetzt noch nicht an.
MEPHISTOPHELES.
Ist's nicht ein Mann, sei's derweil ein Galan.
's ist eine der größten Himmelsgaben,
So ein lieb Ding im Arm zu haben.
MARGARETE. Das ist des Landes nicht der Brauch.
MEPHISTOPHELES. Brauch oder nicht! Es gibt sich auch.
MARTHE. Erzählt mir doch!
MEPHISTOPHELES. Ich stand an seinem Sterbebette,
Es war was besser als von Mist,
Von halb gefaultem Stroh; allein er starb als Christ,
Und fand, dass er weit mehr noch auf der Zeche hätte.
„Wie", rief er, „muss ich mich von Grund aus hassen,
So mein Gewerb, mein Weib so zu verlassen!
Ach, die Erinnrung tötet mich.
Vergäb sie mir nur noch in diesem Leben!"
MARTHE *(weinend).*
Der gute Mann! ich hab ihm längst vergeben.

MEPHISTOPHELES.
„Allein, weiß Gott! sie war mehr schuld als ich.“
MARTHE.
Das lügt er! Was! am Rand des Grabs zu lügen!
MEPHISTOPHELES. Er fabelte gewiss in letzten Zügen,
Wenn ich nur halb ein Kenner bin.
„Ich hatte“, sprach er, „nicht zum Zeitvertreib zu gaffen,
Erst Kinder, und dann Brot für sie zu schaffen,
Und Brot im allerweitsten Sinn,
Und konnte nicht einmal mein Teil in Frieden essen.“
MARTHE. Hat er so aller Treu, so aller Lieb vergessen,
Der Plackerei bei Tag und Nacht!
MEPHISTOPHELES.
Nicht doch, er hat Euch herzlich dran gedacht.
Er sprach: „Als ich nun weg von Malta ging,
Da betet' ich für Frau und Kinder brünstig;
Uns war denn auch der Himmel günstig,
← Dass unser Schiff ein türkisch Fahrzeug fing,
Das einen Schatz des großen Sultans führte.
Da ward der Tapferkeit ihr Lohn,
Und ich empfing denn auch, wie sich gebührte,
Mein wohl gemessnes Teil davon.“
MARTHE. Ei wie? Ei wo? Hat er's vielleicht vergraben?
MEPHISTOPHELES.
Wer weiß, wo nun es die vier Winde haben.
Ein schönes Fräulein nahm sich seiner an,
← Als er in Napel fremd umherspazierte;
Sie hat an ihm viel Lieb's und Treu's getan,
Dass er's bis an sein selig Ende spürte.
MARTHE. Der Schelm! der Dieb an seinen Kindern!
Auch alles Elend, alle Not
Konnt' nicht sein schändlich Leben hindern!
MEPHISTOPHELES. Ja seht! dafür ist er nun tot.
Wär ich nun jetzt an Eurem Platze,
Betraurt' ich ihn ein züchtig Jahr,
Visierte dann unterweil nach einem neuen Schatze.
MARTHE. Ach Gott! wie doch mein erster war,
Find ich nicht leicht auf dieser Welt den andern!
Es konnte kaum ein herziger Närrchen sein.
Er liebte nur das allzu viele Wandern;
Und fremde Weiber, und fremden Wein,
Und das verfluchte Würfelspiel.
MEPHISTOPHELES. Nun, nun, so konnt' es gehn und stehen,

visieren *(franz.)* Ausschau halten

Wenn er Euch ungefähr so viel
Von seiner Seite nachgesehen.
Ich schwör Euch zu, mit dem Beding
Wechselt' ich selbst mit Euch den Ring!
MARTHE. O es beliebt dem Herrn, zu scherzen!
MEPHISTOPHELES *(für sich).*
Nun mach ich mich beizeiten fort!
Die hielte wohl den Teufel selbst beim Wort.
(Zu Gretchen.) Wie steht es denn mit Ihrem Herzen?
MARGARETE. Was meint der Herr damit?
MEPHISTOPHELES *(für sich).* Du gut's, unschuldig's Kind!
(Laut.) Lebt wohl, ihr Fraun!
MARGARETE. Lebt wohl!
MARTHE. O sagt mir doch geschwind!
Ich möchte gern ein Zeugnis haben,
Wo, wie und wann mein Schatz gestorben und begraben.
Ich bin von jeder Ordnung Freund gewesen,
Möcht ihn auch tot im Wochenblättchen lesen.
MEPHISTOPHELES.
Ja, gute Frau, durch zweier Zeugen Mund
Wird allerwegs die Wahrheit kund;
Habe noch gar einen feinen Gesellen,
Den will ich Euch vor den Richter stellen.
Ich bring ihn her.
MARTHE. O tut das ja!
MEPHISTOPHELES.
Und hier die Jungfrau ist auch da? –
Ein braver Knab! ist viel gereist,
Fräuleins alle Höflichkeit erweist.
MARGARETE. Müsste vor dem Herren schamrot werden.
MEPHISTOPHELES. Vor keinem Könige der Erden.
MARTHE. Da hinterm Haus in meinem Garten
Wollen wir der Herrn heut Abend warten.

Wochenblättchen
vgl. Anm. V. 2872 (zu Totenschein)

STRASSE

Faust. Mephistopheles.

fördern hier intransitiv: vorwärts gehen, vorankommen

FAUST. Wie ist's? Will's fördern? Will's bald gehn?
MEPHISTOPHELES. Ah bravo! Find ich Euch in Feuer?
In kurzer Zeit ist Gretchen Euer.
Heut Abend sollt Ihr sie bei Nachbar' Marthen sehn:
Das ist ein Weib wie auserlesen
Zum Kuppler- und Zigeunerwesen!
FAUST. So recht!
MEPHISTOPHELES. Doch wird auch was von uns begehrt.
FAUST. Ein Dienst ist wohl des andern wert.
MEPHISTOPHELES.
Wir legen nur ein gültig Zeugnis nieder,
Dass ihres Ehherrn ausgereckte Glieder
In Padua an heil'ger Stätte ruhn.
FAUST. Sehr klug! Wir werden erst die Reise machen müssen!
MEPHISTOPHELES.
← Sancta Simplicitas! darum ist's nicht zu tun;
Bezeugt nur, ohne viel zu wissen.
FAUST. Wenn Er nichts Bessers hat, so ist der Plan zerrissen.
MEPHISTOPHELES. O heil'ger Mann! Da wärt Ihr's nun!
Ist es das erste Mal in Eurem Leben,
Dass Ihr falsch Zeugnis abgelegt?
Habt Ihr von Gott, der Welt und was sich drin bewegt,
Vom Menschen, was sich ihm in Kopf und Herzen regt,
Definitionen nicht mit großer Kraft gegeben?
Mit frecher Stirne, kühner Brust?
Und wollt Ihr recht ins Innre gehen,
Habt Ihr davon, Ihr müsst es grad gestehen,
So viel als von Herrn Schwerdtleins Tod gewusst!
← FAUST. Du bist und bleibst ein Lügner, ein Sophiste.
MEPHISTOPHELES.
Ja, wenn man's nicht ein bisschen tiefer wüsste.
Denn morgen wirst, in allen Ehren,
Das arme Gretchen nicht betören
Und alle Seelenlieb ihr schwören?
FAUST. Und zwar von Herzen.
MEPHISTOPHELES. Gut und schön!
Dann wird von ewiger Treu und Liebe,
Von einzig überallmächt'gem Triebe –
Wird das auch so von Herzen gehn?

FAUST. Lass das! Es wird! – Wenn ich empfinde,
Für das Gefühl, für das Gewühl
Nach Namen suche, keinen finde,
Dann durch die Welt mit allen Sinnen schweife,
Nach allen höchsten Worten greife,
Und diese Glut, von der ich brenne,
Unendlich, ewig, ewig nenne,
Ist das ein teuflisch Lügenspiel?
MEPHISTOPHELES. Ich hab doch Recht!
FAUST. Hör! merk dir dies –
Ich bitte dich, und schone meine Lunge –:
Wer Recht behalten will und hat nur eine Zunge,
Behält's gewiss.
Und komm, ich hab des Schwätzens Überdruss,
Denn du hast Recht, vorzüglich weil ich muss.

GARTEN

Margarete an Faustens Arm.
Marthe mit Mephistopheles auf und ab spazierend.

MARGARETE.
Ich fühl es wohl, dass mich der Herr nur schont,
Herab sich lässt, mich zu beschämen.
Ein Reisender ist so gewohnt,
Aus Gütigkeit fürlieb zu nehmen;
Ich weiß zu gut, dass solch erfahrnen Mann
Mein arm Gespräch nicht unterhalten kann.
FAUST. Ein Blick von dir, ein Wort mehr unterhält
Als alle Weisheit dieser Welt. *(Er küsst ihre Hand.)*
MARGARETE.
Inkommodiert Euch nicht! Wie könnt Ihr sie nur küssen? →
Sie ist so garstig, ist so rau!
Was hab ich nicht schon alles schaffen müssen!
Die Mutter ist gar zu genau.
(Gehn vorüber.)
MARTHE. Und Ihr, mein Herr, Ihr reist so immer fort?
MEPHISTOPHELES.
Ach, dass Gewerb und Pflicht uns dazu treiben!
Mit wie viel Schmerz verlässt man manchen Ort,
Und darf doch nun einmal nicht bleiben!
MARTHE. In raschen Jahren geht's wohl an,

So um und um frei durch die Welt zu streifen;
Doch kömmt die böse Zeit heran,
Und sich als Hagestolz allein zum Grab zu schleifen,
Das hat noch keinem wohl getan.
MEPHISTOPHELES. Mit Grausen seh ich das von weiten.
MARTHE. Drum, werter Herr, beratet Euch in Zeiten.
(Gehn vorüber.)
MARGARETE. Ja, aus den Augen aus dem Sinn!
Die Höflichkeit ist Euch geläufig;
← Allein Ihr habt der Freunde häufig,
Sie sind verständiger, als ich bin.
FAUST. O Beste! glaube, was man so verständig nennt,
Ist oft mehr Eitelkeit und Kurzsinn.
MARGARETE. Wie?
FAUST. Ach, dass die Einfalt, dass die Unschuld nie
Sich selbst und ihren heil'gen Wert erkennt!
Dass Demut, Niedrigkeit, die höchsten Gaben
Der liebevoll austeilenden Natur –
MARGARETE. Denkt Ihr an mich ein Augenblickchen nur,
Ich werde Zeit genug an Euch zu denken haben.
FAUST. Ihr seid wohl viel allein?
MARGARETE. Ja, unsre Wirtschaft ist nur klein,
Und doch will sie versehen sein.
Wir haben keine Magd; muss kochen, fegen, stricken
Und nähn, und laufen früh und spat;
Und meine Mutter ist in allen Stücken
So akkurat!
Nicht dass sie just so sehr sich einzuschränken hat;
Wir könnten uns weit eh'r als andre regen:
Mein Vater hinterließ ein hübsch Vermögen,
Ein Häuschen und ein Gärtchen vor der Stadt.
Doch hab ich jetzt so ziemlich stille Tage;
Mein Bruder ist Soldat,
Mein Schwesterchen ist tot.
Ich hatte mit dem Kind wohl meine liebe Not;
Doch übernähm ich gern noch einmal alle Plage,
So lieb war mir das Kind.
FAUST. Ein Engel, wenn dir's glich.
MARGARETE. Ich zog es auf, und herzlich liebt' es mich.
Es war nach meines Vaters Tod geboren.
Die Mutter gaben wir verloren,
So elend wie sie damals lag,
Und sie erholte sich sehr langsam, nach und nach.

Da konnte sie nun nicht dran denken,
Das arme Würmchen selbst zu tränken,
Und so erzog ich's ganz allein,
Mit Milch und Wasser; so ward's mein.
Auf meinem Arm, in meinem Schoß
War's freundlich, zappelte, ward groß.
FAUST. Du hast gewiss das reinste Glück empfunden.
MARGARETE. Doch auch gewiss gar manche schwere Stunden.
Des Kleinen Wiege stand zu Nacht
An meinem Bett; es durfte kaum sich regen,
War ich erwacht;
Bald musst' ich's tränken, bald es zu mir legen,
Bald, wenn's nicht schwieg, vom Bett aufstehn
Und tänzelnd in der Kammer auf und nieder gehn,
Und früh am Tage schon am Waschtrog stehn;
Dann auf dem Markt und an dem Herde sorgen,
Und immer fort wie heut so morgen.
Da geht's, mein Herr, nicht immer mutig zu;
Doch schmeckt dafür das Essen, schmeckt die Ruh.
(Gehn vorüber.)
MARTHE. Die armen Weiber sind doch übel dran:
Ein Hagestolz ist schwerlich zu bekehren.
MEPHISTOPHELES. Es käme nur auf Euresgleichen an,
Mich eines Bessern zu belehren.
MARTHE. Sagt grad, mein Herr, habt Ihr noch nichts gefunden?
Hat sich das Herz nicht irgendwo gebunden?
MEPHISTOPHELES. Das Sprichwort sagt: Ein eigner Herd, →
Ein braves Weib sind Gold und Perlen wert.
MARTHE. Ich meine, ob Ihr niemals Lust bekommen?
MEPHISTOPHELES.
Man hat mich überall recht höflich aufgenommen.
MARTHE. Ich wollte sagen: ward's nie Ernst in Eurem Herzen?
MEPHISTOPHELES.
Mit Frauen soll man sich nie unterstehn zu scherzen.
MARTHE. Ach, Ihr versteht mich nicht!
MEPHISTOPHELES. Das tut mir herzlich Leid!
Doch ich versteh – dass Ihr sehr gütig seid. *(Gehn vorüber.)*
FAUST. Du kanntest mich, o kleiner Engel, wieder,
Gleich als ich in den Garten kam?
MARGARETE. Saht Ihr es nicht? ich schlug die Augen nieder.
FAUST. Und du verzeihst die Freiheit, die ich nahm?
Was sich die Frechheit unterfangen,
Als du jüngst aus dem Dom gegangen?

MARGARETE. Ich war bestürzt, mir war das nie geschehn;
Es konnte niemand von mir Übels sagen.
Ach, dacht' ich, hat er in deinem Betragen
Was Freches, Unanständiges gesehn?
Es schien ihn gleich nur anzuwandeln,
← Mit dieser Dirne gradehin zu handeln.
Gesteh ich's doch! Ich wusste nicht, was sich
← Zu Eurem Vorteil hier zu regen gleich begonnte;
Allein gewiss, ich war recht bös auf mich,
Dass ich auf Euch nicht böser werden konnte.
FAUST. Süß Liebchen!
MARGARETE. Lasst einmal!
(Sie pflückt eine Sternblume und zupft die Blätter ab, eins nach dem andern.)
FAUST. Was soll das? Einen Strauß?
MARGARETE. Nein, es soll nur ein Spiel.
FAUST. Wie?
MARGARETE. Geht! Ihr lacht mich aus.
(Sie rupft und murmelt.)
FAUST. Was murmelst du?
MARGARETE *(halblaut).* Er liebt mich – liebt mich nicht.
FAUST. Du holdes Himmelsangesicht!
MARGARETE *(fährt fort).*
Liebt mich – Nicht – Liebt mich – Nicht –
(Das letzte Blatt ausrupfend, mit holder Freude.)
Er liebt mich!
FAUST. Ja, mein Kind! Lass dieses Blumenwort
Dir Götterausspruch sein. Er liebt dich!
Verstehst du, was das heißt? Er liebt dich!
(Er fasst ihre beiden Hände.)
MARGARETE. Mich überläuft's!
FAUST. O schaudre nicht! Lass diesen Blick,
Lass diesen Händedruck dir sagen,
Was unaussprechlich ist:
Sich hinzugeben ganz und eine Wonne
Zu fühlen, die ewig sein muss!
Ewig! – Ihr Ende würde Verzweiflung sein.
Nein, kein Ende! Kein Ende!
(Margarete drückt ihm die Hände, macht sich los und läuft weg. Er steht einen Augenblick in Gedanken, dann folgt er ihr.)
MARTHE *(kommend).* Die Nacht bricht an.
MEPHISTOPHELES. Ja, und wir wollen fort.
MARTHE. Ich bät Euch, länger hier zu bleiben,

Allein es ist ein gar zu böser Ort.
Es ist, als hätte niemand nichts zu treiben →
Und nichts zu schaffen,
Als auf des Nachbarn Schritt und Tritt zu gaffen,
Und man kommt ins Gered, wie man sich immer stellt.
Und unser Pärchen?

MEPHISTOPHELES. Ist den Gang dort aufgeflogen.
Mutwill'ge Sommervögel!

MARTHE. Er scheint ihr gewogen.

MEPHISTOPHELES.
Und sie ihm auch. Das ist der Lauf der Welt.

Sommervogel Schmetterling

EIN GARTENHÄUSCHEN →

Margarete springt herein, steckt sich hinter die Tür, hält die Fingerspitze an die Lippen, und guckt durch die Ritze.

MARGARETE. Er kommt!

FAUST *(kommt).* Ach Schelm, so neckst du mich! Treff ich dich! *(Er küsst sie.)*

MARGARETE *(ihn fassend und den Kuss zurückgebend).*
Bester Mann! von Herzen lieb ich dich!

Mephistopheles klopft an.

FAUST *(stampfend).* Wer da?

MEPHISTOPHELES. Gut Freund!

FAUST. Ein Tier!

MEPHISTOPHELES. Es ist wohl Zeit zu scheiden.

MARTHE *(kommt).* Ja, es ist spät, mein Herr.

FAUST. Darf ich Euch nicht geleiten?

MARGARETE. Die Mutter würde mich – Lebt wohl!

FAUST. Muss ich denn gehn?
Lebt wohl!

MARTHE. Ade!

MARGARETE. Auf baldig Wiedersehn!

(Faust und Mephistopheles ab.)

MARGARETE. Du lieber Gott! was so ein Mann
Nicht alles, alles denken kann!
Beschämt nur steh ich vor ihm da,
Und sag zu allen Sachen ja.
Bin doch ein arm unwissend Kind,
Begreife nicht, was er an mir find't. *(Ab.)*

← WALD UND HÖHLE

FAUST *(allein).*
← Erhabner Geist, du gabst mir, gabst mir alles,
Warum ich bat. Du hast mir nicht umsonst
Dein Angesicht im Feuer zugewendet.
Gabst mir die herrliche Natur zum Königreich,
Kraft, sie zu fühlen, zu genießen. Nicht
Kalt staunenden Besuch erlaubst du nur,
Vergönnest mir, in ihre tiefe Brust,
Wie in den Busen eines Freunds, zu schauen.
Du führst die Reihe der Lebendigen
Vor mir vorbei, und lehrst mich meine Brüder
Im stillen Busch, in Luft und Wasser kennen.
Und wenn der Sturm im Walde braust und knarrt,
Die Riesenfichte stürzend Nachbaräste
Und Nachbarstämme quetschend niederstreift,
Und ihrem Fall dumpf hohl der Hügel donnert,
Dann führst du mich zur sichern Höhle, zeigst
Mich dann mir selbst, und meiner eignen Brust
Geheime tiefe Wunder öffnen sich.
Und steigt vor meinem Blick der reine Mond
Besänftigend herüber, schweben mir
Von Felsenwänden, aus dem feuchten Busch
Der Vorwelt silberne Gestalten auf
Und lindern der Betrachtung strenge Lust.

O dass dem Menschen nichts Vollkommnes wird,
Empfind ich nun. Du gabst zu dieser Wonne,
Die mich den Göttern nah und näher bringt,
Mir den Gefährten, den ich schon nicht mehr
Entbehren kann, wenn er gleich, kalt und frech,
Mich vor mir selbst erniedrigt, und zu Nichts,
Mit einem Worthauch, deine Gaben wandelt.
Er facht in meiner Brust ein wildes Feuer
Nach jenem schönen Bild geschäftig an.
So tauml' ich von Begierde zu Genuss,
Und im Genuss verschmacht ich nach Begierde.
Mephistopheles tritt auf.
MEPHISTOPHELES.
Habt Ihr nun bald das Leben gnug geführt?
Wie kann's Euch in die Länge freuen?
Es ist wohl gut, dass man's einmal probiert;

Dann aber wieder zu was Neuen!
FAUST. Ich wollt, du hättest mehr zu tun,
Als mich am guten Tag zu plagen.
MEPHISTOPHELES. Nun, nun! ich lass dich gerne ruhn,
Du darfst mir's nicht im Ernste sagen.
An dir Gesellen, unhold, barsch und toll,
Ist wahrlich wenig zu verlieren.
Den ganzen Tag hat man die Hände voll!
Was ihm gefällt und was man lassen soll,
Kann man dem Herrn nie an der Nase spüren.
FAUST. Das ist so just der rechte Ton!
Er will noch Dank, dass er mich ennuyiert.

ennuyiert gelangweilt

MEPHISTOPHELES. Wie hättst du, armer Erdensohn,
Dein Leben ohne mich geführt?
Vom Kribskrabs der Imagination →
Hab ich dich doch auf Zeiten lang kuriert;
Und wär ich nicht, so wärst du schon
Von diesem Erdball abspaziert.
Was hast du da in Höhlen, Felsenritzen
Dich wie ein Schuhu zu versitzen?

sich versitzen vgl. das mhd. sich verliegen

Was schlurfst aus dumpfem Moos und triefendem Gestein,
Wie eine Kröte, Nahrung ein?
Ein schöner, süßer Zeitvertreib!
Dir steckt der Doktor noch im Leib.
FAUST. Verstehst du, was für neue Lebenskraft
Mir dieser Wandel in der Öde schafft?
Ja, würdest du es ahnen können,
Du wärest Teufel gnug, mein Glück mir nicht zu gönnen.
MEPHISTOPHELES. Ein überirdisches Vergnügen!
In Nacht und Tau auf den Gebirgen liegen,
Und Erd und Himmel wonniglich umfassen,
Zu einer Gottheit sich aufschwellen lassen,
Der Erde Mark mit Ahnungsdrang durchwühlen,
Alle sechs Tagewerk im Busen fühlen,
In stolzer Kraft ich weiß nicht was genießen,
Bald liebewonniglich in alles überfließen,
Verschwunden ganz der Erdensohn,
Und dann die hohe Intuition – *(mit einer Gebärde)* →
Ich darf nicht sagen, wie – zu schließen.
FAUST. Pfui über dich!
MEPHISTOPHELES. Das will Euch nicht behagen;
Ihr habt das Recht, gesittet Pfui zu sagen.
Man darf das nicht vor keuschen Ohren nennen,

Was keusche Herzen nicht entbehren können.
Und kurz und gut, ich gönn Ihm das Vergnügen,
Gelegentlich sich etwas vorzulügen;
Doch lange hält Er das nicht aus.
Du bist schon wieder abgetrieben,
Und, währt es länger, aufgerieben
In Tollheit oder Angst und Graus!
Genug damit! Dein Liebchen sitzt dadrinne,
Und alles wird ihr eng und trüb.
Du kommst ihr gar nicht aus dem Sinne,
Sie hat dich übermächtig lieb.
Erst kam deine Liebeswut übergeflossen,
Wie vom geschmolzenen Schnee ein Bächlein übersteigt;
Du hast sie ihr ins Herz gegossen,
Nun ist dein Bächlein wieder seicht.
Mich dünkt, anstatt in Wäldern zu thronen,
Ließ es dem großen Herren gut,
Das arme affenjunge Blut
Für seine Liebe zu belohnen.
Die Zeit wird ihr erbärmlich lang;
Sie steht am Fenster, sieht die Wolken ziehn
Über die alte Stadtmauer hin.
Wenn ich ein Vöglein wär! so geht ihr Gesang
Tage lang, halbe Nächte lang.
Einmal ist sie munter, meist betrübt,
Einmal recht ausgeweint,
Dann wieder ruhig, wie's scheint,
Und immer verliebt.

FAUST. Schlange! Schlange!

MEPHISTOPHELES *(für sich).* Gelt! dass ich dich fange!

FAUST. Verruchter! hebe dich von hinnen,
Und nenne nicht das schöne Weib!
Bring die Begier zu ihrem süßen Leib
Nicht wieder vor die halb verrückten Sinnen!

MEPHISTOPHELES.
Was soll es denn? Sie meint, du seist entflohn,
Und halb und halb bist du es schon.

FAUST. Ich bin ihr nah, und wär ich noch so fern,
Ich kann sie nie vergessen, nie verlieren;
← Ja, ich beneide schon den Leib des Herrn,
Wenn ihre Lippen ihn indes berühren.

MEPHISTOPHELES.
← Gar wohl, mein Freund! Ich hab Euch oft beneidet

Ums Zwillingspaar, das unter Rosen weidet.
FAUST. Entfliehe, Kuppler!
MEPHISTOPHELES. Schön! Ihr schimpft, und ich muss lachen.
Der Gott, der Bub' und Mädchen schuf,
Erkannte gleich den edelsten Beruf,
Auch selbst Gelegenheit zu machen.
Nur fort, es ist ein großer Jammer!
Ihr sollt in Eures Liebchens Kammer,
Nicht etwa in den Tod.
FAUST. Was ist die Himmelsfreud in ihren Armen?
Lass mich an ihrer Brust erwarmen!
Fühl ich nicht immer ihre Not?
Bin ich der Flüchtling nicht? der Unbehauste?
Der Unmensch ohne Zweck und Ruh,
Der wie ein Wassersturz von Fels zu Felsen brauste
Begierig wütend nach dem Abgrund zu?
Und seitwärts sie, mit kindlich dumpfen Sinnen,
Im Hüttchen auf dem kleinen Alpenfeld,
Und all ihr häusliches Beginnen
Umfangen in der kleinen Welt.
Und ich, der Gottverhasste,
Hatte nicht genug,
Dass ich die Felsen fasste
Und sie zu Trümmern schlug!
Sie, ihren Frieden musst' ich untergraben!
Du, Hölle, musstest dieses Opfer haben!
Hilf, Teufel, mir die Zeit der Angst verkürzen!
Was muss geschehn, mag's gleich geschehn!
Mag ihr Geschick auf mich zusammenstürzen
Und sie mit mir zugrunde gehn!
MEPHISTOPHELES. Wie's wieder siedet, wieder glüht!
Geh ein und tröste sie, du Tor!
Wo so ein Köpfchen keinen Ausgang sieht,
Stellt er sich gleich das Ende vor.
Es lebe, wer sich tapfer hält!
Du bist doch sonst so ziemlich eingeteufelt.
Nichts Abgeschmackters find ich auf der Welt
Als einen Teufel, der verzweifelt.

eingeteufelt
schon bei Luther: ein eingeteufelt lästerlich Herz

←

GRETCHENS STUBE

Gretchen am Spinnrade allein.

Meine Ruh ist hin,
Mein Herz ist schwer;
Ich finde sie nimmer
Und nimmermehr.

Wo ich ihn nicht hab,
Ist mir das Grab,
Die ganze Welt
Ist mir vergällt.

Mein armer Kopf
Ist mir verrückt,
Mein armer Sinn
Ist mir zerstückt.

Meine Ruh ist hin,
Mein Herz ist schwer;
Ich finde sie nimmer
Und nimmermehr.

Nach ihm nur schau ich
Zum Fenster hinaus,
Nach ihm nur geh ich
Aus dem Haus.

Sein hoher Gang,
Sein edle Gestalt,
Seines Mundes Lächeln,
Seiner Augen Gewalt,

Und seiner Rede
Zauberfluss,
Sein Händedruck,
Und ach sein Kuss!

Meine Ruh ist hin,
Mein Herz ist schwer;
Ich finde sie nimmer
Und nimmermehr.

Mein Busen drängt
Sich nach ihm hin.
Ach dürft ich fassen
Und halten ihn,

Und küssen ihn,
So wie ich wollt,
An seinen Küssen
Vergehen sollt!

MARTHENS GARTEN

→

Margarete. Faust.

MARGARETE. Versprich mir, Heinrich!
FAUST. Was ich kann!
MARGARETE. Nun sag, wie hast du's mit der Religion?
Du bist ein herzlich guter Mann,
Allein ich glaub, du hältst nicht viel davon.
FAUST. Lass das, mein Kind! Du fühlst, ich bin dir gut;
Für meine Lieben ließ ich Leib und Blut,
Will niemand sein Gefühl und seine Kirche rauben.
MARGARETE. Das ist nicht recht, man muss dran glauben!
FAUST. Muss man?
MARGARETE. Ach! wenn ich etwas auf dich könnte!
Du ehrst auch nicht die heil'gen Sakramente.
FAUST. Ich ehre sie.
MARGARETE. Doch ohne Verlangen.
Zur Messe, zur Beichte bist du lange nicht gegangen.
Glaubst du an Gott?
FAUST. Mein Liebchen, wer darf sagen:
Ich glaub an Gott?
Magst Priester oder Weise fragen,
Und ihre Antwort scheint nur Spott
Über den Frager zu sein.
MARGARETE. So glaubst du nicht?
FAUST. Misshör mich nicht, du holdes Angesicht!
Wer darf ihn nennen?
Und wer bekennen:
Ich glaub ihn.
Wer empfinden,
Und sich unterwinden

Ach! wenn ich etwas auf dich könnte! über dich vermöchte

Zu sagen: ich glaub ihn nicht?
Der Allumfasser,
Der Allerhalter,
Fasst und erhält er nicht
Dich, mich, sich selbst?
Wölbt sich der Himmel nicht dadroben?
Liegt die Erde nicht hierunten fest?
Und steigen freundlich blickend
Ewige Sterne nicht herauf?
Schau ich nicht Aug in Auge dir,
Und drängt nicht alles
Nach Haupt und Herzen dir,
Und webt in ewigem Geheimnis
Unsichtbar sichtbar neben dir?
Erfüll davon dein Herz, so groß es ist,
Und wenn du ganz in dem Gefühle selig bist,
Nenn es dann, wie du willst,
Nenn's Glück! Herz! Liebe! Gott!
Ich habe keinen Namen
Dafür! Gefühl ist alles;
Name ist Schall und Rauch,
Umnebelnd Himmelsglut.
MARGARETE. Das ist alles recht schön und gut;
Ungefähr sagt das der Pfarrer auch,
Nur mit ein bisschen andern Worten.
FAUST. Es sagen's allerorten
Alle Herzen unter dem himmlischen Tage,
Jedes in seiner Sprache;
Warum nicht ich in der meinen?
MARGARETE.
Wenn man's so hört, möcht's leidlich scheinen,
Steht aber doch immer schief darum;
Denn du hast kein Christentum.
FAUST. Liebs Kind!
MARGARETE. Es tut mir lang schon weh,
Dass ich dich in der Gesellschaft seh.
FAUST. Wieso?
MARGARETE. Der Mensch, den du da bei dir hast,
Ist mir in tiefer innrer Seele verhasst;
Es hat mir in meinem Leben
So nichts einen Stich ins Herz gegeben,
Als des Menschen widrig Gesicht.
FAUST. Liebe Puppe, fürcht ihn nicht!

MARGARETE. Seine Gegenwart bewegt mir das Blut.
Ich bin sonst allen Menschen gut;
Aber wie ich mich sehne, dich zu schauen,
Hab ich vor dem Menschen ein heimlich Grauen,
Und halt ihn für einen Schelm dazu!
Gott verzeih mir's, wenn ich ihm Unrecht tu!
FAUST. Es muss auch solche Käuze geben.
MARGARETE. Wollte nicht mit seinesgleichen leben!
Kommt er einmal zur Tür herein,
Sieht er immer so spöttisch drein
Und halb ergrimmt;
Man sieht, dass er an nichts keinen Anteil nimmt;
Es steht ihm an der Stirn geschrieben,
Dass er nicht mag eine Seele lieben. →
Mir wird's so wohl in deinem Arm,
So frei, so hingegeben warm,
Und seine Gegenwart schnürt mir das Innre zu.
FAUST. Du ahnungsvoller Engel du!
MARGARETE. Das übermannt mich so sehr,
Dass, wo er nur mag zu uns treten,
Mein ich sogar, ich liebte dich nicht mehr.
Auch, wenn er da ist, könnt ich nimmer beten,
Und das frisst mir ins Herz hinein;
Dir, Heinrich, muss es auch so sein.
FAUST. Du hast nun die Antipathie!
MARGARETE. Ich muss nun fort.
FAUST. Ach, kann ich nie
Ein Stündchen ruhig dir am Busen hängen,
Und Brust an Brust und Seel in Seele drängen?
MARGARETE. Ach, wenn ich nur alleine schlief!
Ich ließ dir gern heut Nacht den Riegel offen;
Doch meine Mutter schläft nicht tief,
Und würden wir von ihr betroffen,
Ich wär gleich auf der Stelle tot!
FAUST. Du Engel, das hat keine Not.
Hier ist ein Fläschchen! Drei Tropfen nur
In ihren Trank umhüllen
Mit tiefem Schlaf gefällig die Natur.
MARGARETE. Was tu ich nicht um deinetwillen?
Es wird ihr hoffentlich nicht schaden!
FAUST. Würd ich sonst, Liebchen, dir es raten?
MARGARETE. Seh ich dich, bester Mann, nur an,
Weiß nicht, was mich nach deinem Willen treibt;

Ich habe schon so viel für dich getan,
Dass mir zu tun fast nichts mehr übrig bleibt. *(Ab.)*

Mephistopheles tritt auf.

← MEPHISTOPHELES. Der Grasaff! ist er weg?
FAUST. Hast wieder spioniert?
MEPHISTOPHELES.
Ich hab's ausführlich wohl vernommen,
← Herr Doktor wurden da katechisiert;
Hoff, es soll Ihnen wohl bekommen.
Die Mädels sind doch sehr interessiert,
Ob einer fromm und schlicht nach altem Brauch.
Sie denken: duckt er da, folgt er uns eben auch.
FAUST. Du Ungeheuer siehst nicht ein,
Wie diese treue liebe Seele
Von ihrem Glauben voll,
Der ganz allein
Ihr selig machend ist, sich heilig quäle,
Dass sie den liebsten Mann verloren halten soll.
MEPHISTOPHELES. Du übersinnlicher sinnlicher Freier,
Ein Mägdelein nasführet dich.
FAUST. Du Spottgeburt von Dreck und Feuer!
MEPHISTOPHELES.
Und die Physiognomie versteht sie meisterlich:
In meiner Gegenwart wird's ihr, sie weiß nicht wie,
Mein Mäskchen da weissagt verborgnen Sinn;
Sie fühlt, dass ich ganz sicher ein Genie,
Vielleicht wohl gar der Teufel bin.
Nun, heute Nacht –?
FAUST. Was geht dich's an?
MEPHISTOPHELES. Hab ich doch meine Freude dran!

AM BRUNNEN

Gretchen und Lieschen mit Krügen.

LIESCHEN. Hast nichts von Bärbelchen gehört?
GRETCHEN. Kein Wort. Ich komm gar wenig unter Leute.
LIESCHEN. Gewiss, Sibylle sagt' mir's heute!
Die hat sich endlich auch betört.
Das ist das Vornehmtun!
GRETCHEN. Wieso?
LIESCHEN. Es stinkt!

Sie füttert zwei, wenn sie nun isst und trinkt.
GRETCHEN. Ach!
LIESCHEN. So ist's ihr endlich recht ergangen.
Wie lange hat sie an dem Kerl gehangen!
Das war ein Spazieren,
Auf Dorf und Tanzplatz Führen,
Musst' überall die Erste sein,
Kurtesiert' ihr immer mit Pastetchen und Wein; →
Bild't' sich was auf ihre Schönheit ein,
War doch so ehrlos, sich nicht zu schämen,
Geschenke von ihm anzunehmen.
War ein Gekos und ein Geschleck;
Da ist denn auch das Blümchen weg!
GRETCHEN. Das arme Ding!
LIESCHEN. Bedauerst sie noch gar!
Wenn unsereins am Spinnen war,
Uns nachts die Mutter nicht hinunterließ,
Stand sie bei ihrem Buhlen süß,
Auf der Türbank und im dunkeln Gang
Ward ihnen keine Stunde zu lang.
Da mag sie denn sich ducken nun,
Im Sünderhemdchen Kirchbuß tun!
GRETCHEN. Er nimmt sie gewiss zu seiner Frau.
LIESCHEN. Er wär ein Narr! Ein flinker Jung
Hat anderwärts noch Luft genung.
Er ist auch fort.
GRETCHEN. Das ist nicht schön!
LIESCHEN. Kriegt sie ihn, soll's ihr übel gehn.
Das Kränzel reißen die Buben ihr,
Und Häckerling streuen wir vor die Tür! *(Ab.)* →
GRETCHEN *(nach Hause gehend).*
Wie konnt' ich sonst so tapfer schmälen,
Wenn tät ein armes Mägdlein fehlen!
Wie konnt' ich über andrer Sünden
Nicht Worte gnug der Zunge finden!
Wie schien mir's schwarz, und schwärzt's noch gar,
Mir's immer doch nicht schwarz gnug war,
Und segnet' mich und tat so groß,
Und bin nun selbst der Sünde bloß! →
Doch – alles, was dazu mich trieb,
Gott! war so gut! ach war so lieb!

← ZWINGER

← *In der Mauerhöhle ein Andachtsbild der Mater dolorosa, Blumenkrüge davor.*

← GRETCHEN *(steckt frische Blumen in die Krüge).*

Ach neige,
Du Schmerzenreche,
Dein Antlitz gnädig meiner Not!

Das Schwert im Herzen,
Mit tausend Schmerzen
Blickst auf zu deines Sohnes Tod.

Zum Vater blickst du,
Und Seufzer schickst du
Hinauf um sein' und deine Not.

Wer fühlet,
Wie wühlet
Der Schmerz mir im Gebein?
Was mein armes Herz hier banget,
Was es zittert, was verlanget,
Weißt nur du, nur du allein!

Wohin ich immer gehe,
Wie weh, wie weh, wie wehe
Wird mir im Busen hier!
Ich bin, ach, kaum alleine,
Ich wein, ich wein, ich weine,
Das Herz zerbricht in mir.

Scherben Blumentöpfe aus Ton

Die Scherben vor meinem Fenster
Betaut' ich mit Tränen, ach,
Als ich am frühen Morgen
Dir diese Blumen brach.

Schien hell in meine Kammer
Die Sonne früh herauf,
Saß ich in allem Jammer
In meinem Bett schon auf.

Hilf! rette mich von Schmach und Tod!
Ach neige,
Du Schmerzenreiche,
Dein Antlitz gnädig meiner Not!

NACHT →

Straße vor Gretchens Türe.

VALENTIN *(Soldat, Gretchens Bruder).*
Wenn ich so saß bei einem Gelag,
Wo mancher sich berühmen mag,
Und die Gesellen mir den Flor
Der Mägdlein laut gepriesen vor,
Mit vollem Glas das Lob verschwemmt –
Den Ellenbogen aufgestemmt
Saß ich in meiner sichern Ruh,
Hört' all dem Schwadronieren zu,
Und streiche lächelnd meinen Bart,
Und kriege das volle Glas zur Hand
Und sage: Alles nach seiner Art!
Aber ist eine im ganzen Land,
Die meiner trauten Gretel gleicht,
Die meiner Schwester das Wasser reicht?
Topp! Topp! Kling! Klang! das ging herum;
Die einen schrieen: Er hat Recht,
Sie ist die Zier vom ganzen Geschlecht!
Da saßen alle die Lober stumm.
Und nun! – um 's Haar sich auszuraufen
Und an den Wänden hinaufzulaufen! –
Mit Stichelreden, Naserümpfen
Soll jeder Schurke mich beschimpfen!
Soll wie ein böser Schuldner sitzen,
Bei jedem Zufallswörtchen schwitzen!
Und möcht ich sie zusammenschmeißen, →
Könnt ich sie doch nicht Lügner heißen.

Was kommt heran? Was schleicht herbei?
Irr ich nicht, es sind ihrer zwei.
Ist er's, gleich pack ich ihn beim Felle,
Soll nicht lebendig von der Stelle!

Faust. Mephistopheles.

← FAUST. Wie von dem Fenster dort der Sakristei
Aufwärts der Schein des ew'gen Lämpchens flämmert
Und schwach und schwächer seitwärts dämmert,
Und Finsternis drängt ringsum bei! So sieht's in meinem Busen nächtig.

MEPHISTOPHELES.
Und mir ist's wie dem Kätzlein schmächtig,
Das an den Feuerleitern schleicht,
Sich leis dann um die Mauern streicht;
Mir ist's ganz tugendlich dabei,
Ein bisschen Diebsgelüst, ein bisschen Rammelei.
So spukt mir schon durch alle Glieder
Die herrliche Walpurgisnacht.
Die kommt uns übermorgen wieder,
Da weiß man doch, warum man wacht.

schmächtig *hier*: schmachtend

tugendlich *hier*: behaglich (so, wie es ihm taugt)

FAUST. Rückt wohl der Schatz indessen in die Höh,
Den ich dort hinten flimmern seh?

MEPHISTOPHELES. Du kannst die Freude bald erleben,
Das Kesselchen herauszuheben.
Ich schielte neulich so hinein,
← Sind herrliche Löwentaler drein.

FAUST. Nicht ein Geschmeide? nicht ein Ring?
Meine liebe Buhle damit zu zieren?

MEPHISTOPHELES. Ich sah dabei wohl so ein Ding,
Als wie eine Art von Perlenschnüren.

FAUST. So ist es recht! Mir tut es weh,
Wenn ich ohne Geschenke zu ihr geh.

MEPHISTOPHELES. Es sollt' Euch eben nicht verdrießen,
Umsonst auch etwas zu genießen.
Jetzt, da der Himmel voller Sterne glüht,
Sollt Ihr ein wahres Kunststück hören:
Ich sing ihr ein moralisch Lied,
Um sie gewisser zu betören.

(Singt zur Zither.)

← Was machst du mir
Vor Liebchens Tür,
Kathrinchen, hier
Bei frühem Tagesblicke?
Lass, lass es sein!
Er lässt dich ein,
Als Mädchen ein,
Als Mädchen nicht zurücke.

Nehmt euch in Acht!
Ist es vollbracht,
Dann gute Nacht,
Ihr armen, armen Dinger!
Habt ihr euch lieb,
Tut keinem Dieb
Nur nichts zu Lieb,
Als mit dem Ring am Finger.

VALENTIN *(tritt vor)*. Wen lockst du hier? beim Element!
Vermaledeiter Rattenfänger! →
Zum Teufel erst das Instrument!
Zum Teufel hinterdrein den Sänger!

MEPHISTOPHELES.
Die Zither ist entzwei! an der ist nichts zu halten.

VALENTIN. Nun soll es an ein Schädelspalten!

MEPHISTOPHELES *(zu Faust)*.
Herr Doktor, nicht gewichen! Frisch!
Hart an mich an, wie ich Euch führe.
Heraus mit Eurem Flederwisch! →
Nur zugestoßen! ich pariere.

VALENTIN. Pariere den!

MEPHISTOPHELES. Warum denn nicht?

VALENTIN. Auch den!

MEPHISTOPHELES. Gewiss!

VALENTIN. Ich glaub, der Teufel ficht!
Was ist denn das? Schon wird die Hand mir lahm.

MEPHISTOPHELES *(zu Faust)*. Stoß zu!

VALENTIN *(fällt.)* O weh!

MEPHISTOPHELES. Nun ist der Lümmel zahm!
Nun aber fort! Wir müssen gleich verschwinden:
Denn schon entsteht ein mörderlich Geschrei.
Ich weiß mich trefflich mit der Polizei,
Doch mit dem Blutbann schlecht mich abzufinden. →

MARTHE *(am Fenster)*. Heraus! Heraus!

GRETCHEN *(am Fenster)*. Herbei ein Licht!

MARTHE *(wie oben)*.
Man schilt und rauft, man schreit und ficht.

VOLK. Da liegt schon einer tot!

MARTHE *(heraustretend)*. Die Mörder, sind sie denn entflohn?

GRETCHEN *(heraustretend)*. Wer liegt hier?

VOLK. Deiner Mutter Sohn.

GRETCHEN. Allmächtiger! welche Not!

VALENTIN. Ich sterbe! das ist bald gesagt

Und bälder noch getan.
Was steht ihr Weiber, heult und klagt?
Kommt her und hört mich an! *(Alle treten um ihn.)*
Mein Gretchen, sieh! du bist noch jung,
Bist gar noch nicht gescheit genung,
Machst deine Sachen schlecht.
Ich sag dir's im Vertrauen nur:
Du bist doch nun einmal eine Hur;
So sei's auch eben recht.

GRETCHEN. Mein Bruder! Gott! Was soll mir das?

VALENTIN. Lass unsern Herrgott aus dem Spaß.
Geschehn ist leider nun geschehn,
Und wie es gehn kann, so wird's gehn.
Du fingst mit einem heimlich an,
Bald kommen ihrer mehre dran,
Und wenn dich erst ein Dutzend hat,
So hat dich auch die ganze Stadt.

Wenn erst die Schande wird geboren,
Wird sie heimlich zur Welt gebracht,
Und man zieht den Schleier der Nacht
Ihr über Kopf und Ohren;
Ja, man möchte sie gern ermorden.
Wächst sie aber und macht sich groß,
Dann geht sie auch bei Tage bloß,
Und ist doch nicht schöner geworden.
Je hässlicher wird ihr Gesicht,
Je mehr sucht sie des Tages Licht.

Ich seh wahrhaftig schon die Zeit,
Dass alle brave Bürgersleut,
Wie von einer angesteckten Leichen,
Von dir, du Metze! seitab weichen.
Dir soll das Herz im Leib verzagen,
Wenn sie dir in die Augen sehn!
Sollst keine goldne Kette mehr tragen!
In der Kirche nicht mehr am Altar stehn!
In einem schönen Spitzenkragen
Dich nicht beim Tanze wohlbehagen!
In eine finstre Jammerecken
Unter Bettler und Krüppel dich verstecken
Und, wenn dir dann auch Gott verzeiht,
Auf Erden sein vermaledeit!

vermaledeien von lat. maledicere: verfluchen, verdammen

MARTHE. Befehlt Eure Seele Gott zu Gnaden!
Wollt Ihr noch Lästrung auf Euch laden?
VALENTIN. Könnt ich dir nur an den dürren Leib,
Du schändlich kupplerisches Weib!
Da hofft' ich aller meiner Sünden
Vergebung reiche Maß zu finden.
GRETCHEN. Mein Bruder! Welche Höllenpein!
VALENTIN. Ich sage, lass die Tränen sein!
Da du dich sprachst der Ehre los,
Gabst mir den schwersten Herzensstoß.
Ich gehe durch den Todesschlaf
Zu Gott ein als Soldat und brav. *(Stirbt.)*

reiche Maß
Maß hier noch als altes Femininum

DOM

→

Amt, Orgel und Gesang.

Gretchen unter vielem Volke. Böser Geist hinter Gretchen.

BÖSER GEIST.
Wie anders, Gretchen, war dir's,
Als du noch voll Unschuld
Hier zum Altar tratst,
Aus dem vergriffnen Büchelchen
Gebete lalltest,
Halb Kinderspiele,
Halb Gott im Herzen!
Gretchen!
Wo steht dein Kopf?
In deinem Herzen
Welche Missetat?
Betst du für deiner Mutter Seele, die →
Durch dich zur langen, langen Pein hinüberschlief?
Auf deiner Schwelle wessen Blut?
– Und unter deinem Herzen
Regt sich's nicht quillend schon
Und ängstet dich und sich
Mit ahnungsvoller Gegenwart?
GRETCHEN. Weh! Weh!
Wär ich der Gedanken los,
Die mir herüber und hinüber gehen
Wider mich! →

quillend
bei Goethe die vorwiegende Form

← CHOR. Dies irae, dies illa
Solvet saeclum in favilla.
(Orgelton.)
← BÖSER GEIST. Grimm fasst dich!
Die Posaune tönt!
Die Gräber beben!
Und dein Herz,
Aus Aschenruh
Zu Flammenqualen
Wieder aufgeschaffen,
Bebt auf!
GRETCHEN. Wär ich hier weg!
Mir ist, als ob die Orgel mir
Den Atem versetzte,
Gesang mein Herz
Im Tiefsten löste.
CHOR. Judex ergo cum sedebit,
Quidquid latet adparebit,
Nil inultum remanebit.
GRETCHEN. Mir wird so eng!
Die Mauernpfeiler
Befangen mich!
Das Gewölbe
Drängt mich! – Luft!
BÖSER GEIST. Verbirg dich! Sünd und Schande
Bleibt nicht verborgen.
Luft? Licht?
Weh dir!
CHOR. Quid sum miser tunc dicturus?
Quem patronum rogaturus?
Cum vix justus sit securus.
BÖSER GEIST. Ihr Antlitz wenden
Verklärte von dir ab.
Die Hände dir zu reichen,
Schauert's den Reinen.
Weh!
CHOR. Quid sum miser tunc dicturus?
← GRETCHEN. Nachbarin! Euer Fläschchen! –
(Sie fällt in Ohnmacht.)

WALPURGISNACHT

→

Harzgebirg. Gegend von Schierke und Elend.

Faust. Mephistopheles.

MEPHISTOPHELES. Verlangst du nicht nach einem Besenstiele?
Ich wünschte mir den allerderbsten Bock.
Auf diesem Weg sind wir noch weit vom Ziele.
FAUST. Solang ich mich noch frisch auf meinen Beinen fühle,
Genügt mir dieser Knotenstock.
Was hilft's, dass man den Weg verkürzt! –
Im Labyrinth der Täler hinzuschleichen,
Dann diesen Felsen zu ersteigen,
Von dem der Quell sich ewig sprudelnd stürzt,
Das ist die Lust, die solche Pfade würzt!
Der Frühling webt schon in den Birken,
Und selbst die Fichte fühlt ihn schon;
Sollt er nicht auch auf unsre Glieder wirken?
MEPHISTOPHELES. Fürwahr, ich spüre nichts davon!
Mir ist es winterlich im Leibe,
Ich wünschte Schnee und Frost auf meiner Bahn.
Wie traurig steigt die unvollkommne Scheibe
Des roten Monds mit später Glut heran,
Und leuchtet schlecht, dass man bei jedem Schritte
Vor einen Baum, vor einen Felsen rennt!
Erlaub, dass ich ein Irrlicht bitte! →
Dort seh ich eins, das eben lustig brennt.
He da! mein Freund! darf ich dich zu uns fodern?
Was willst du so vergebens lodern?
Sei doch so gut und leucht uns da hinauf!
IRRLICHT. Aus Ehrfurcht, hoff ich, soll es mir gelingen,
Mein leichtes Naturell zu zwingen;
Nur zickzack geht gewöhnlich unser Lauf.
MEPHISTOPHELES.
Ei! Ei! Er denkt's den Menschen nachzuahmen.
Geh Er nur grad, in 's Teufels Namen!
Sonst blas ich Ihm sein Flackerleben aus.
IRRLICHT. Ich merke wohl, Ihr seid der Herr vom Haus,
Und will mich gern nach Euch bequemen.
Allein bedenkt! der Berg ist heute zaubertoll,
Und wenn ein Irrlicht Euch die Wege weisen soll,
So müsst Ihr's so genau nicht nehmen.

fodern alte Form für fordern, auch sonst bei Goethe häufig

FAUST, MEPHISTOPHELES, IRRLICHT
(Im Wechselgesang.)

In die Traum- und Zaubersphäre
Sind wir, scheint es, eingegangen.
Führ uns gut und mach dir Ehre,
Dass wir vorwärts bald gelangen
In den weiten, öden Räumen!

Seh die Bäume hinter Bäumen,
Wie sie schnell vorüberrücken,
Und die Klippen, die sich bücken,
← Und die langen Felsennasen,
Wie sie schnarchen, wie sie blasen!

Durch die Steine, durch den Rasen
Eilet Bach und Bächlein nieder.
Hör ich Rauschen? hör ich Lieder?
Hör ich holde Liebesklage,
Stimmen jener Himmelstage?
Was wir hoffen, was wir lieben!
Und das Echo, wie die Sage
Alter Zeiten, hallet wider.

Uhu! Schuhu! tönt es näher,
Kauz und Kiebitz und der Häher,
Sind sie alle wach geblieben?
Sind das Molche durchs Gesträuche?
Lange Beine, dicke Bäuche!
Und die Wurzeln, wie die Schlangen,
Winden sich aus Fels und Sande,
Strecken wunderliche Bande,
Uns zu schrecken, uns zu fangen;
Aus belebten derben Masern
← Strecken sie Polypenfasern
Nach dem Wandrer. Und die Mäuse
Tausendfärbig, scharenweise,
Durch das Moos und durch die Heide!
Und die Funkenwürmer fliegen
Mit gedrängten Schwärmezügen
Zum verwirrenden Geleite.

Masern knorrige Auswüchse an den Bäumen

Aber sag mir, ob wir stehen,
Oder ob wir weitergehen?

Alles, alles scheint zu drehen,
Fels und Bäume, die Gesichter
Schneiden, und die irren Lichter,
Die sich mehren, die sich blähen.

MEPHISTOPHELES. Fasse wacker meinen Zipfel!
Hier ist so ein Mittelgipfel,
Wo man mit Erstaunen sieht,
Wie im Berg der Mammon glüht. →

FAUST. Wie seltsam glimmert durch die Gründe
Ein morgenrötlich trüber Schein!
Und selbst bis in die tiefen Schlünde
Des Abgrunds wittert er hinein.
Da steigt ein Dampf, dort ziehen Schwaden,
Hier leuchtet Glut aus Dunst und Flor,
Dann schleicht sie wie ein zarter Faden,
Dann bricht sie wie ein Quell hervor.
Hier schlingt sie eine ganze Strecke
Mit hundert Adern sich durchs Tal,
Und hier in der gedrängten Ecke
Vereinzelt sie sich auf einmal.
Da sprühen Funken in der Nähe,
Wie ausgestreuter goldner Sand.
Doch schau! in ihrer ganzen Höhe
Entzündet sich die Felsenwand.

MEPHISTOPHELES. Erleuchtet nicht zu diesem Feste
Herr Mammon prächtig den Palast?
Ein Glück, dass du's gesehen hast;
Ich spüre schon die ungestümen Gäste.

FAUST. Wie rast die Windsbraut durch die Luft!
Mit welchen Schlägen trifft sie meinen Nacken!

MEPHISTOPHELES. Du musst des Felsens alte Rippen packen,
Sonst stürzt sie dich hinab in dieser Schlünde Gruft.
Ein Nebel verdichtet die Nacht.
Höre, wie's durch die Wälder kracht!
Aufgescheucht fliegen die Eulen.
Hör, es splittern die Säulen
Ewig grüner Paläste.
Girren und Brechen der Äste!
Der Stämme mächtiges Dröhnen!
Der Wurzeln Knarren und Gähnen!
Im fürchterlich verworrenen Falle
Übereinander krachen sie alle,
Und durch die übertrümmerten Klüfte

Zischen und heulen die Lüfte.
Hörst du Stimmen in der Höhe?
In der Ferne, in der Nähe?
Ja, den ganzen Berg entlang
Strömt ein wütender Zaubergesang!
HEXEN IM CHOR. Die Hexen zu dem Brocken ziehn,
Die Stoppel ist gelb, die Saat ist grün.
Dort sammelt sich der große Hauf,
← Herr Urian sitzt oben auf.
So geht es über Stein und Stock,
Es farzt die Hexe, es stinkt der Bock.
← STIMME. Die alte Baubo kommt allein,
Sie reitet auf einem Mutterschwein.
CHOR. So Ehre denn, wem Ehre gebührt!
Frau Baubo vor! und angeführt!
Ein tüchtig Schwein und Mutter drauf,
Da folgt der ganze Hexenhauf.
STIMME. Welchen Weg kommst du her?
STIMME. Übern Ilsenstein!
Da guckt' ich der Eule ins Nest hinein.
Die macht' ein Paar Augen!

Ilsenstein ein jäh ins Ilsetal vorspringender Granitpfeiler

STIMME. O fahre zur Hölle!
Was reitst du so schnelle!
STIMME. Mich hat sie geschunden,
Da sieh nur die Wunden!
HEXEN. CHOR. Der Weg ist breit, der Weg ist lang,
Was ist das für ein toller Drang?
Die Gabel sticht, der Besen kratzt,
Das Kind erstickt, die Mutter platzt.
← HEXENMEISTER. HALBES CHOR.
Wir schleichen wie die Schneck im Haus,
Die Weiber alle sind voraus.
Denn, geht es zu des Bösen Haus,
Das Weib hat tausend Schritt voraus.
ANDRE HÄLFTE. Wir nehmen das nicht so genau,
Mit tausend Schritten macht's die Frau;
Doch, wie sie auch sich eilen kann,
Mit einem Sprunge macht's der Mann.
STIMME *(oben)*. Kommt mit, kommt mit, vom Felsensee!
STIMMEN *(von unten)*.
Wir möchten gerne mit in die Höh.
← Wir waschen, und blank sind wir ganz und gar;
Aber auch ewig unfruchtbar.

BEIDE CHÖRE. Es schweigt der Wind, es flieht der Stern,
Der trübe Mond verbirgt sich gern.
Im Sausen sprüht das Zauberchor
Viel tausend Feuerfunken hervor.
STIMME *(von unten).* Halte! Halte!
STIMME *(von oben).* Wer ruft da aus der Felsenspalte?
STIMME *(unten).* Nehmt mich mit! Nehmt mich mit!
Ich steige schon dreihundert Jahr,
Und kann den Gipfel nicht erreichen.
Ich wäre gern bei meinesgleichen.
BEIDE CHÖRE. Es trägt der Besen, trägt der Stock,
Die Gabel trägt, es trägt der Bock;
Wer heute sich nicht heben kann,
Ist ewig ein verlorner Mann.
HALBHEXE *(unten).* Ich tripple nach, so lange Zeit;
Wie sind die andern schon so weit!
Ich hab zu Hause keine Ruh,
Und komme hier doch nicht dazu.
CHOR DER HEXEN.
Die Salbe gibt den Hexen Mut,
Ein Lumpen ist zum Segel gut,
Ein gutes Schiff ist jeder Trog; →
Der flieget nie, der heut nicht flog.
BEIDE CHÖRE. Und wenn wir um den Gipfel ziehn,
So streichet an dem Boden hin,
Und deckt die Heide weit und breit
Mit eurem Schwarm der Hexenheit.
(Sie lassen sich nieder.)
MEPHISTOPHELES.
Das drängt und stößt, das ruscht und klappert!
Das zischt und quirlt, das zieht und plappert!
Das leuchtet, sprüht und stinkt und brennt!
Ein wahres Hexenelement!
Nur fest an mir! sonst sind wir gleich getrennt.
Wo bist du?
FAUST *(in der Ferne).* Hier!
MEPHISTOPHELES. Was! dort schon hingerissen?
Da werd ich Hausrecht brauchen müssen.
Platz! Junker Voland kommt. Platz! süßer Pöbel, Platz! →
Hier, Doktor, fasse mich! und nun, in e i n e m Satz,
Lass uns aus dem Gedräng entweichen;
Es ist zu toll, sogar für meinesgleichen.
Dort neben leuchtet was mit ganz besondrem Schein,

das ruscht ruschen: Nebenform von raschen, rascheln

Es zieht mich was nach jenen Sträuchen.
Komm, komm! wir schlupfen da hinein.
FAUST.
Du Geist des Widerspruchs! Nur zu! du magst mich führen.
Ich denke doch, das war recht klug gemacht:
Zum Brocken wandeln wir in der Walpurgisnacht,
Um uns beliebig nun hieselbst zu isolieren.
MEPHISTOPHELES. Da sieh nur, welche bunten Flammen!
Es ist ein muntrer Klub beisammen.
Im Kleinen ist man nicht allein.
← FAUST. Doch droben möcht ich lieber sein!
Schon seh ich Glut und Wirbelrauch.
Dort strömt die Menge zu dem Bösen;
Da muss sich manches Rätsel lösen.
MEPHISTOPHELES. Doch manches Rätsel knüpft sich auch.
Lass du die große Welt nur sausen,
Wir wollen hier im Stillen hausen.
Es ist doch lange hergebracht,
Dass in der großen Welt man kleine Welten macht.
Da seh ich junge Hexchen nackt und bloß,
Und alte, die sich klug verhüllen.
Seid freundlich, nur um meinetwillen;
Die Müh ist klein, der Spaß ist groß.
Ich höre was von Instrumenten tönen!
Verflucht Geschnarr! Man muss sich dran gewöhnen.
Komm mit! Komm mit! Es kann nicht anders sein,
Ich tret heran und führe dich herein,
Und ich verbinde dich aufs Neue.
Was sagst du, Freund? das ist kein kleiner Raum.
Da sieh nur hin! du siehst das Ende kaum.
Ein Hundert Feuer brennen in der Reihe;
Man tanzt, man schwatzt, man kocht, man trinkt, man liebt
Nun sage mir, wo es was Bessers gibt?
FAUST. Willst du dich nun, um uns hier einzuführen,
Als Zaubrer oder Teufel produzieren?
MEPHISTOPHELES.
Zwar bin ich sehr gewohnt, inkognito zu gehn,
Doch lässt am Galatag man seinen Orden sehn.
Ein Knieband zeichnet mich nicht aus,
Doch ist der Pferdefuß hier ehrenvoll zu Haus.
Siehst du die Schnecke da? Sie kommt herangekrochen;
Mit ihrem tastenden Gesicht
Hat sie mir schon was abgerochen.

Knieband der englische Hosenbandorden

Wenn ich auch will, verleugn' ich hier mich nicht.
Komm nur! von Feuer gehen wir zu Feuer,
Ich bin der Werber, und du bist der Freier.
(Zu einigen, die um verglimmende Kohlen sitzen.)
Ihr alten Herrn, was macht ihr hier am Ende? →
Ich lobt euch, wenn ich euch hübsch in der Mitte fände,
Von Saus umzirkt und Jugendbraus;
Genug allein ist jeder ja zu Haus.
GENERAL. Wer mag auf Nationen trauen,
Man habe noch so viel für sie getan;
Denn bei dem Volk, wie bei den Frauen,
Steht immerfort die Jugend oben an.
MINISTER. Jetzt ist man von dem Rechten allzu weit,
Ich lobe mir die guten Alten;
Denn freilich, da wir alles galten,
Da war die rechte goldne Zeit.
PARVENU. Wir waren wahrlich auch nicht dumm,
Und taten oft, was wir nicht sollten;
Doch jetzo kehrt sich alles um und um,
Und eben da wir's fest erhalten wollten.
AUTOR. Wer mag wohl überhaupt jetzt eine Schrift →
Von mäßig klugem Inhalt lesen!
Und was das liebe junge Volk betrifft,
Das ist noch nie so naseweis gewesen.
MEPHISTOPHELES *(der auf einmal sehr alt erscheint).* →
Zum jüngsten Tag fühl ich das Volk gereift,
Da ich zum letzten Mal den Hexenberg ersteige,
Und weil mein Fässchen trübe läuft,
So ist die Welt auch auf der Neige.
TRÖDELHEXE. Ihr Herren, geht nicht so vorbei!
Lasst die Gelegenheit nicht fahren!
Aufmerksam blickt nach meinen Waren,
Es steht dahier gar mancherlei.
Und doch ist nichts in meinem Laden,
Dem keiner auf der Erde gleicht,
Das nicht einmal zum tücht'gen Schaden
Der Menschen und der Welt gereicht.
Kein Dolch ist hier, von dem nicht Blut geflossen,
Kein Kelch, aus dem sich nicht, in ganz gesunden Leib,
Verzehrend heißes Gift ergossen,
Kein Schmuck, der nicht ein liebenswürdig Weib
Verführt, kein Schwert, das nicht den Bund gebrochen,
Nicht etwa hinterrücks den Gegenmann durchstochen.

Parvenu *(franz.)* Emporkömmling

MEPHISTOPHELES.
Frau Muhme! Sie versteht mir schlecht die Zeiten.
Getan geschehn! Geschehn getan!
Verleg Sie sich auf Neuigkeiten!
Nur Neuigkeiten ziehn uns an.
FAUST. Dass ich mich nur nicht selbst vergesse!
Heiß ich mir das doch eine Messe!
MEPHISTOPHELES. Der ganze Strudel strebt nach oben;
Du glaubst zu schieben und du wirst geschoben.
FAUST. Wer ist denn das?
MEPHISTOPHELES. Betrachte sie genau!
← Lilith ist das.
FAUST. Wer?
MEPHISTOPHELES. Adams erste Frau.
← Nimm dich in Acht vor ihren schönen Haaren,
Vor diesem Schmuck, mit dem sie einzig prangt.
Wenn sie damit den jungen Mann erlangt,
So lässt sie ihn so bald nicht wieder fahren.
FAUST. Da sitzen zwei, die Alte mit der Jungen;
Die haben schon was Rechts gesprungen!
MEPHISTOPHELES. Das hat nun heute keine Ruh.
Es geht zum neuen Tanz; nun komm! wir greifen zu.
FAUST *(mit der Jungen tanzend).*
Einst hatt' ich einen schönen Traum:
Da sah ich einen Apfelbaum,
Zwei schöne Äpfel glänzten dran,
Sie reizten mich, ich stieg hinan.
DIE SCHÖNE. Der Äpfelchen begehrt ihr sehr,
Und schon vom Paradiese her.
Von Freuden fühl ich mich bewegt,
Dass auch mein Garten solche trägt.
MEPHISTOPHELES *(mit der Alten).*
Einst hatt' ich einen wüsten Traum;
Da sah ich einen gespaltnen Baum,
Der hatt' ein ungeheures Loch;
So groß es war, gefiel mir's doch.
DIE ALTE. Ich biete meinen besten Gruß
Dem Ritter mit dem Pferdefuß!
Halt Er einen rechten Propf bereit,
Wenn Er das große Loch nicht scheut.
← PROKTOPHANTASMIST.
Verfluchtes Volk! was untersteht ihr euch?
Hat man euch lange nicht bewiesen:

Ein Geist steht nie auf ordentlichen Füßen?
Nun tanzt ihr gar, uns andern Menschen gleich!
DIE SCHÖNE *(tanzend).* Was will denn der auf unserm Ball?
FAUST *(tanzend).* Ei! der ist eben überall.
Was andre tanzen, muss er schätzen.
Kann er nicht jeden Schritt beschwätzen,
So ist der Schritt so gut als nicht geschehn.
Am meisten ärgert ihn, sobald wir vorwärts gehn.
Wenn ihr euch so im Kreise drehen wolltet,
Wie er's in seiner alten Mühle tut,
Das hieß er allenfalls noch gut;
Besonders wenn ihr ihn darum begrüßen solltet. →
PROKTOPHANTASMIST.
Ihr seid noch immer da! Nein, das ist unerhört.
Verschwindet doch! Wir haben ja aufgeklärt!
Das Teufelspack, es fragt nach keiner Regel.
Wir sind so klug, und dennoch spukt's in Tegel. →
Wie lange hab ich nicht am Wahn hinausgekehrt,
Und nie wird's rein; das ist doch unerhört!
DIE SCHÖNE. So hört doch auf, uns hier zu ennuyieren!
PROKTOPHANTASMIST. Ich sag's euch Geistern ins Gesicht,
Den Geistesdespotismus leid ich nicht;
Mein Geist kann ihn nicht exerzieren.
(Es wird fortgetanzt.)
Heut, seh ich, will mir nichts gelingen;
Doch eine Reise nehm ich immer mit
Und hoffe noch, vor meinem letzten Schritt,
Die Teufel und die Dichter zu bezwingen.
MEPHISTOPHELES. Er wird sich gleich in eine Pfütze setzen,
Das ist die Art, wie er sich soulagiert,
Und wenn Blutegel sich an seinem Steiß ergetzen,
Ist er von Geistern und von Geist kuriert.
(Zu Faust, der aus dem Tanz getreten ist.)
Was lässest du das schöne Mädchen fahren,
Das dir zum Tanz so lieblich sang?
FAUST. Ach! mitten im Gesange sprang
Ein rotes Mäuschen ihr aus dem Munde. →
MEPHISTOPHELES.
Das ist was Rechts! das nimmt man nicht genau;
Genug, die Maus war doch nicht grau.
Wer fragt darnach in einer Schäferstunde?
FAUST. Dann sah ich –
MEPHISTOPHELES. Was?

ennuyieren vgl. Anm. zu V. 1837

soulagieren *(franz.)* beruhigen, trösten, Linderung verschaffen

FAUST. Mephisto, siehst du dort
← Ein blasses, schönes Kind allein und ferne stehen?
Sie schiebt sich langsam nur vom Ort,
Sie scheint mit geschlossnen Füßen zu gehen.
Ich muss bekennen, dass mir deucht,
Dass sie dem guten Gretchen gleicht.
MEPHISTOPHELES.
Lass das nur stehn! dabei wird's niemand wohl.
Es ist ein Zauberbild, ist leblos, ein Idol.
Ihm zu begegnen, ist nicht gut;
Vom starren Blick erstarrt des Menschen Blut,
Und er wird fast in Stein verkehrt,
← Von der Meduse hast du ja gehört.
FAUST. Fürwahr, es sind die Augen eines Toten,
Die eine liebende Hand nicht schloss.
Das ist die Brust, die Gretchen mir geboten,
Das ist der süße Leib, den ich genoss.
MEPHISTOPHELES.
Das ist die Zauberei, du leicht verführter Tor!
Denn jedem kommt sie wie sein Liebchen vor.
FAUST. Welch eine Wonne! welch ein Leiden!
Ich kann von diesem Blick nicht scheiden.
Wie sonderbar muss diesen schönen Hals
Ein einzig rotes Schnürchen schmücken,
Nicht breiter als ein Messerrücken!
MEPHISTOPHELES. Ganz recht! ich seh es ebenfalls.
Sie kann das Haupt auch unterm Arme tragen;
Denn Perseus hat's ihr abgeschlagen. –
Nur immer diese Lust zum Wahn!
Komm doch das Hügelchen heran,
← Hier ist's so lustig wie im Prater;
Und hat man mir's nicht angetan,
So seh ich wahrlich ein Theater.
Was gibt's denn da?
← SERVIBILIS. Gleich fängt man wieder an.
← Ein neues Stück, das letzte Stück von sieben;
So viel zu geben, ist allhier der Brauch.
← Ein Dilettant hat es geschrieben,
Und Dilettanten spielen's auch.
Verzeiht, ihr Herrn, wenn ich verschwinde;
Mich dilettiert's, den Vorhang aufzuziehn.
MEPHISTOPHELES. Wenn ich euch auf dem Blocksberg finde,
Das find ich gut; denn da gehört ihr hin.

sich dilettieren sich ergötzen (ital. dilettarsi)

WALPURGISNACHTSTRAUM
oder
OBERONS UND TITANIAS GOLDNE HOCHZEIT

Intermezzo

THEATERMEISTER. Heute ruhen wir einmal,
Miedings wackre Söhne.
Alter Berg und feuchtes Tal,
Das ist die ganze Szene!

HEROLD. Dass die Hochzeit golden sei,
Solln funfzig Jahr sein vorüber;
Aber ist der Streit vorbei,
Das Golden ist mir lieber.

OBERON. Seid ihr Geister, wo ich bin,
So zeigt's in diesen Stunden;
König und die Königin,
Sie sind aufs Neu verbunden.

PUCK. Kommt der Puck und dreht sich quer
Und schleift den Fuß im Reihen,
Hundert kommen hinterher,
Sich auch mit ihm zu freuen.

im Reihen Reihen = Reigen

ARIEL. Ariel bewegt den Sang
In himmlisch reinen Tönen;
Viele Fratzen lockt sein Klang,
Doch lockt er auch die Schönen.

Ariel Figur des hilfreichen Luftgeistes aus Shakespeares *Sturm*

OBERON. Gatten, die sich vertragen wollen,
Lernen's von uns beiden!
Wenn sich zweie lieben sollen,
Braucht man sie nur zu scheiden.

TITANIA. Schmollt der Mann und grillt die Frau,
So fasst sie nur behände,
Führt mir nach dem Mittag Sie,
Und Ihn an Nordens Ende.

ORCHESTER TUTTI *(Fortissimo)*.
Fliegenschnauz und Mückennas
Mit ihren Anverwandten,
Frosch im Laub und Grill im Gras,
Das sind die Musikanten!

SOLO. Seht, da kommt der Dudelsack!
Es ist die Seifenblase.
Hört den Schneckeschnickeschnack
Durch seine stumpfe Nase.

GEIST, DER SICH ERST BILDET.
Spinnenfuß und Krötenbauch
Und Flügelchen dem Wichtchen!
Zwar ein Tierchen gibt es nicht,
Doch gibt es ein Gedichtchen.

EIN PÄRCHEN. Kleiner Schritt und hoher Sprung
Durch Honigtau und Düfte;
Zwar du trippelst mir genung,
Doch geht's nicht in die Lüfte.

NEUGIERIGER REISENDER.
Ist das nicht Maskeraden-Spott?
Soll ich den Augen trauen,
Oberon den schönen Gott
Auch heute hier zu schauen!

ORTHODOX. Keine Klauen, keinen Schwanz!
Doch bleibt es außer Zweifel:
So wie die Götter Griechenlands,
So ist auch er ein Teufel.

NORDISCHER KÜNSTLER. Was ich ergreife, das ist heut
Fürwahr nur skizzenweise;
Doch ich bereite mich bei Zeit
Zur italien'schen Reise.

PURIST. Ach! mein Unglück führt mich her:
Wie wird nicht hier geludert!
Und von dem ganzen Hexenheer
Sind zweie nur gepudert.

JUNGE HEXE. Der Puder ist so wie der Rock
Für alt und graue Weibchen;
Drum sitz ich nackt auf meinem Bock
Und zeig ein derbes Leibchen.

MATRONE. Wir haben zu viel Lebensart,
Um hier mit euch zu maulen,
Doch, hoff ich, sollt ihr jung und zart,
So wie ihr seid, verfaulen.

KAPELLMEISTER. Fliegenschnauz und Mückennas,
Umschwärmt mir nicht die Nackte!
Frosch im Laub und Grill im Gras,
So bleibt doch auch im Takte!

WINDFAHNE *(nach der einen Seite).*
Gesellschaft wie man wünschen kann.
Wahrhaftig lauter Bräute!
Und Junggesellen, Mann für Mann,
Die hoffnungsvollsten Leute.

WINDFAHNE *(nach der andern Seite).*
Und tut sich nicht der Boden auf,
Sie alle zu verschlingen,
So will ich mit behändem Lauf
Gleich in die Hölle springen.
XENIEN. Als Insekten sind wir da, →
Mit kleinen scharfen Scheren,
Satan, unsern Herrn Papa,
Nach Würden zu verehren.
HENNINGS. Seht, wie sie in gedrängter Schar →
Naiv zusammen scherzen!
Am Ende sagen sie noch gar,
Sie hätten gute Herzen.
MUSAGET. Ich mag in diesem Hexenheer →
Mich gar zu gern verlieren;
Denn freilich diese wüsst ich eh'r
Als Musen anzuführen.
CI-DEVANT GENIUS DER ZEIT. →
Mit rechten Leuten wird man was.
Komm, fasse meinen Zipfel!
Der Blocksberg, wie der deutsche Parnass,
Hat gar einen breiten Gipfel.
NEUGIERIGER REISENDER.
Sagt, wie heißt der steife Mann?
Er geht mit stolzen Schritten.
Er schnopert, was er schnopern kann.
„Er spürt nach Jesuiten."

er spürt nach Jesuiten gegen Nicolai, der überall Jesuiten witterte

KRANICH. In dem Klaren mag ich gern →
Und auch im Trüben fischen;
Darum seht ihr den frommen Herrn
Sich auch mit Teufeln mischen.
WELTKIND. Ja für die Frommen, glaubet mir, →
Ist alles ein Vehikel;
Sie bilden auf dem Blocksberg hier
Gar manches Konventikel. →

Vehikel *(lat.)* eigentlich: Fahrzeug. Übertragen: Hilfsmittel

TÄNZER. Da kommt ja wohl ein neues Chor? →
Ich höre ferne Trommeln.
Nur ungestört! es sind im Rohr
Die unisonen Dommeln. →
TANZMEISTER. Wie jeder doch die Beine lupft!
Sich, wie er kann, herauszieht!
Der Krumme springt, der Plumpe hupft
Und fragt nicht, wie es aussieht.

FIDELER. Das hasst sich schwer, das Lumpenpack,
Und gäb sich gern das Restchen;
Es eint sie hier der Dudelsack,
Wie Orpheus' Leier die Bestjen.
DOGMATIKER. Ich lasse mich nicht irre schrein,
Nicht durch Kritik noch Zweifel.
Der Teufel muss doch etwas sein;
Wie gäb's denn sonst auch Teufel?
IDEALIST. Die Phantasie in meinem Sinn
Ist diesmal gar zu herrisch.
Fürwahr, wenn ich das alles bin,
So bin ich heute närrisch.
REALIST. Das Wesen ist mir recht zur Qual
Und muss mich bass verdrießen;
Ich stehe hier zum ersten Mal
Nicht fest auf meinen Füßen.
SUPERNATURALIST. Mit viel Vergnügen bin ich da
Und freue mich mit diesen;
Denn von den Teufeln kann ich ja
Auf gute Geister schließen.
SKEPTIKER. Sie gehn den Flämmchen auf der Spur,
Und glaub'n sich nah dem Schatze.
Auf Teufel reimt der Zweifel nur,
Da bin ich recht am Platze.
KAPELLMEISTER. Frosch im Laub und Grill im Gras,
Verfluchte Dilettanten!
Fliegenschnauz und Mückennas,
Ihr seid doch Musikanten!
← DIE GEWANDTEN. Sanssouci, so heißt das Heer
Von lustigen Geschöpfen;
Auf den Füßen geht's nicht mehr,
Drum gehn wir auf den Köpfen.
DIE UNBEHÜLFLICHEN.
Sonst haben wir manchen Bissen erschranzt,
Nun aber Gott befohlen!
Unsere Schuhe sind durchgetanzt,
Wir laufen auf nackten Sohlen.
IRRLICHTER. Von dem Sumpfe kommen wir,
Woraus wir erst entstanden;
Doch sind wir gleich im Reihen hier
Die glänzenden Galanten.
STERNSCHNUPPE. Aus der Höhe schoss ich her
Im Stern- und Feuerscheine,

Liege nun im Grase quer –
Wer hilft mir auf die Beine?

DIE MASSIVEN. Platz und Platz! und ringsherum!
So gehn die Gräschen nieder,
Geister kommen, Geister auch
Sie haben plumpe Glieder.

PUCK. Tretet nicht so mastig auf
Wie Elefantenkälber,
Und der Plumpst' an diesem Tag
Sei Puck, der Derbe, selber.

ARIEL. Gab die liebende Natur,
Gab der Geist euch Flügel,
Folget meiner leichten Spur,
Auf zum Rosenhügel! →

ORCHESTER. *(Pianissimo.)* Wolkenzug und Nebelflor
Erhellen sich von oben.
Luft im Laub und Wind im Rohr,
Und alles ist zerstoben.

TRÜBER TAG. FELD →

Faust. Mephistopheles.

FAUST. Im Elend! Verzweifelnd! Erbärmlich auf der Erde lange verirrt und nun gefangen! Als Missetäterin im Kerker zu entsetzlichen Qualen eingesperrt das holde unselige Geschöpf! Bis dahin! dahin! – Verräterischer, nichtswürdiger Geist, und das hast du mir verheimlicht! – Steh nur, steh! Wälze die teuflischen Augen ingrimmend im Kopf herum! Steh und trutze mir durch deine unerträgliche Gegenwart! Gefangen! Im unwiederbringlichen Elend! Bösen Geistern übergeben und der richtenden gefühllosen Menschheit! Und mich wiegst du indes in abgeschmackten Zerstreuungen, verbirgst mir ihren wachsenden Jammer und lässest sie hülflos verderben!

MEPHISTOPHELES. Sie ist die Erste nicht.

FAUST. Hund! abscheuliches Untier! – Wandle ihn, du unendlicher Geist! wandle den Wurm wieder in seine Hundsgestalt, wie er sich oft nächtlicher Weile gefiel, vor mir herzutrotten, dem harmlosen Wandrer vor die Füße zu kollern und sich dem niederstürzenden auf die Schultern zu hängen. Wandl' ihn wieder in seine Lieblingsbildung, dass er vor mir im Sand auf dem Bauch krieche, ich ihn mit Füßen trete, den Verworfnen! – Die →

Erste nicht! – Jammer! Jammer! von keiner Menschenseele zu fassen, dass mehr als ein Geschöpf in die Tiefe dieses Elendes versank, dass nicht das Erste genug tat für die Schuld aller Übrigen in seiner windenden Todesnot vor den Augen des ewig Verzeihenden! Mir wühlt es Mark und Leben durch, das Elend dieser Einzigen; du grinsest gelassen über das Schicksal von Tausenden hin!

MEPHISTOPHELES. Nun sind wir schon wieder an der Grenze unsres Witzes, da wo euch Menschen der Sinn überschnappt. Warum machst du Gemeinschaft mit uns, wenn du sie nicht durchführen kannst? Willst fliegen und bist vorm Schwindel nicht sicher? Drangen wir uns dir auf, oder du dich uns?

FAUST. Fletsche deine gefräßigen Zähne mir nicht so entgegen! Mir ekelt's! – Großer herrlicher Geist, der du mir zu erscheinen würdigtest, der du mein Herz kennest und meine Seele, warum an den Schandgesellen mich schmieden, der sich am Schaden weidet und am Verderben sich letzt?

MEPHISTOPHELES. Endigst du?

FAUST. Rette sie! oder weh dir! Den grässlichsten Fluch über dich auf Jahrtausende!

MEPHISTOPHELES. Ich kann die Bande des Rächers nicht lösen, seine Riegel nicht öffnen. – Rette sie! – Wer war's, der sie ins Verderben stürzte? Ich oder du?

FAUST *(blickt wild umher)*.

MEPHISTOPHELES. Greifst du nach dem Donner? Wohl, dass er euch elenden Sterblichen nicht gegeben ward! Den unschuldig Entgegnenden zu zerschmettern, das ist so Tyrannenart, sich in Verlegenheiten Luft zu machen.

FAUST. Bringe mich hin! Sie soll frei sein!

MEPHISTOPHELES. Und die Gefahr, der du dich aussetzest? Wisse, noch liegt auf der Stadt Blutschuld von deiner Hand. Über des Erschlagenen Stätte schweben rächende Geister und lauern auf den wiederkehrenden Mörder.

FAUST. Noch das von dir? Mord und Tod einer Welt über dich Ungeheuer! Führe mich hin, sag ich, und befrei sie!

MEPHISTOPHELES. Ich führe dich, und was ich tun kann, höre! Habe ich alle Macht im Himmel und auf Erden? Des Türners Sinne will ich umnebeln, bemächtige dich der Schlüssel und führe sie heraus mit Menschenhand! Ich wache! die Zauberpferde sind bereit, ich entführe euch. Das vermag ich.

FAUST. Auf und davon!

NACHT. OFFEN FELD

Faust, Mephistopheles,
auf schwarzen Pferden daherbrausend.

FAUST. Was weben die dort um den Rabenstein? →
MEPHISTOPHELES.
Weiß nicht, was sie kochen und schaffen.
FAUST. Schweben auf, schweben ab, neigen sich, beugen sich.
MEPHISTOPHELES. Eine Hexenzunft.
FAUST. Sie streuen und weihen.
MEPHISTOPHELES. Vorbei! Vorbei!

KERKER →

Faust, mit einem Bund Schlüssel und einer Lampe,
vor einem eisernen Türchen.

FAUST. Mich fasst ein längst entwohnter Schauer,
Der Menschheit ganzer Jammer fasst mich an.
Hier wohnt sie, hinter dieser feuchten Mauer,
Und ihr Verbrechen war ein guter Wahn!
Du zauderst, zu ihr zu gehen!
Du fürchtest, sie wieder zu sehen!
Fort! Dein Zagen zögert den Tod heran.
(Er ergreift das Schloss. Es singt inwendig.)
Meine Mutter, die Hur, →
Die mich umgebracht hat!
Mein Vater, der Schelm,
Der mich gessen hat!
Mein Schwesterlein klein
Hub auf die Bein,
An einem kühlen Ort;
Da ward ich ein schönes Waldvögelein;
Fliege fort, fliege fort!
FAUST *(aufschließend)*.
Sie ahnet nicht, dass der Geliebte lauscht,
Die Ketten klirren hört, das Stroh, das rauscht.
(Er tritt ein.)
MARGARETE *(sich auf dem Lager verbergend)*.
Weh! Weh! Sie kommen. Bittrer Tod!
FAUST *(leise)*. Still! Still! ich komme, dich zu befreien.

MARGARETE *(sich vor ihn hinwälzend).*
Bist du ein Mensch, so fühle meine Not.
FAUST. Du wirst die Wächter aus dem Schlafe schreien!
(Er fasst die Ketten, sie aufzuschließen.)
MARGARETE *(auf den Knien).*
Wer hat dir, Henker, diese Macht
Über mich gegeben!
Du holst mich schon um Mitternacht.
Erbarme dich und lass mich leben!
Ist's morgen früh nicht zeitig genung?
(Sie steht auf.)
Bin ich doch noch so jung, so jung!
Und soll schon sterben!
Schön war ich auch, und das war mein Verderben.
Nah war der Freund, nun ist er weit;
Zerrissen liegt der Kranz, die Blumen zerstreut.
Fasse mich nicht so gewaltsam an!
Schone mich! Was hab ich dir getan?
Lass mich nicht vergebens flehen,
Hab ich dich doch mein Tage nicht gesehen!
FAUST. Werd ich den Jammer überstehen!
MARGARETE. Ich bin nun ganz in deiner Macht.
Lass mich nur erst das Kind noch tränken.
Ich herzt' es diese ganze Nacht;
Sie nahmen mir's, um mich zu kränken,
Und sagen nun, ich hätt es umgebracht.
Und niemals werd ich wieder froh.
← Sie singen Lieder auf mich! Es ist bös von den Leuten!
Ein altes Märchen endigt so,
Wer heißt sie's deuten?
FAUST *(wirft sich nieder).* Ein Liebender liegt dir zu Füßen,
Die Jammerknechtschaft aufzuschließen.
MARGARETE *(wirft sich zu ihm).*
O lass uns knien, die Heil'gen anzurufen!
Sieh! unter diesen Stufen,
Unter der Schwelle
Siedet die Hölle!
Der Böse,
Mit furchtbarem Grimme,
Macht ein Getöse!
FAUST *(laut).* Gretchen! Gretchen!
MARGARETE *(aufmerksam).* Das war des Freundes Stimme!
(Sie springt auf. Die Ketten fallen ab.)

Wo ist er? Ich hab ihn rufen hören.
Ich bin frei! Mir soll niemand wehren.
An seinen Hals will ich fliegen,
An seinem Busen liegen!
Er rief: Gretchen! Er stand auf der Schwelle.
Mitten durchs Heulen und Klappen der Hölle,
Durch den grimmigen, teuflischen Hohn
Erkannt' ich den süßen, den liebenden Ton.
FAUST. Ich bin's!
MARGARETE. Du bist's! O sag es noch einmal!
(Ihn fassend.) Er ist's! Er ist's! Wohin ist alle Qual?
Wohin die Angst des Kerkers? der Ketten?
Du bist's! Kommst, mich zu retten!
Ich bin gerettet! –
Schon ist die Straße wieder da,
Auf der ich dich zum ersten Male sah.
Und der heitere Garten,
Wo ich und Marthe deiner warten.
FAUST *(fortstrebend).* Komm mit! Komm mit!
MARGARETE. O weile!
Weil ich doch so gern, wo du weilest. *(Liebkosend.)*
FAUST. Eile!
Wenn du nicht eilest,
Werden wir's teuer büßen müssen.
MARGARETE. Wie? du kannst nicht mehr küssen?
Mein Freund, so kurz von mir entfernt,
Und hast 's Küssen verlernt?
Warum wird mir an deinem Halse so bang?
Wenn sonst von deinen Worten, deinen Blicken
Ein ganzer Himmel mich überdrang,
Und du mich küsstest, als wolltest du mich ersticken.
Küsse mich!
Sonst küss ich dich! *(Sie umfasst ihn.)*
O weh! deine Lippen sind kalt,
Sind stumm.
Wo ist dein Lieben
Geblieben?
Wer brachte mich drum? *(Sie wendet sich von ihm.)*
FAUST. Komm! Folge mir! Liebchen, fasse Mut!
Ich herze dich mit tausendfacher Glut;
Nur folge mir! Ich bitte dich nur dies!
MARGARETE *(zu ihm gewendet).*
Und bist du's denn? Und bist du's auch gewiss?

FAUST. Ich bin's! Komm mit!
MARGARETE. Du machst die Fesseln los,
Nimmst wieder mich in deinen Schoß.
Wie kommt es, dass du dich vor mir nicht scheust? –
Und weißt du denn, mein Freund, wen du befreist?
FAUST. Komm! komm! schon weicht die tiefe Nacht.
MARGARETE. Meine Mutter hab ich umgebracht,
Mein Kind hab ich ertränkt.
War es nicht dir und mir geschenkt?
Dir auch. – Du bist's! ich glaub es kaum.
Gib deine Hand! Es ist kein Traum!
Deine liebe Hand! – Ach aber sie ist feucht!
Wische sie ab! Wie mich deucht,
Ist Blut dran.
Ach Gott! was hast du getan!
Stecke den Degen ein,
Ich bitte dich drum!
FAUST. Lass das Vergangne vergangen sein,
Du bringst mich um.
MARGARETE. Nein, du musst übrig bleiben!
Ich will dir die Gräber beschreiben.
Für die musst du sorgen
Gleich morgen;
Der Mutter den besten Platz geben,
Meinen Bruder sogleich darneben,
Mich ein wenig beiseit,
Nur nicht gar zu weit!
Und das Kleine mir an die rechte Brust.
Niemand wird sonst bei mir liegen!
Mich an deine Seite zu schmiegen,
Das war ein süßes, ein holdes Glück!
Aber es will mir nicht mehr gelingen;
Mir ist's, als müsst ich mich zu dir zwingen,
Als stießest du mich von dir zurück;
Und doch bist du's und blickst so gut, so fromm.
FAUST. Fühlst du, dass ich es bin, so komm!
MARGARETE. Dahinaus?
FAUST. Ins Freie.
MARGARETE. Ist das Grab drauß,
Lauert der Tod, so komm!
Von hier ins ewige Ruhebett
Und weiter keinen Schritt –
Du gehst nun fort? O Heinrich, könnt ich mit!

FAUST. Du kannst! So wolle nur! Die Tür steht offen.
MARGARETE. Ich darf nicht fort; für mich ist nichts zu hoffen.
Was hilft es fliehn? Sie lauern doch mir auf.
Es ist so elend, betteln zu müssen,
Und noch dazu mit bösem Gewissen!
Es ist so elend, in der Fremde schweifen,
Und sie werden mich doch ergreifen!
FAUST. Ich bleibe bei dir.
MARGARETE. Geschwind! Geschwind!
Rette dein armes Kind.
Fort! Immer den Weg
Am Bach hinauf,
Über den Steg,
In den Wald hinein,
Links, wo die Planke steht,
Im Teich.
Fass es nur gleich!
Es will sich heben,
Es zappelt noch!
Rette! rette!
FAUST. Besinne dich doch!
Nur einen Schritt, so bist du frei!
MARGARETE. Wären wir nur den Berg vorbei!
Da sitzt meine Mutter auf einem Stein,
Es fasst mich kalt beim Schopfe!
Da sitzt meine Mutter auf einem Stein
Und wackelt mit dem Kopfe;
Sie winkt nicht, sie nickt nicht, der Kopf ist ihr schwer,
Sie schlief solange, sie wacht nicht mehr.
Sie schlief, damit wir uns freuten.
Es waren glückliche Zeiten!
FAUST. Hilft hier kein Flehen, hilft kein Sagen,
So wag ich's, dich hinweg zu tragen.
MARGARETE. Lass mich! Nein, ich leide keine Gewalt!
Fasse mich nicht so mörderisch an!
Sonst hab ich dir ja alles zu Lieb getan.
FAUST. Der Tag graut! Liebchen! Liebchen!
MARGARETE.
Tag! Ja es wird Tag! der letzte Tag dringt herein;
Mein Hochzeittag sollt es sein!
Sag niemand, dass du schon bei Gretchen warst.
Weh meinem Kranze!
Es ist eben geschehn!

Wir werden uns wieder sehn;
Aber nicht beim Tanze.
Die Menge drängt sich, man hört sie nicht.
Der Platz, die Gassen
Können sie nicht fassen.
← Die Glocke ruft, das Stäbchen bricht.
Wie sie mich binden und packen!
Zum Blutstuhl bin ich schon entrückt.
Schon zuckt nach jedem Nacken
Die Schärfe, die nach meinem zückt.
Stumm liegt die Welt wie das Grab!

FAUST. O wär ich nie geboren!

MEPHISTOPHELES *(erscheint draußen).*
Auf! oder ihr seid verloren.
Unnützes Zagen! Zaudern und Plaudern!
Meine Pferde schaudern,
Der Morgen dämmert auf.

MARGARETE. Was steigt aus dem Boden herauf?
Der! der! Schick ihn fort!
← Was will der an dem heiligen Ort?
Er will mich!

FAUST. Du sollst leben!

MARGARETE. Gericht Gottes! dir hab ich mich übergeben!

MEPHISTOPHELES *(zu Faust).*
Komm! komm! Ich lasse dich mit ihr im Stich.

MARGARETE. Dein bin ich, Vater! Rette mich!
Ihr Engel! Ihr heiligen Scharen,
Lagert euch umher, mich zu bewahren!
Heinrich! Mir graut's vor dir.

MEPHISTOPHELES. Sie ist gerichtet!

STIMME *(von oben).* Ist gerettet!

MEPHISTOPHELES *(zu Faust).* Her zu mir!

(Verschwindet mit Faust.)

STIMME *(von innen, verhallend).* Heinrich! Heinrich!

BIOGRAFIE

J. W. von Goethe
1749–1832

Jahr	Ort	Ereignis	Alter
1749	28. August Frankfurt am Main	Johann Wolfgang Goethe wird als Sohn des Kaiserlichen Rates Dr. jur. Johann Kaspar Goethe, Sohn eines Schneiders, und Katharina Elisabeth, geb. Textor, Tochter des Schultheißen, in Frankfurt am Main, im Haus „Zu den drei Leiern" am Großen Hirschgraben geboren. Die Familie ist wohlhabend; der Reichtum stammt vom Großvater.	
1750	Frankfurt am Main	Geburt von Goethes Schwester Cornelia Friederike Christiana.	1
1753	Frankfurt am Main	Die Großmutter schenkt den Kindern zu Weihnachten ein Puppentheater.	4
1759–1763	Frankfurt am Main	Während der französischen Besetzung Frankfurts besucht Goethe das französische Theater.	10–14
1765	Leipzig	Goethe studiert Jura, hört aber auch Vorlesungen zur Literatur und lernt Gellert sowie Gottsched kennen; Liebe zu Käthchen Schönkopf, der Tochter eines Zinngießers.	16
1768	Frankfurt am Main	Goethe kehrt nach einem Blutsturz krank nach Hause zurück. Er verkehrt im pietistischen Kreis der Susanna Katharina von Klettenberg und liest Wieland, Shakespeare u. a.	19

Jahr	Ort	Ereignis	Alter
1770	Straßburg	Goethe setzt sein Jurastudium fort und schließt es als Lizentiat der Rechte ab, was ihm ermöglicht, als Advokat zugelassen zu werden. Er lernt Herder und Dichter des Sturm und Drang kennen (u. a. Lenz). Im Straßburger Kreis um Herder werden ihm Pindar, Homer, die englische Dichtung, voran Shakespeare und Ossian, Hamann und die Volkspoesie nahegebracht. Er begeistert sich für die Gotik des Straßburger Münsters.	21
	Sesenheim	Kurz vor dem 15. Oktober: Besuch bei Friederike Brion. Er verliebt sich in die Pfarrerstochter von Sesenheim; Mai bis Juni in Sesenheim; am 7. August Abschied ohne Erklärung.	21
1771	Straßburg	Frühling, Sommer: Goethe sammelt, Herders Anregung folgend, Volksballaden.	21
	Frankfurt am Main	Goethe hält seine berühmte Rede *Zum Schäkespears Tag*; Prozess gegen die Kindsmörderin Susanna Margaretha Brandt.	22
1772	Wetzlar	Goethe als Praktikant am **Reichskammergericht**; verliebt sich in Charlotte Buff. Der Selbstmord des Studienkollegen Jerusalem (30. Oktober 1772) geht in den Roman *Die Leiden des jungen Werther ein.*	23
	Frankfurt am Main	Rückkehr nach Hause.	
1774	Frankfurt am Main	Knebel vermittelt Goethes **Bekanntschaft mit dem Erbprinzen Karl August von Weimar**.	25
1775	Frankfurt am Main	Liebe und Verlobung mit Lili Schönemann; brieflich sich äußernde Liebe zur Gräfin Auguste von Stolberg.	26
	Schweiz	Erste Reise in die Schweiz.	
	Weimar	Abreise am 30. Oktober, nachdem Karl August am 3. September die Regierung angetreten hat; Ankunft am 7. November.	26
1776	Weimar	Geheimer Legationsrat mit Sitz und Stimme im Geheimen Conseil; tritt am 25. Juni in den Staatsdienst. Liebe zu Charlotte von Stein.	26
1777	Harz	Erste Harzreise, der 1783 bis 1789 weitere folgen. Nachklang im *Faust*: Walpurgisnacht.	28

Jahr	Ort	Ereignis	Alter
1779	Weimar	Übernahme weiterer Aufgaben, u. a. Kriegskommission; er wird zum Geheimen Rat ernannt.	30
	Schweiz	Zweite Reise.	
1781	Weimar	Naturwissenschaftliche Studien.	32
1782	Weimar	Goethe wird geadelt; sein Vater stirbt.	33
1784	Weimar	Goethe findet den Zwischenkieferknochen beim Menschen.	35
1786	Karlsbad	Sommer in Karlsbad; heimlich flieht er von dort nach Italien und kommt am 29. Oktober in Rom an. Italienische Reise.	37
1788	Weimar	Rückkehr; er lernt Christiane Vulpius kennen und lebt von nun an zum Entsetzen des Weimarer Adels mit ihr zusammen.	39
1789	Weimar	Goethes Sohn August wird geboren; er stirbt 1830 in Rom und wird dort beerdigt.	40
1790	Italien	Zwischen März und Juni die zweite Italienreise; nach Schlesien in Begleitung Karl Augusts, der als General in Preußens Diensten steht.	40
1791	Weimar	Bis 1817 Direktor des Hoftheaters; Materialsammlung zur *Farbenlehre*.	42
1792	Frankreich	Bis 1793 Feldzug; Belagerung von Mainz.	43
1794	Weimar, Jena	Beginn der Freundschaft mit Schiller.	45
1797	Schweiz	Dritte Reise.	48
1799	Weimar	Im Dezember siedelt Schiller von Jena nach Weimar über.	50
1803	Weimar	Friedrich Wilhelm Riemer wird Hauslehrer von Goethes Sohn und Goethes Sekretär. Er heiratet 1814 Christianes Gesellschafterin Caroline Ulrich, die seit 1809 in Goethes Haus wohnt und die der Dichter liebt.	54
1805		9. Mai: Tod Schillers; Freundschaft mit Zelter.	56
1806	Jena	14. Oktober: Schlacht bei Jena und Auerstädt; das Heilige Römische Reich Deutscher Nation geht unter. Die Franzosen plündern Weimar, Goethes Haus bleibt dank des Einsatzes von Christiane verschont. Am 19. Oktober lässt sich Goethe mit Christiane trauen.	57

Jahr	Ort	Ereignis	Alter
1807	Weimar	Liebe zu Minna Herzlieb.	58
1814	Rhein und Main	Reisen; Liebe zu Marianne von Willemer.	65
1816	Weimar	6. Juni: Tod Christianes.	67
1823	Weimar	Johann Peter Eckermann besucht Goethe. Er wird Mitarbeiter und Nachfolger Riemers. Reise nach Marienbad und Eger. Goethe verliebt sich in Ulrike von Levetzow.	74
1828	Weimar	Der Großherzog Karl August stirbt.	79
1832	Weimar	22. März: Tod Goethes in seinem 83. Lebensjahr.	83

WORT- UND SACHERKLÄRUNGEN

v. 1 **Zueignung** Dieses Widmungsgedicht – ein Rückblick in „obligaten und gemessen periodischen Stanzen" – ist am 24. Juni 1797 entstanden, als Goethe nach einer langen Pause (*Urfaust*: 1772–1775. *Fragment* ersch. 1790) die Arbeit an der Faustdichtung nach einem Gesamtplan wieder aufnahm. Zu den Bruchstücken aus dem Nachlass gehört ein den Eingangsversen entsprechendes, für den Schluss der Dichtung bestimmtes Gedicht: *Abschied*.

21 **Mein Lied** Riemer verzeichnet bereits 1809 in einem Druckfehlerverzeichnis das Wort „Leid" der Erstausgabe als Druckfehler für „Lied". Mit einer Ausnahme drucken alle noch zu Goethes Lebzeiten erschienenen Ausgaben: Leid. Nach Goethes Tod führte Riemer die Lesart „Lied" ein, die von den folgenden Cotta-Drucken und auch von anderen älteren Ausgaben übernommen wurde.

Im *Tasso* gebraucht Goethe allerdings das Wort „Leid" in demselben Sinne wie in der Zueignung (*Tasso*, Vers 195). Aber die Berechtigung der Verwendung des Begriffs „Leid" für Goethes Auffassung der Faustdichtung in den Jahren 1797/98 wird heute in der Forschung meist bestritten.

28 **Äolsharfe** Windharfe. Nach dem schon Homer bekannten griechischen Windgott Aiolos.

v. 33 **Vorspiel auf dem Theater** Entstanden Ende der Neunzigerjahre, angeregt durch das Vorspiel zu Kalidasas *Sakuntala*, einer indischen Dichtung, die 1791 in einer Übersetzung von Georg Forster aus dem Englischen erschienen war. – Auch dem Vorspiel sollte eine kurze „Abkündigung" am Schluss des zweiten Teils entsprechen, die sich im Nachlass erhalten hat. – Über die Aufgabe des Theaters und des Theaterdichters und über die Verhältnisse auf dem zeitgenössischen Theater finden sich in *Wilhelm Meister* (Hamburger Leseheft Nr. 195) viele Parallelen und Ergänzungen (*Wilhelm Meister* II, 2; IV, 16–18; V, 4 und an anderen Stellen). – Goethes Auffassung von der Aufgabe des Dichters wird in dem Vorspiel von allen drei Personen vertreten, zum Teil in bewusster Übertreibung, die der ironischen Lebensstimmung des älteren Goethe entsprach.

59 **Dichter** Er spricht hier in Stanzen, während die Personen in dem Vorspiel sonst in Madrigalversen sprechen. Der Madrigalvers hat sich als Vers der Wortkunst schon im 17. Jahrhundert durch Vereinfachung aus dem italienischen Singspiel entwickelt. Seine meist jambischen gereimten Zeilen haben verschiedene Länge und nähern sich dadurch den freien Rhythmen. – Madrigalverse sind auch später in den Dialogen zwischen Faust und Mephisto auf weiten Strecken vorherrschend.

66 **erpflegen** Verstärkung der Wortbedeutung durch die Vorsilbe. Vgl. später: eratmen (Vers 486) und erwühlen (Vers 479).

99 **in Stücken** Auf dem Theater des 18. Jahrhunderts wurden häufig statt eines ganzen Theaterstückes nur die wirkungsvollsten Stellen oder auch Teile aus verschiedenen Werken zusammenhanglos nacheinander gespielt.

106 f. **Der saubern Herren Pfuscherei / Ist, merk ich, schon bei Euch Maxime** „Pfuscherei" und „Maxime" sind Lieblingsausdrücke Goethes zu Ende der Neunzigerjahre. Maxime: Lat. propositio maxima = höchster Vorsatz, Grundsatz; vor allem der persönliche Grundsatz, die Lebensregel. Vgl. Kants „Kategorischen Imperativ": „Handle so, dass die Maxime deines Willens jederzeit zugleich als Prinzip einer allgemeinen Gesetzgebung gelten könne." – Bekannt ist die Bezeichnung auch aus Goethes *Maximen und Reflexionen* und den Schriften der französischen Moralisten des 17. und 18. Jahrhunderts, die als Sammlungen von „Reflexionen" und „Maximen" angelegt waren.

156 **Wer sichert den Olymp? vereinet Götter?** Die Bewahrung der Mythologie wird hier der Dichtung als Aufgabe zugewiesen.

173 **Der alle Welt erquickt und auferbaut** Vgl. Goethes Gedicht *Gott, Gemüt und Welt*: Wer Gott vertraut, ist schon auferbaut. Vgl. auch: erbaulich.

221 **So kommandiert die Poesie** 1799 begrüßt Schiller in einem Brief an Goethe dessen Fortschritte bei der Arbeit an der *Achilleis*, „die doppelt wünschenswürdig sind, da Sie dabei zugleich die Erfahrung machen, wie viel Sie durch ihren Vorsatz über ihre Stimmung vermögen". Auch Goethe vertritt in dieser Zeit die Meinung, dass man die Poesie „kommandieren" könne. Als Schreyvogel, der spätere Leiter des Wiener Hoftheaters und Förderer Grillparzers, in den Neunzigerjahren in Jena Goethe begegnet, ermuntert dieser ihn zu literarischer Tätigkeit mit den Worten: Man muss nur in die Hand blasen, dann gehts schon!

234 **Prospekte** *(lat.)* Die barocke Theaterdekoration schuf durch Perspektiv- oder Prospektmalerei auf dem Bühnenhintergrund Durchblicke (Prospekte) in einem illusionären Bühnenraum. Solche Bühendekoration nannte man Prospekt.

242 **Vom Himmel durch die Welt zur Hölle** Diese Stelle ist nicht zu deuten als Hinweis auf ein höllisches Ende des Goethe'schen Faust, sondern nur als Aufzählung der Bereiche, die die Dichtung anrührt, und vielleicht als Erinnerung an Fausts Schicksal im Volksschauspiel.

v. 243 **Prolog im Himmel** Entstanden um 1800. Ein entsprechender „Epilog" am Schluss des zweiten Teils, der geplant war, wurde nicht ausgeführt. Ähnliche Vorspiele, in denen die Aussendung höllischer Sendboten betrieben wird, gibt es schon in einigen alten Faustspielen und auch bei Lessing.

Goethe hat das Motiv der Versuchung des gerechten Menschen für die „Exposition" seines *Faust* aus dem Buch Hiob entnommen (Hiob 1, 6–12). Goethes Prolog entwickelt eine neue Idee der ganzen Faustdichtung. „Dadurch erst wurde, was (im *Urfaust* und im *Fragment*) als der dramatisierte Lebenslauf eines dem Dichter im Geiste verwandten Genies begonnen war, zur mythischen Bedeutsamkeit verwandelt und gesteigert." (Reinhard Buchwald)

243 f. **Die Sonne tönt nach alter Weise / In Brudersphären Wettgesang** Im Wettgesang der Planeten in ihrem „Sphärenlauf". Die Vorstellung von dem „tönenden" Weltall ist schon vorhanden in den pythagoreischen Spekulationen über die Sphärenharmonie. Goethe fand das Motiv wieder in Balthasar Beckers *Bezauberte Welt* (1693 deutsch ersch.), die er damals las. Hier auch das Motiv der Sterne, die Gott preisen, das zuletzt ebenfalls auf eine Hiobstelle zurückgeht: „Da mich die Morgensterne mit einander lobeten und jauchzeten alle Kinder Gottes" (Hiob 38, 7) – eine Stelle, die über Milton auch in Klopstocks „Messias" nachwirkt.

248 **Wenn keiner sie ergründen mag** Wenn auch keiner sie ergründen mag. Ebenso Vers 268: Da keiner dich ergründen mag.

265 ff. **Doch deine Boten, Herr, verehren / Das sanfte Wandeln deines Tags** „Boten" ist hier die wörtliche Übersetzung des ursprünglich griechischen Wortes „Engel" (Angeloi). Das „sanfte Wandeln" (die ruhige Stetigkeit der Natur) erschließt sich nur der höheren Erkenntnis der Engel. Vgl. 1. Buch der Könige 19, 11 f.

271 **Mephistopheles** Der Name begegnet schon im Volksbuch. Die älteste Form lautet: Mephostophiles, eine hebräisch-griechische Missbildung, die bis heute nicht geklärt ist. Gewöhnlich gedeutet als: Zerstörer des Guten.

274 **Gesinde** Hier in der früheren Bedeutung: Hofstaat, Gefolgschaft des Fürsten.

281 **Der kleine Gott der Welt** Diese Bezeichnung für den Menschen nach Leibniz (Theodizee § 147): „Gott scherzt sozusagen mit diesen kleinen Göttern, die er zu erzeugen beliebte, wie wir mit den Kindern scherzen, deren Beschäftigungen wir unter der Hand nach unserem Belieben fördern oder hindern. Der Mensch ist also in seiner Welt einem Gotte gleich, er regiert sie, den Mikrokosmos, nach seiner Laune ...". – Es ist zu beachten, dass Leibniz an dieser Stelle als Mikrokosmos die durch den Menschen beherrschbare Welt bezeichnet, während im Faust der Mensch selbst als Mikrokosmos gedacht wird. Vgl. Anm. v. V. 430 (Makrokosmos).

334 **Staub soll er fressen** Vgl. 1. Mose 3, 14: Auf deinem Bauch sollst du gehen, und Erde essen dein Leben lang.

336 **Du darfst auch da nur frei erscheinen** Du brauchst auch da nur so aufzutreten, wie du bist. „Dürfen" im 18. Jahrhundert häufig in der Bedeutung: nötig haben, brauchen. Vgl. auch Vers 3139.

344 ff. **Doch ihr, die echten Göttersöhne, / Erfreut euch der lebendig reichen Schöne! / Das Werdende, das ewig wirkt und lebt, / Umfass euch mit der Liebe holden Schranken, / Und was in schwankender Erscheinung schwebt, / Befestiget mit dauernden Gedanken** Die echten Göttersöhne sind die Engel im Gegensatz zu den „gefallenen Engeln", zu denen Mephisto gehört. Vgl. Goethes Schilderung vom „Abfall der Engel" im 8. Buch von *Dichtung und Wahrheit*. Die „lebendig reiche Schöne" ist die Welt als Kosmos, an der die Engel sich erfreuen sollen. Sie sollen sich außerdem durch die Vernunft (das Werdende) in Liebe vereinigen lassen. Und schließlich sollen sie in der Flucht der Erscheinungen das Ewige erkennen.

v. 354 **Der Tragödie erster Teil** Der Anfangsmonolog bis Vers 605 gehört zum ältesten Bestandteil der Goethe'schen Faustdichtung. Er hat seinen Vorläufer in den Betrachtungen des armen, unbefriedigten Gelehrten im Volksdrama, der es zu nichts gebracht hat, und in dem großartigen Monolog des Faust bei Marlowe. – Goethe kannte aber auch die Werke der Gelehrten des 16. Jahrhunderts mit ihren naturphilosophischen Spekulationen: Agrippa von Nettesheim, Paracelsus und andere. Eine Schrift von Agrippa trägt den Titel *De incertitudo ... omnium scientiarum* – von der Ungewissheit aller Wissenschaft. Aber das Verlangen nach rationaler Naturerkenntnis und nach Naturbeherrschung durch magische Praktiken wird bei Goethes Faust vertieft zur Sehnsucht nach einem Einswerden mit der Natur durch Schauen und Fühlen; in dem „Schema zu Faust" aus den Jahren 1797–99, das sich erhalten hat, notiert Goethe: „Ideales Streben nach Einwirken und Einfühlen in die ganze Natur". – Die „anschaulichen Bilder des gefühlten Zusammenhanges zwischen Mensch und Natur" findet Goethe bei Swedenborg, dem großen „Seher" seiner Zeit, mit dem er sich damals viel beschäftigt hat. Vgl. Anm. zu V. 420 (Nostradamus)! – Die Versmaße wechseln entsprechend dem Wechsel der Gedanken und Stimmungen: Knittelverse, alternierende Viertakter,

Madrigalverse und schließlich bei der Erdgeistbeschwörung freie Rhythmen (nach der Anm. der Hamburger Ausgabe).

360 **Heiße Magister, heiße Doktor gar** Im *Volksbuch* wird Faust in Ingolstadt zuerst Magister, dann Doktor der Medizin. – Magister (lat.): Lehrer, Professor.

377 **Magie** „Es gab eine weiße oder natürliche und eine schwarze Magie; die weiße war nicht nur erlaubt, sondern hoch angesehen. Paracelsus und Agrippa von Nettesheim und beider Lehrer, der Abt Johann Tritheim, der Faust in der Schenke bei Gelnhausen traf, galten als ihre bekanntesten Vertreter ... Weiße Magie in jener Zeit war in erster Linie die Alchimie – die Vorstufe unserer Chemie ... Die schwarze Magie aber war des Teufels. Hier beruhte das Können des Magiers nicht auf seinem tieferen Wissen um die Natur, sondern auf der Beihilfe der Hölle." Goethes Faust bedient sich der weißen Magie, während Marlowes Faust sich von Anfang an der schwarzen Magie verschrieben hat.

384 **Schau alle Wirkenskraft und Samen** Semina rerum (lat.): die Samen, die Keime, der Kern aller Dinge – nach der Lehre der Alchimie.

404 f. **Den, bis ans hohe Gewölb hinauf, / Ein angeraucht Papier umsteckt** Der Wortlaut dieser Stelle im *Urfaust*: Und bis ans hohe Gewölb hinauf / Mit angeraucht Papier umsteckt – beschreibt die Situation klarer.

420 **Nostradamus** Den Namen des französischen Astronomen und Gelehrten Michel de Nôtredame (1503–1566) kannte Goethe aus Gottfried Arnolds *Kirchen- und Ketzerhistorie*, einer 1740 erschienenen „ketzerfreundlichen" Kirchengeschichte, die er in seinen Frankfurter Jugendjahren gelesen hatte. Hinter dem Namen des Nostradamus verbergen sich hier die Geisterlehren, die Emanuel Swedenborg (1688–1772) in seinem großen Werk von den „himmlichen Geheimnissen" (*Arcana coelestia*) entwickelt hat.

v. 430 **das Zeichen des Makrokosmus** Makrokosmos (griech.): die große Ordnung, das Weltall. Ihm entspricht als kleine Ordnung oder Mikrokosmos der Mensch. Die magischen Entsprechungen zwischen den beiden „Ordnungen" hat man damals geometrisch aufgezeichnet; Bücher mit solchen Konstruktionen entstanden noch im 18. Jahrhundert. Das Zeichen des Makrokosmos hatte Goethe gefunden in einem „magisch-kabbalistischen" Werk von Welling, das 1760 in zweiter Auflage erschienen war. Über den Menschen als Abbild des Makrokosmos im Kleinen schreibt Welling: „dass also der Mensch, die kleine Welt, die einzige Versammlung ist dieses ganzen Universi, der großen Welt, darinnen alle ihre Ausgeburten, so unzählbare Formen und Gestalten, wiederum vereiniget zusammenkommen."

Und von Franciscus Mercurius von Helmont war 1691 in Hamburg ein Werk erschienen unter dem Titel *Paradoxal-Discourse oder Ungemeine Meinungen von dem Macrocosmo und Microcosmo*, in dem ein Abschnitt von dem „Microcosmo oder Menschen als der kleinen Welt" handelt.

449 f. **Wie Himmelskräfte auf und nieder steigen / Und sich die goldnen Eimer reichen!** Nach dem biblischen Bild von der Jakobsleiter (1. Mose 28, 12), das die mystisch-alchimistische Literatur bereits verwendet hat, um den Kreislauf des Werdens zu veranschaulichen. Goethe entnahm diese Vorstellung aus dem in der vorigen Anmerkung genannten Werk von Helmont, das auch schon die für Goethes späteres Denken entscheidende Lehre von der ewigen Metamorphose durch Polarität und Steigerung entwickelt.

456 **Euch Brüste, wo? / Ihr Quellen alles Lebens ...** Biblisch. Vgl. Jesaja 66, 11.

v. 460 **Erdgeist** Ähnliche Vorstellungen schon in der Naturphilosophie des 16. Jahrhunderts. Vgl. den „archeos terrae" (den Urherrn der Erde) bei Paracelsus und die „anima Terrae" (die Erdseele) bei Giordano Bruno. Aus solchen Vorstellungen schuf Goethe die Gestalt seines Erdgeistes als Verkörperung der „Polarität alles organischen Lebens". – Auch der Erdgeist kann von Faust nicht „begriffen" werden und verlässt ihn wieder; er schickt ihm dafür als dauernden Begleiter Mephisto. So müssen doch wohl die späteren Stellen (Vers 3241 ff. und die betreffenden Stellen in der Prosaszene „Trüber Tag. Feld") verstanden werden. Fragwürdig wird das Verhältnis Erdgeist–Mephisto erst, als bei der Neugestaltung der Dichtung durch die Einführung des „Prologs im Himmel" (um 1800) Mephisto eine neue Rolle zugewiesen wird.

479 **All' meine Sinnen sich erwühlen** Sinnen: alte Pluralform für Sinne. Erwühlen: aufwühlen, hinwühlen.

483 f. **Du hast mich mächtig angezogen, / An meiner Sphäre lang gesogen** Nach Swedenborg saugen manche Geister am Haupt des Menschen. Dass der Mensch an der Atmosphäre (Sphäre) saugt, die jeden Geist umgibt, ist Goethes Erfindung.

490 **Übermensch** Das Wort begegnet zuerst in den theologischen Streitschriften des 17. Jahrhunderts. Herder verwendet es damals gern. Bei Goethe findet es sich auch in dem 1784 entstandenen Widmungsgedicht („Zueignung") zu der Ausgabe seiner Gedichte.

503 **Webe hin und her** Eine der wenigen Stellen, bei der der Wortlaut noch heute umstritten ist. Von den neueren Ausgaben bleibt die Hamburger Ausgabe bei „Webe hin und her", während Beutler die Lesart „Wehe hin und her" vertritt und den Satz auf „im Tatensturm" bezieht. Wir sind hier der Hamburger Ausgabe gefolgt.

555 **In denen ihr der Menschheit Schnitzel kräuselt** Der Menschheit durch Rhetorik etwas vormachen, durch neu frisierte „Schnitzel" (Abschnitte) aus älteren Werken.

583 **Haupt- und Staatsaktion** Auf Wander- und Puppenspielbühnen dargestellte Dramen historischen Inhalts.

584 **pragmatische Maximen** Pragmatisch (griech. pragmatikós = in Geschäften erfahren). Der Praxis dienend. Pragmatische Maximen: hier nützliche Lebensregeln. Ähnliche Anschauungen über die „so genannt pragmatischen Geschichten" vertritt Herder in dem Werk: *Auch eine Philosophie der Geschichte zur Bildung der Menschheit* (1774) und in den *Kritischen Wäldern*.

602 ff. **Fausts zweiter Monolog** *Urfaust* und *Fragment* enden mit dem Auftritt zwischen Faust und Wagner mit Vers 605. Im *Faust-Fragment* folgt – unvermittelt einsetzend – das letzte Viertel aus der Unterhaltung zwischen Faust und Mephisto in der zweiten Studierzimmerszene (Vers 1770 bis 1867), während der *Urfaust* erst mit der Schülerszene wieder einsetzt. – Der mit Vers 606 beginnende zweite Monolog ist erst in der dritten Schaffensperiode entstanden. In dieser Selbstbesinnung werden die eigenen Kräfte und das Verhältnis zum Erdgeist neu durchdacht, das Erdgeist-Erlebnis wird gleichsam kommentiert; und es entspricht der Erfahrung des jetzt 50-jährigen Goethe, dass hier jetzt auch das Gefühl der Sorge Faust ergreift (Vers 644). – Unter dem Anhauch der Sorge wird später der alte Faust erblinden: im letzten Akt des zweiten Teils (Vers 11384 ff.).

618 **Cherub** *(hebr.)* Einer der Erzengel. In der Bibel: Thronträger Jehovas und Wächter vor dem Paradies nach der Austreibung von Adam und Eva.

666 **Den leichten Tag** Die *Faust*-Ausgaben von Max Hecker und Ernst Beutler haben hier die Lesart: den lichten Tag. Wir haben mit der Hamburger Ausgabe die ältere Lesart beibehalten.

690 **Phiole** *(griech.)* Eine bauchige Glasflasche mit langem Hals. Gerät der Alchimisten.

v. 737 **Glockenklang und Chorgesang** Nach einer Tagebuchnotiz hört Goethe am 7. April 1798 (an einem Sonnabend vor Ostern) K. H. Grauns Oratorium *Der Tod Jesu* (kompon. 1755). Am 9. April (Ostermontag) notiert er: „Faust wieder aufgenommen". Aus diesen Tagen vermutlich die Szene mit den Wechselgesängen der Osterliturgie. – Der erste Chorgesang der Engel unter Anlehnung an die alte Osterhymne: Christ ist erstanden, von der Marter Banden. Des sollen wir alle froh sein, Christ will unser Trost sein, Kyrie eleison. Die folgenden Chöre Goethes knüpfen frei an Luk. 24, 34 und Joh. Kap. 20 an.

v. 808 **Vor dem Tor** Fehlt im *Urfaust* und im *Fragment*. Entstanden um 1800. Die Landschaftsschilderung nach Erinnerungen an die Frankfurter Gegend, auf die auch einige Ortsnamen hinweisen.

828 **Schüler** Alte Bezeichnung für den Studenten. Vgl.: Fahrender Schüler, Hohe Schule. Auch die Erwähnung von Bier und Tabak deuten auf den Studenten, ebenso die Anrede „Herr Bruder", die im 18. Jahrhundert unter Studenten üblich war.

878 **Sankt Andreas' Nacht** In der Sankt-Andreas-Nacht des 29. November konnten nach einem alten Volksglauben mithilfe bestimmter Zauberreime, die am Abend vorher gesprochen wurden, die Mädchen ihren Zukünftigen im Schlaf erblicken.

880 **im Kristall** Gemeint ist der Bergkristall, der seit dem späten Mittelalter in der Wahrsagekunst Verwendung fand.

1021 **das Venerabile** *(lat.)* Das zu Verehrende: die Monstranz mit der geweihten Hostie, die in der Prozession mitgeführt wird.

1034 **dunkler Ehrenmann** Ein unbekannter redlicher Mann oder einer, der sich „dunklen" Künsten verschrieben hat? Beide Deutungen werden vertreten.

1038 **Adepten** *(lat.)* adipisci = erlangen. Adepten nannte man die in die antiken Mysterien-Kulte Eingeweihten. Hier: die der Alchimie Kundigen.

1042 ff. **roter Leu, die Lilie, das Brautgemach, die junge Königin im Glas** Zu den Aufgaben der Alchimie gehörte nicht nur die künstliche Gewinnung von Gold, sondern auch die Zeugung des Lebens und die Erlangung des ewigen Lebens. Als „roten Leu" bezeichnet man das männliche Zeugungsprinzip, als „weiße Lilie" das weibliche, die Retorte ist das „Brautgemach", „die junge Königin im Glas" der Urstoff, den man gewinnen wollte. Vgl. die Schilderung der alchimistischen Versuche Goethes im 8. Buch von *Dichtung und Wahrheit*.

1050 **Latwerge** Aus dem spätlat. electuarium: aus verschiedenen Substanzen zusammengekochtes dickflüssiges Heilmittel. Vgl. Elixier! (nach Beutler).

1108 **Pergamen** *(lat.):* charta pergamena. Neben der schon im Mittelhochdeutschen üblichen Form auf „t" ist auch im 18. Jahrhundert die Form Pergamen noch gelegentlich in Gebrauch.

1122 **Zaubermantel** Den hier erwähnten Zaubermantel besitzt der Faust der Sage. Bei Goethe wird er später von Mephisto verwendet (Vers 2065).

1177 **Skolar** Alte italienische Bezeichnung für Student. Vgl. später: Skolast (Vers 1324).

1224 **Im Anfang war das Wort** Anfang des Johannes-Evangeliums nach Luthers Übersetzung. In dem griechischen Text steht: Im Anfang war der „Lógos". Lógos bezeichnet in der griechischen Philosophie den Weltgeist, das Weltgesetz, die Weltvernunft. Das christliche Denken meint mit lógos Gott und Christus (den Fleisch gewordenen Gott).

1258 **Salomonis Schlüssel** Die *Clavicula Salomonis* ist eines der seit dem 16. Jahrhundert immer wieder gedruckten Zauberbücher, die angeblich auf Salomo zurückgehen. Die halbe Höllenbrut sind die Elementargeister.

1260 **haußen** Mhd. hûzen. Alte, schon bei Luther häufige Form für draußen. Vgl. auch Zeile 1879: hieraußen.

1273 ff. **Salamander, Undene, Sylphe, Kobold** Die Elementargeister nach Paracelsus. Der angeblich unverbrennbare Salamander vertritt den Feuergeist, die Wassergeister sind die Undinen, die Luftgeister die Sylphen und die Erdgeister die Kobolde (oder Wichtelmännchen).

1290 **Incubus** *(lat.)* Eigentlich ein teuflischer Quälgeist, der nachts den Menschen besucht (Albdruck). Hier: Bezeichnung für einen Kobold oder irdischen Elementargeist.

1300 **dies Zeichen** Das Zeichen des Gekreuzigten: ein Kruzifix oder die Inschrift INRI.

1319 **Das dreimal glühende Licht** Das Zeichen der Heiligen Dreifaltigkeit.

1334 **Fliegengott** Übersetzung des hebräischen Beelzebub (2. Könige 1, 2).

Verderber und Lügner Biblische Bezeichnung für den Teufel. Vgl. Joh. 8, 44.

1347 **die kleine Narrenwelt** Zu der Vorstellung vom Menschen als der kleinen Welt vgl. Vers 1802 und Anm. v. Vers 430 (Makrokosmus).

1349 **Ich bin ein Teil des Teils …** Vgl. zu diesen Gedanken über das Werden der Welt Goethes Darstellung seines ersten Weltbildes (1770) im 8. Buch von *Dichtung und Wahrheit*.

1368 **Geruhig** Diese Form für ruhig wurde schon damals ungebräuchlich.

1395 **Drudenfuß** Drude (mhd. trûte) – Unholdin. Der Drudenfuß entspricht dem Pentagramm, einem fünfzackigen Stern. Das alte orientalische Zeichen wird durch die Deutung der fünf Zacken als Buchstaben des Namens Jesu zum heiligen Zeichen gegen den bösen Geist.

1423 **gute Mär** Das Wort „Mär" für Kunde schon bei Luther. Bekannt aus dem Weihnachtslied *Vom Himmel hoch …*

1452 f. **Wären die dunkeln / Wolken zerronnen** So sind denn die dunkeln Wolken zerronnen.

1482 **Genügen** Urspr.: die Genüge: eine hinreichende Menge, die Fülle – aber auch die dadurch bewirkte Befriedigung, die Genugtuung. Buchwald zitiert dazu eine späte Briefstelle: „Möge die edle Genüge, aus dem Anschauen eines anerkannten Verdienstes entspringend, Sie in höheren Jahren erquicken." (Brief vom 14. Nov. 1827). Vgl. auch V. 1738!

1490 **Gauklend** Ebenso wie „dauren" und „wandlen" auch vom späten Goethe in der gehobenen Sprache verwandt.

1516 f. **Der Herr der Ratten …** Nach einer Schrift, die Goethe auch als Quelle zur Walpurgisnacht benutzte (Erasmus Francisci, *Höllischer Proteus*, 1708).

v. 1530 **Studierzimmer** Diese Studierzimmerszene, in der Faust den Teufelspakt eingeht, fehlt im *Urfaust* und im *Fragment*, das erst mit Vers 1770 (*Fragment*, Vers 249) wieder einsetzt. Entstehungszeit: die Jahre der Freundschaft mit Schiller.

1544 **In jedem Kleide werd ich wohl die Pein …** Zu der tiefen Resignation Fausts an dieser Stelle hat man hingewiesen auf Goethes Stimmung während seiner schweren Krankheit im Jahre 1801.

1559 **Krittel** Wort der Umgangssprache, das hier zum ersten Mal in der Literatur erscheint.

1562 f. **Auch muss ich, wenn die Nacht sich niedersenkt, / Mich ängstlich auf das Lager strecken …** Vgl. zu dieser Stelle Hiob 7, 13–16.

1583 **Wenn aus dem schrecklichen Gewühle …** Hier: wenn auch, obgleich.

1604 ff. **höchste Liebeshuld, Hoffnung, Glaube, Geduld** Die christlichen Haupttugenden: amor dei, spes, fides, patientia. Zu „amor dei" vgl. Anm. zu V. 1185 (Die Liebe Gottes).

1607 **Geisterchor** Verschieden gedeutet: als gute Geister, als böse Geister im Dienste Mephistos, als Naturgeister und als „innere Stimme des Lebens".

1692 **Werd ich beruhigt je mich auf ein Faulbett legen …** Goethe setzt an die Stelle des alten Teufelspaktes die Wette, die Faust dem Teufel vorschlägt. Ihre Bedingungen führen schließlich zu Fausts Rettung. „Es ist eine der vielen Merkwürdigkeiten der Faustdichtung, dass sie, trotzdem ihre ganze Entwicklung von dem dramatischen Knoten der Wette ideell zusammengehalten wird, diese Wette im weiteren Verlaufe überhaupt nicht mehr erwähnt …" (H. A. Korff).

1748 **Des Denkens Faden ist zerrissen** Der Faust des *Volksbuches* verlangt von Mephisto zunächst Belehrung über alle möglichen Wissenschaften, an deren Lebenswert Goethes Faust schon nicht mehr glaubt; er will jetzt das ganze Leben ausschreiten und wird auch dabei ohne Erfüllung bleiben – als Liebender, als Künstler und schließlich als Herrscher.

1770 **Menschheit** Hier vielleicht in der älteren Bedeutung Menschenwesen, Menschsein.

1796 **Des Nordens Dau'rbarkeit** Die Beständigkeit des Nordländers. Norde für Nordländer auch sonst bei Goethe („fleißig, wie es einem Norden geziemt" – an Anna Amalie, 13. Oktober 1788). Hecker und Beutler verbesserten die ältere Version in „des Norden Dau'rbarkeit", um so ein Missverständnis auszuschließen.

1808 **Socken** Lat. soccus. (Daher unser Wort: Socke.) – Ursprünglich eine leichte griechische Fußbekleidung. Bei den Römern: ein Frauenschuh und der niedrige Schuh des Schauspielers in der Komödie, im Gegensatz zu dem hohen cothurnus des Tragöden. Goethe meint hier den hohen Kothurn!

1829 **Und grad mit in die Welt hinein!** Urspr. Fassung vielleicht: grad mitt' in die Welt hinein (mitten in die Welt). (Anm. der Hamburger Ausgabe).

1830 **spekulieren** Hier so viel wie: sich in überflüssigen Grübeleien ergehen, philosophieren.

1861 **Unbedeutenheit** Auch sonst bei Goethe. Gebildet nach den Formen: Unbefangenheit, Belesenheit.

1862 **Er soll mir zappeln …** Die frühe Fassung dieser Stelle (bis Vers 1865), die Goethe unverändert ließ, steht im Widerspruch zu den Bedingungen der Wette (in den Versen 1692 bis 1706).

v. 1868 **Schülerszene** Schon im *Urfaust* vorhanden. Wir können nur ganz allgemein darauf hinweisen, wie hier überall Goethes eigene Erfahrungen als Student in Leipzig und Straßburg zugrunde liegen.

1911 **Collegium Logicum** Als Vorstufe für die theologische juristische und medizinische Fakultät musste der Student, der mit 15 oder 16 Jahren die mittelalterliche Universität bezog, eine drei- bis vierjährige Grundausbildung in den „artes liberales" (der späteren philosophischen Fakultät) durchmachen, zu der auch die Logik gehörte. Im 6. Buch von *Dichtung und Wahrheit* schreibt Goethe über seine Leipziger Studentenzeit: „In der Logik kam es mir wunderlich vor, dass ich diejenigen Geistesoperationen, die ich von Jugend auf mit der größten Bequemlichkeit verrichtet, so auseinander zerren, vereinzelen und gleichsam zerstören sollte, um den rechten Gebrauch derselben einzusehen."

1913 **spanische Stiefel** Ein Folterwerkzeug, das die Glieder mit eisernen Schienen durch Schrauben zusammenpresst.

1940 **Encheiresin naturae** Encheiresis naturae (Handgriff der Natur) ist ein Begriff des Botanikers und Chemikers J. R. Spielmann, den Goethe in Straßburg hörte. Spielmann bezeichnete damit ein unerforschliches Verfahren der Natur, das der Mensch nicht nachvollziehen kann; er kann die organischen Stoffe wohl zerlegen, aber nicht wieder verbinden: dafür fehlt ihm die Kenntnis der „Handgriffe" der Natur.

1949 **Metaphysik** Die Lehre von den letzten Gründen des Seins. Der Name bezeichnet ursprünglich die in der Reihe der Werke des Aristoteles „nach der Physik" stehenden Bücher, in denen er die „erste Philosophie" oder die „Wissenschaft von den ersten Prinzipien und Ursachen" behandelt.

2045 **Stammbuch** Stammbücher mitzuführen, war noch im 18. Jahrhundert eine unter den Studenten allgemein übliche Sitte.

2048 **Eritis sicut Deus, scientes bonum et malum** *(lat.)* Und werdet sein wie Gott, und wissen, was gut und böse ist (1. Mose 3, 5).

2052 **die kleine, dann die große Welt** Die bürgerliche, dann die höfische Welt (des Kaiserhofes!).

2054 **den Cursum durchschmarutzen** Den Lehrgang durchschmarotzen, umsonst durchmachen.

2065 **Mantel** In dem *Volksbuch* ist Faust im Besitze des Zaubermantels. Vgl. Anm. zu V. 1122.

2069 **Feuerluft** Anspielung auf die 1782 erfundene Montgolfiere, einen durch erhitzte Luft gehobenen Ballon.

v. 2073 **Auerbachs Keller** Drei Schwänke aus dieser Szene: der Wein spendende Tisch, die verzauberten Trinker, der Fassritt – sind schon durch die Volksbücher überliefert.

Im *Urfaust* steht die Szene bis auf die Eingangsverse und die Lieder noch in Prosa.

Auerbachs Keller ist der einzige historisch genau bezeichnete Ort der Goethe'schen Faustdichtung. Von Goethe während seiner Studienzeit in Leipzig häufig besucht. Bis 1930 gab es dort die alten Wandbilder aus dem Jahre 1625, die Faust an der Tafel der Studenten darstellten und seinen Fassritt zur Kellertür hinaus. Die Messe- und Universitätsstadt Leipzig galt wegen ihres eleganten Lebens damals als „Klein-Paris".

Auf die Anführung der Belege für die Studentenscherze (Papstwahl) und die Anklänge der Lieder an alte Volkslieder, die man nachgewiesen hat, haben wir verzichtet.

2082 **Runda** Alter Kehrreim: Rundadinella; dann auch Ausdruck für Trinklied.

2180 **ich schraube sie** Schrauben, hier: Zum Besten haben, hochnehmen.

2189 f. **Herr Hans von Rippach** Hans Ars war zu Goethes Zeiten der Name des Dorfwirtes zu Rippach bei Weißenfels – dem Ort des letzten Pferdewechsels auf der Fahrt zwischen Frankfurt und Leipzig. Damals eine Spottfigur der Leipziger Studenten (Beutler).

2191 **Heut sind wir ihn vorbeigereist** Vorbeireisen ebenso wie vorbeigehen auch sonst bei Goethe häufig mit Akkusativ.

2207 ff. **Das Flohlied** Das Flohlied ist nach Beutler – in Anlehnung an die früher häufigen Scherzlieder über dieses Thema – vielleicht zur Zeit der Einladung Goethes nach Weimar entstanden, als der bürgerlich gesinnte Vater ihn vor dem Hof warnte: „Willst du die Not des Hofes schauen: Da wo dich's juckt, darfst du nicht krauen!" (*Dichtung und Wahrheit.* 15. Buch).

2269 **moussieren** *(franz.)* Schäumen, besonders von Schaumweinen und kohlensaurem Wasser.

2284 **Trauben trägt der Weinstock ...** In Anlehnung an alte Kinderreime (Der Weinstock trägt Reben, Reben trägt der Weinstock, Hörner hat der Ziegenbock usw.).

v. 2337 **Hexenküche** Begonnen im Frühjahr 1788 in Rom, im Garten der Villa Borghese. Humoristische Darstellung nach landläufigen abergläubischen Vorstellungen, ohne eingehende literarische Studien wie bei der Walpurgisnacht. Ein Versuch, sich „in der römischen Schönheitswelt zu dem nordisch düsteren Fauststoff zurückzuzwingen" (Witkowski).

2392 **Wir kochen breite Bettelsuppen** Spott auf die deutsche Literatur der Zeit. „Eine Bettelsuppe, wie sie das deutsche Publikum liebt" (Goethe über ein neues Buch an Schiller – 26. Juli 1797).

2394 **O würfle nur gleich ...** Schon zu Goethes Zeiten gab es in Italien ein staatliches Lotto, das der Spielleidenschaft des Volkes entgegenkam.

2419 **Sieh durch das Sieb ...** Weissagen durch das Sieb kannte schon die Antike. Ähnliche Vorstellungen im deutschen Volksaberglauben.

2450 ff. **O sei doch so gut, / Mit Schweiß und mit Blut / Die Krone zu leimen!** Anspielung auf die Französische Revolution.

2491 **Eure beiden Raben** Die Raben waren die Boten Wotans und werden später die Begleiter des deutschen Teufels.

2497 **Das nordische Phantom** So bezeichnet Goethe sonst auch den deutschen Faust (an Schiller, 5. Juli 1797).

2518 **Nun sagt, ihr Herren, was ihr schafft** Schaffen hier in der oberdeutschen Bedeutung: befehlen.

2575 **ein ganzes Chor** Chor damals noch gemein als Neutrum. Vgl. die Verse 3992 und 4331.

2577 **Sibylle** Sibyllen sind antike Seherinnen, deren Weissagungen später in Orakelbüchern gesammelt wurden und auch noch das Mittelalter beschäftigt haben – als Vorausdeutungen auf die Geschichte des Christentums. Bekannteste Darstellung in Michelangelos Sixtinischer Decke.

2590 **Walpurgis** Die aus England gebürtige heilige Walpurgis – eine Base des hl. Bonifatius – ist 779 als Äbtissin von Heidenheim in Mittelfranken gestorben. Ihr Gedächtnistag ist der 1. Mai, der Tag der Überführung ihrer Gebeine nach Eichstädt in Bayern. – Das in der Nacht vom 30. April zum 1. Mai gefeierte alte heidnische Frühlingsfest kam später als Hexenveranstaltung in Verruf und wurde nach dem Termin als Walpurgisnacht bezeichnet.

v. 2605 **Straße** Die mit dieser Szene beginnende Gretchentragödie steht schon im *Urfaust* – mit Ausnahme der drei Szenen: Wald und Höhle (die zuerst das *Fragment* bringt), Valentins Tod und Walpurgisnacht (beide erst in der vollständigen Ausgabe der Tragödie von 1808).

Für die Gretchentragödie gibt es in der Faustsage kein Vorbild, denn die von Pfister überlieferte Geschichte einer schönen armen Magd hat nur die Bedeutung einer Episode.

2605 **Fräulein** War im 16. Jahrhundert noch die Anrede für unverheiratete adelige Damen. Das bürgerliche Mädchen redete man mit Jungfer oder Jungfrau an.

2619 **Dirne** Hier noch in der alten Bedeutung (maget, Mädchen) ohne verächtlichen Nebensinn.

2628 **Hans Liederlich** Durch die Verbindung mit dem (im 16. Jahrhundert häufigen) Vornamen Hans wird das Attribut zum charakterisierenden Eigennamen. Vgl. auch die Bezeichnungen Hans Narr, Hans Hasenfuß.

2633 **Magister Lobesan** Auch hier wird das nachgestellte Attribut ein charakterisierender Eigenname für den pedantischen Gelehrten.

2650 **Brimborium** *(franz.)* Eigentlich Lumperei. Hier: umständliche kleine Bemühungen.

2652 **welsche Geschicht** Erzählungen von Verführungen in den alten italienischen Novellen.

2654 **ohne Schimpf** Schimpf im 16. Jahrhundert noch gleichbedeutend mit Scherz.

v. 2678 **Margarete** In der Regel wird in den heiteren Szenen die volle Form Margarete, in den tragischen die Kurzform Gretchen verwendet.

2699 **der heil'ge Christ** Bei Goethe auch sonst als Bezeichnung für das Weihnachtsgeschenk.

2711 f. **Natur! hier bildetest in leichten Träumen / Den eingebornen Engel aus!** Verschieden gedeutet: Witkowski: eingeboren, von Geburt an innerlich vorhanden. W. verweist auf Vers 1092 (doch ist es jedem eingeboren) und auf eine Stelle bei Herder. – Hamburger Ausgabe: Die Natur bildete leicht, traumhaft das aus, was Gretchen von Geburt an wesenseigen war. – Beutler: Eingeborener Engel, nach dem Text des Credo seit dem Konzil von Nicäa im Jahre 325: Christus unigenitus, nur einmal erzeugt, ähnlich wie „Du Ohnegleiche" V. 12035 und 12070 (in *Faust II*).

2759 **der König in Thule** Als „Ultima Thule" bezeichneten die Römer in Geografie und Dichtung die nördlichste Insel der damals bekannten Welt. – Goethes Gedicht entstand im Sommer 1774, frei erfunden im Geiste alter Volksballaden. In der Sammlung der Goethe'schen Gedichte hat die dritte Strophe eine abweichende Fassung, die die Cotta'sche Jubiläums-Ausgabe auch für den Faust übernimmt:

Und als er kam zu sterben,
Zählt' er seine Städt' und Reich',
Gönnt' alles seinen Erben,
Den Becher nicht zugleich.

2826 **Himmels-Manna** Manna (arabisch-griech., lat.): Der rötliche Saft des Strauches tamarix mannifera. In der Bibel Notspeise der Israeliten in der Wüste Sinai.

2862 f. **So ein verliebter Tor verpufft / Euch Sonne, Mond und alle Sterne ...** Nach Walther von der Vogelweide: Möhte ich ir die sternen gar, / Mânen und sunnen, / Z'eigene hân gewunnen, / Daz waer ir.

v. 2865 **Der Nachbarin Haus** Für die Figur der Marthe Schwerdtlein und für den ins Publikum gesprochenen Monolog hat man verwiesen auf Hans Sachs: *Der fahrend Schuler im Paradeis*.

2868 **Und lässt mich auf dem Stroh allein** Als Strohwitwe: ein Wort, das erst in der zweiten Hälfte des 18. Jahrhunderts nachweisbar ist, gebildet vermutlich in Anlehnung an die Bezeichnung „Strohbraut" (keine rechte Braut).

2872 **Totenschein** Anachronismus – ebenso wie das „Wochenblättchen" in Vers 3012.

2890 **Wo man's so nach und nach den Leuten sehen lässt** Der Dativ bei „lassen" ist eigentlich ein Gallizismus; aber damals in der Sprache der Gebildeten noch allgemein üblich.

2926 **heiliger Antonius** Die Gebeine des 1231 in Padua verstorbenen hl. Antonius ruhen dort in der ihm zu Ehren errichteten und nach ihm benannten Grabkirche, einem riesigen Bau mit sieben Kuppeln, der erst 1424 vollendet wurde.

2933 **Schaustück** Schaumünze, Medaille, die damals auch als Schmuck getragen wurde.

2974 **ein türkisch Fahrzeug** Die Raubkriege zwischen türkischen und christlichen Schiffen dauerten bis ins 18. Jahrhundert.

2982 **Napel** Die altertümliche Form in Anlehnung an das „mal de Naples". Die vielleicht aus Amerika eingeschleppte venerische Seuche hat sich bei der Belagerung von Neapel durch Karl VIII. von Frankreich (1495) zuerst gezeigt (Beutler).

3037 **Sancta Simplicitas** *(lat.)* Heilige Einfalt: ein dem Johannes Huß zugeschriebener Ausruf auf dem Scheiterhaufen, als er eine alte Frau eifrig Scheite herbeitragen sah.

3050 **Sophist** *(griech.)* Bezeichnet ursprünglich den Weisheitslehrer, der in den Wissenschaften und in der Philosophie und Rhetorik unterrichtet. Durch den Missbrauch der Rhetorik zu einer formalen Überredungskunst kommen die Sophisten später in Verruf; Sokrates und Plato bekämpfen sie wegen ihrer falschen Künste, Aristophanes verspottet sie.

3081 **Inkommodiert** *(franz.)* Eigentlich: belästigen. Hier: sich eine Mühe machen.

3098 **Ihr habt der Freunde häufig** Häufig: hier noch in der ursprünglichen Bedeutung des Haufens oder der Menge. Viele Freunde; haufenweise.

3155 f. **Ein eigner Herd, / Ein braves Weib sind Gold und Perlen wert** Das alte Sprichwort „Eigner Herd ist Goldes wert" ist hier verbunden mit dem Bibelspruch: Wem ein tugendsam Weib bescheret ist, die ist viel edler denn die köstlichen Perlen (Sprüche Sal. 31, 10).

3174 **Mit dieser Dirne gradehin zu handeln** Handeln hier: verfahren, umspringen, sich abgeben.

3176 **begonnte** Ältere schwache Form, die sich bis ins 18. Jahrhundert hinein neben der starken als gleichberechtigt erhalten hat.

3198 **Es ist, als hätte niemand nichts zu treiben** Alte doppelte Verneinung. Vgl. auch die Verse 3488 und 3695 f. Häufiger noch im *Urfaust*.

v. 3205 **Ein Gartenhäuschen** „Eines der ganz kurzen Bilder, die Goethe in seiner Jugend im Drama liebte, wie die Szene ‚Nacht. Offen Feld' und viele Szenen im *Urgötz*."

Aus der anderen Fassung von Vers 3206 im *Urfaust* (Bester Mann schon lange lieb ich dich – anstelle des späteren: von Herzen lieb ich dich) meint man hier einen zeitlichen Abstand zu der vorigen Szene annehmen zu müssen.

v. 3217 **Wald und Höhle** Von dieser Szene sind im *Urfaust* nur die Verse 3342 bis 3369 vorhanden. Sie stehen dort im Anschluss an Valentins Monolog. Im *Fragment* schon die ganze Szene; sie hat hier ihren Platz zwischen der Brunnenszene und der Domszene. Entstehungszeit: zwischen 1787 und 1789.

3217 **Erhabner Geist** Wenn damit der Erdgeist gemeint ist, wäre Mephisto diesem untertan (Du gabst zu dieser Wonne … mit den Gefährten – Vers 3241 ff.). Dieses Verhältnis Erdgeist – Mephisto wäre mit der ersten Konzeption der Faustdichtung (*Urfaust* und *Fragment*) durchaus vereinbar, widerspricht aber der späteren Auffassung nach der Einführung des Prologs im Himmel. Goethe hat diese Unstimmigkeit stehen lassen, weil solche Fragen der Rangordnung im Geisterreich ihm unwesentlich erschienen. In der Faustliteratur wird diese Stelle ausführlich diskutiert.

3268 **Kribskrabs der Imagination** Kribskrabs zusammengezogen aus Kribbes Krabbes, lautmalend für wirres Geschreibe oder Gekritzel. Imagination (lat.): Innere Anschauung oder Vorstellung, Einbildung, Fantasie.

3291 **Intuition** *(griech.)* Philosophischer Begriff. Unmittelbare Erkenntnis durch Anschauung und Einsicht, geistige Anschauung, Wesensschau – im Gegensatz zu der Erkenntnis, die durch schrittweises Beobachten, durch Abstraktion und durch Reflexion gewonnen wird.

3334 f. **Leib des Herrn** Die Hostie bei der Kommunion nach der Messe.

3336 f. **Ich hab Euch oft beneidet / Ums Zwillingspaar, das unter Rosen weidet** Vgl. das Hohe Lied 4, 5: Deine zwo Brüste sind wie zwei junge Rehzwillinge, die unter den Rosen weiden.

v. 3374 **Gretchens Stube** Gretchens Monolog in der Form eines Volksliedes mit drei sich wiederholenden Strophen. Diesem lyrischen Monolog entsprechen Fausts Monologe in der vorigen Szene, „mit großartigen Blankversen" beginnend und mit dem „schwankenden Gefüge der Madrigalverse" endend (Anm. der Hamburger Ausgabe). Beutler weist hin auf den Kontrast zwischen der Unruhe in diesem Lied und der Ruhe und Festigkeit im „König in Thule", das Gretchen sang, um die Furcht zu bannen.

v. 3414 **Marthens Garten** Fausts pantheistisches Gottesbekenntnis ist zu verstehen als ein Bekenntnis des verjüngten Faust; es ist in gewisser Weise auch das Bekenntnis des Sturm und Drang. Es spricht sich aus in freien Rhythmen; erst mit Gretchens Worten setzen wieder gleichmäßig gebaute, vierteilige Reimverse ein (Anm. der Hamburger Ausgabe). Man hat zu dem Bekenntnis Fausts an dieser Stelle auch Kestners Aufzeichnungen über den jungen Goethe in Wetzlar (1772) herangezogen: er sei zurückhaltend bei Gegenständen der Religion, wolle niemand darin stören, gehe nicht in die Kirche noch zum Abendmahl, halte mehr vom Gefühl der Wahrheit als von ihrer Demonstration, hege Hochachtung vor dem Christentum, doch nicht in Gestalt der Theologie.

3490 **Dass er nicht mag eine Seele lieben** Mögen hier in der alten Bedeutung: können, vermögen.

3521 **Der Grasaff** Frankfurter Dialektwort für ein Kind im Spielalter. Vgl. affenjunges Blut (Vers 3313).

3523 **katechisieren** *(griech.)* Katechese: die sokratische Unterrichtsmethode durch Frage und Antwort. Für das christliche Glaubensbekenntnis durchgeführt im „Katechismus".

3556 **Kurtesiert** Ein im 18. Jahrhundert allgemein übliches Wort. Nach dem franz. courtoiser: den Hof machen, umschmeicheln.

3576 **Häckerling** Häcksel, die statt der Blumen gestreut wurden. Dazu hing man dann noch zum Schimpf einen Strohkranz ans Haus.

3584 **Und bin nun selbst der Sünde bloß!** Verschieden gedeutet: Wehrlos der Sünde ausgeliefert – oder: in meiner Sünde entblößt.

v. 3587 **Zwinger** Schon seit dem 14. Jahrhundert bezeichnet man als Zwinger den engen, eingezwängten Bereich zwischen den letzten Häusern und der Stadtmauer bzw. zwischen der inneren und der äußeren Ringmauer.

Mater dolorosa *(lat.)* Schmerzensmutter. Vgl. die folgende Anmerkung!

3587 ff. **Gretchens Gebet** Die Lukasstelle 2, 35: Und es wird ein Schwert durch deine Seele dringen – gab das Thema für die berühmte Hymne des Jacopone da Todi (1240–1302):

Stabat mater dolorosa	Unterm Kreuz die schmerzensreiche
Juxta crucem lacrimosa	Mutter stand, die tränenreiche,
Dum pendebat filius.	Als ihr Sohn am Kreuze hing.
Cuius animam gementem	Durch ihr Herz, das qualgeübte,
Contristatam et dolentem	Schmerzzerrissne und betrübte
Pertransivit gladius	Tief das Schwert der Leiden ging.
	(Übersetzung von Friedrich Wolters)

Motive aus dieser Hymne und aus einer ähnlichen in den Anfangsstrophen von Gretchens Gebet!

v. 3620 **Nacht** Im *Urfaust* sind nur die ersten Verse (bis 3659) vorhanden. Das Folgende entstand zwischen 1800 und 1806. Der Name Valentin aus Shakespeares *Hamlet* (IV, 5). Weitere Anklänge an Shakespeare in dieser Szene verzeichnen die folgenden Anmerkungen.

3644 **zusammenschmeißen** Schmeißen für schlagen auch sonst beim jungen Goethe.

3650 **Wie von dem Fenster dort der Sakristei** Nach der Balkonszene in Shakespeares *Romeo und Julia* (II, 2 Hamburger Leseheft Nr. 128).

3669 **Löwentaler** Eine seit 1609 bestehende alte holländische Silbermünze, vor allem für den Levantehandel hergestellt. Beide Seiten der Münze zeigen das niederländische Wappen mit dem Löwen im Schild.

3682 **Was machst du mir ...** Der Gesang Mephistos ist eine freie Nachbildung des Liedes der Ophelia im *Hamlet* (nach Schlegels Übersetzung!) von dem Mädchen, das am Morgen des Valentinstages (14. Februar) den Mann besucht, der sie dann verstößt.

3699 **Vermaledeiter Rattenfänger** Verdammter Rattenfänger. Nach Mercutios Worten in der Fechtszene in Shakespeares *Romeo und Julia* (III, 1). Vgl. auch Anm. zu V. 3763.

3706 **Flederwisch** Spöttische Bezeichnung für einen leichten Degen. Eigtl.: abgeschnittener Gänseflügel (zum Staubwischen).

3715 **Blutbann** Das Gericht über Leben und Tod, dessen Urteile im Namen Gottes (!) gefällt wurden.

3756 **Sollst keine goldne Kette mehr tragen** Eine alte Frankfurter Polizeiverordnung verbot Buhldirnen das Tragen von Samt und Seide und von goldnen Ketten.

3762 **Und, wenn dir dann auch Gott verzeiht** Abweichende Lesart bei Beutler: denn statt dann – nach dem Text der Weimarer Ausgabe, der in der Cotta'schen Jubiläums-Ausgabe nach der Handschrift geändert wurde.

v. 3776 **Dom. Amt** Amt bezeichnet in der katholischen Kirche ganz allgemein das Hochamt. Es wird hier unbestimmt gelassen, wem die Feier gilt – im Gegensatz zu der genauen Angabe des *Urfaust*: Exequien der Mutter (Totenamt der Mutter).

Böser Geist Er spiegelt zugleich die innere Stimmung Gretchens – ähnlich wie der Erdgeist in der Szene Wald und Höhle Fausts Empfindungen ausspricht. Vgl. Anm. zu V. 3217 (Erhabner Geist).

3787 f. **deiner Mutter Seele, die / Durch dich zur langen, langen Pein hinüberschlief** Die Mutter starb durch das Schlafmittel ohne Empfang der Sterbesakramente, und ihre Seele ist nach der Meinung des gläubigen Gretchen jetzt dem Fegefeuer ausgesetzt.

3797 **Wider mich** Unwillkürlich, ohne meinen Willen – oder mich vernichtend (wie Beutler meint)?

3798 **Dies irae, dies illa …** Die mit diesen Versen beginnende Hymne des Chores vom Tag des Jüngsten Gerichts wird noch heute in der katholischen Kirche als Totenmesse gesungen. Als ihr Verfasser gilt Thomas von Celano (gest. nach 1250), einer der ersten Anhänger des hl. Franciscus von Assisi, dessen Leben er später beschrieben hat. Goethe hat aus den zwanzig Strophen des lateinischen Textes die erste (ohne den letzten Vers), die sechste und die siebente ausgewählt. Die lateinischen Verse lauten in deutscher Prosaübersetzung etwa:

Tag des Zornes, der die Welt in Asche legen wird.

Wenn dann der Richter erscheint, wird das Verborgene offenbar, und nichts wird ungesühnt bleiben.

Was soll ich Elender dann sagen? Wen als Fürsprecher anrufen, wo kaum der Gerechte sicher ist?

Eine freie Vers-Nachdichtung hat Friedrich Wolters versucht:

Tag des Zornes, Tag wo stieben
Welten hin zu Schutt zerrieben
(Wie Sibyll und David schrieben.)
Setzt der Herr sich zu Gerichte,
Was verborgen, drängt zum Lichte,
Ungesühntes zum Beschwichte.
Was soll ich Bedrängter sagen
Welchen Schützer mir erfragen,
Wenn Gerechte fast verzagen.

3800 **Grimm fasst dich!** In den hier beginnenden Versen hat Goethe andere Stellen aus der Hymne (*Dies irae*) frei wiedergegeben, vor allem die Strophen 3 und 4.

3834 **Fläschchen** Als Mittel gegen die Ohnmacht bediente man sich im 18. Jahrhundert des Riechfläschchens.

v. 3835 **Walpurgisnacht** Die Szene fehlt im *Urfaust* und im *Fragment*. Entstanden zwischen 1797 und 1805 – zum größten Teil im Winter 1800/1801. Zu den Quellen, die Goethe benutzte, gehören das bereits erwähnte Werk von Erasmus Francisci (*Der höllische Proteus*) und das 1669 in Leipzig gedruckte Hexenbuch *Blockes-Berges Verrichtung* von Johannes Praetorius, der 1680 als Magister in Leipzig gestorben ist und auch über andere Gestalten der Volkssage und des Volksaberglaubens (Rübezahl, Tannhäuser u. a.) viel gelesene Werke geschrieben hat.

Zu „Walpurgisnacht" vgl. Anm. zu V. 2590 (Walpurgis). Die Szene ist im Aufbau der Höhepunkt des ersten Teils. „Dichterisch hat die Walpurgisnacht … ihre Stärke in den Lyrismen, wie ja überhaupt der ganze 1. Teil in erster Linie eine Kette lyrischer Monologe und Dialoge ist; die dramatischen Konflikte liegen zumeist zwischen den Szenen." (Beutler).

3855 **Irrlicht** Als Flämmchen aus dem Sumpfboden aufsteigend – ein irreführender Dämon des Volksaberglaubens. Erscheint als magische Gestalt auch in Goethes Märchen von 1795 (Trunz).

3879 **die langen Felsennasen** Die Felsen bei Schierke. Zwei davon heißen die „Schnarcher".

3899 **Polypenfasern** Polypen: Im Wasser lebende Hohltiere, deren „Mund" von langen Fangarmen umgeben ist.

3915 **Mammon** Hier das Gold als Bereich und Mittel des Teufels. Bei Pfitzer (*Faustbuch*) ein Teufelsfürst. Bei Milton baut Mammon für Satan einen von feurigen Goldadern durchglühten Palast.

3959 **Herr Urian** Wort unbekannter Herkunft. Bezeichnet seit dem 17. Jahrhundert einen unbekannten Gast, der zur Unzeit erscheint. Beschönigend für den Teufel.

3962 **Baubo** Hier die Anführerin der Hexen. Ursprünglich eine mit der griechischen Erdgöttin Demeter gemeinsam verehrte Naturgottheit. Nach der griechischen Sage bewirtet sie die über den Raub ihrer Tochter verzweifelt umherirrende Demeter und versucht sie durch derbe Zoten zu erheitern.

v. 3978 **Hexenmeister** Die Hexenmeister und ihr Umgang mit Lilith, dem Teufel in Weibsgestalt (succuba), werden in der Überlieferung viel seltener erwähnt als die weiblichen Hexen (Trunz).

Halbes Chor Chor wie auch sonst bei Goethe Neutrum. Vgl. Anm. V. 2575.

3988 **Wir waschen …** Die satirischen Anspielungen dieser Verse (3988–89) und der Verse 3996–99 sind in den Kommentaren ganz verschieden gedeutet worden, die ersten auf die Puristen oder Kritiker, die nächsten auf den Protestantismus oder auf die moderne Wissenschaft.

4010 **Trog** Im Trog fliegende Hexen erwähnen Luther, Prätorius und Pfitzer.

4023 **Junker Voland** Auch Praetorius nennt den Teufel Junker Voland. Voland nach dem mhd. vâlant = Teufel.

4037 **Doch droben möcht ich lieber sein** Wo der Satansdienst der weiblichen Hexen als Höhepunkt der Walpurgisnacht stattfindet, der ursprünglich bei Goethe sehr viel breiter ausgeführt werden sollte.

4072 **Ihr alten Herrn, was macht ihr hier am Ende?** Bei Vers 4091 nach Beutler „Spott auf Zeitgenossen, die Goethe zum Teufel wünscht und deshalb unter sein Gefolge versetzt – so wie Praetorius auch ‚hohe Standespersonen' auf dem Blocksberg anwesend sein lässt".

4088 f. **eine Schrift / Von mäßig klugem Inhalt** Doppelsinnig: Wenig klug – einigermaßen klug.

v. 4092 **Mephistopheles, der auf einmal sehr alt erscheint** Er identifiziert sich hier ironisch mit den Alten!

4119 **Lilith** Adams erste Frau. In der Hexenliteratur häufig erwähnt. Erscheint auch bei Praetorius auf dem Blocksberg. Nach der biblischen Geschichte schuf Gott zunächst den Menschen „ihm zum Bilde ... und schuf sie ein Männlein und Fräulein" (1. Mose 1, 27) und dann noch einmal Eva aus Adams Rippe (1. Mose 2, 20–22). Die alte jüdische Sage erfand dann die Geschichte von Adams erster Frau Lilith (hebr. die Nächtliche), die sich im Streit von Adam trennt und mit dem obersten Teufel verbindet.

4120 **Nimm dich in Acht vor ihren schönen Haaren** Nach dem Volksaberglauben liegt die Zauberkraft der Hexen in ihren Haaren, die daher in den Hexenprozessen geschoren wurden.

v. 4144 **Proktophantasmist** *(griech.)* Proktos (griech.): der Hintere. Die kaum zu übersetzende Wortverbindung hat man mit „Steißgeisterseher" wiederzugeben versucht. Gemeint ist der Berliner Aufklärer Friedrich Nicolai (1733–1811), der eine Parodie auf Goethes *Werther* verfasst hatte. 1799 schreibt er in der *Berlinischen Monatsschrift* über das „Beispiel einer Erscheinung mehrerer Phantasmen". In diesem Artikel greift er Swedenborg und Fichte an und beschreibt, wie er selber einmal durch Blutegel von Geistererscheinungen kuriert worden sei (Vgl. V. 4174 f.).

4157 **begrüßen** Hier – wie im alten Amtsstil –: um etwas bitten, ersuchen.

4161 **Tegel** Auf Humboldts Landsitz Tegel bei Berlin sollen in dem Hause des Oberförsters Poltergeister gespukt haben.

4179 **Ein rotes Mäuschen** Nach einer Schrift des bereits mehrfach genannten Praetorius soll auf einem thüringischen Gut eine schlafende Magd verstorben sein, nachdem ihr eine rote Maus aus dem Mund gekrochen ist (Witkowski).

4184 **Ein blasses, schönes Kind** Bei Erasmus Francisci (*Der höllische Proteus*) sieht eine Kindermörderin sich selbst in einer Vision als Gerichtete „in Gestalt eines Weibsbildes ohne Kopf, welchen es vorn in den Händen hielt".

4194 **Meduse** Gorgo Medusa: Griechische Gottheit mit Schlangenhaaren und versteinerndem Blick, der Perseus das Haupt abschlug, wobei er sie durch seinen spiegelnden Schild ansah.

4211 **Prater** Der Vergleich mit dem Wiener Prater (von Joseph II. „der Menschheit gewidmet") ist absichtlicher Anachronismus (Witkowski).

4214 **Servibilis** Der Dienstfertige. Goethe'sche Wortbildung nach dem lat. servilis.

4215 **das letzte Stück von sieben** Nach damaliger Auffassung wurden auf dem antiken Theater sieben Spiele nacheinander aufgeführt, als letztes ein Satyrspiel.

4217 **Dilettant** Spott gegen den Dilettantismus als Feind aller Kunst. Goethe plante 1799 eine Abhandlung über den Dilettantismus in allen Künsten.

v. 4223 **Walpurgisnachtstraum** Dieses Intermezzo ist eine reine Zeitsatire, die (vor der Walpurgisnacht!) im Jahre 1797 für Schillers *Musenalmanach* geschrieben wurde, in dem damals auch die *Xenien* zuerst erschienen. Erst nachträglich in den *Faust* eingeschoben – als Goethe sich von dem „nordischen Phantom" innerlich abkehrt und im September 1800 (gleichzeitig mit dem Hauptteil der Walpurgisnacht) die ersten 265 Verse des Helenaaktes dichtet. Der „Walpurgisnachtstraum" nach einer (wie auch Wielands *Oberon*) durch Shakespeares „*Sommernachtstraum* (Hamburger Leseheft Nr. 127) angeregten Operette *Oberon, König der Elfen*, die im Mai 1796 in Weimar aufgeführt wurde. In dem Walpurgisnachtstraum wird „ein Nichts an Handlung mit einer Fülle satirischer Zeitbeziehungen umhüllt, meist von Karikaturen bestimmter Persönlichkeiten oder Typen vorgetragen, die sich selber charakterisieren und dadurch verspotten" (Witkowski).

v. 4223, 4235 **Oberon, Titania, Puck** Figuren aus Shakespeares *Sommernachtstraum*.

4224 **Mieding** Johannes Martin Mieding (gestorben 1782), Kunsttischler in Weimar, der für Goethes Liebhabertheater die Kulissen schuf. Vgl. auch das Gedicht *Auf Miedings Tod* aus dem Jahre 1782.

4247 **Schmollt der Mann und grillt die Frau** Goethe sagt auch sonst: grillig und grillieren.

v. 4251 **Orchester Tutti** Es gibt im Kunsthaus zu Zürich ein Gemälde des Schweizer Malers Johann Heinrich Füßli, das Goethe aus einem Stich kannte und schon 1796 beschrieben hat. Hieraus kommen die Insekten und Elfen als Musiker und Tänzer und auch der kleine Geist mit dem Dudelsack.

v. 4267 **Neugieriger Reisender** Gemeint ist wieder Friedrich Nicolai, der eine *Beschreibung einer Reise durch Deutschland und die Schweiz i. J. 1781* in zwölf Bänden verfasst hat, die 1783–97 erschienen sind.

4271 **Orthodox** Im 18. Jahrhundert hat das Substantiv Orthodox keine Flexion. Es heißt also: der (ein) Orthodox. – Gemeint ist Goethes Jugendfreund Graf Friedrich Leopold zu Stolberg, der 1788 in zwei Aufsätzen als Christ gegen das „Weimarer Neuheidentum" Goethes und Schillers eifert.

4279 **Purist** Hier vielleicht ein Vertreter der „Wohlanständigkeit" – wie auch die Matrone.

4283 **Junge Hexe** Figur aus der Walpurgisnacht, mit der Faust getanzt hat.

v. 4295 **Windfahne** Geht wohl auf den auch in den *Xenien* verspotteten Kapellmeister und Schriftsteller Johann Friedrich Reichardt (1752–1814), der in Berlin, Kassel und dann auf dem Giebichenstein bei Halle lebte. Er galt als zudringlich; Schiller nennt ihn einmal „unseren soi-disant-Freund" (Brief vom 27. Januar 1796). Goethe hat sich später mit ihm versöhnt, und Reichardt hat viele Gedichte von Goethe vertont.

4303 **Xenien** Die Spottgedichte Goethes und Schillers auf bestimmte Zeitgenossen, die 1797 im *Musenalmanach* erschienen.

4307 **Hennings** August von Hennings (1746–1826), ein holsteinisch-dänischer Diplomat und Staatsmann, der als Schriftsteller (wie Nicolai und Stolberg) die Weimarer angegriffen hat.

4311 **Der Musaget** Der Name einer von Hennings herausgegebenen Gedichtsammlung, die in zwei Stücken erschienen ist: 1798 und 1799 (Witkowski).

v. 4315 **Ci-devant Genius der Zeit** Unter dem Namen „Genius der Zeit" erschien eine von Hennings herausgegebene Zeitschrift, in der er die „Horen" und Schillers *Musenalmanach* heftig angegriffen hat. Seit 1800 wurde der Name der Zeitschrift geändert in *Genius des 19. Jahrhunderts*; daher: ci-devant (d. h. früher) Genius.

4323 **Kranich** Vermutlich Lavater, Goethes Jugendfreund, dessen Charakter ihm später fragwürdig wurde. Vgl. Eckermann (17. Februar 1829) über Lavaters Kranichgang „weswegen er auf dem Blocksberg als Kranich vorkommt" (Witkowski).

4327 **Weltkind** Wohl Goethe selbst: „das Weltkind in der Mitten" – zwischen den „Propheten" Lavater und Basedow (vgl. Goethes Gedicht *Diner zu Koblenz*). – Die Verse zielen ebenfalls auf Lavater und seine Anhänger.

4330 **Konventikel** *(lat.)* Winkelversammlung, heimliche Versammlung, besonders solche religiöser Sekten.

4331 **ein neues Chor** Die Philosophenschulen, deren Vertreter im Folgenden als Dogmatiker, Idealisten, Realisten, Supranaturalisten und Skeptiker auftreten und deren Lehrmeinungen in ihren Urteilen über die Spukgestalten der Walpurgisnacht verspottet werden.

4334 **Die unisonen Dommeln** Die Rohrdommeln, die unisono (einstimmig, d. h. gemeinsam) singen.

4367 **Die Gewandten** Nach ihnen (deren Heer auch als Sanssouci, sorgenlos, bezeichnet wird) erscheinen noch die Unbehülflichen, die Irrlichter, die Sternschnuppen und die Massiven – alles Vertreter der verschiedenen Gesellschaftsklassen und Naturen in ihrem Verhältnis zur Französischen Revolution: solche, die sich anpassen, die sich als Emigranten nicht zu helfen wissen, die Emporkömmlinge, die enttäuschten Idealisten und die immer erfolgreichen Massiven.

4394 **Rosenhügel** Auf dem Rosenhügel steht in Wielands *Oberon* das Elfenschloss.

123, v. 1 **Trüber Tag. Feld** Eine der ältesten Szenen des *Urfaust*, im Stil Shakespeares. Als einzige Szene in der ursprünglichen, kaum veränderten Prosafassung übernommen. „Die nackteste (Prosaische) Wirklichkeit" nach den poetischen Gretchenszenen und der magischen Walpurgisnacht.

123, 13 f. **Unendlicher Geist** Der Erdgeist, der nach dem ursprünglichen Plan Mephisto als „Gefährten" dem Faust zugesellte. Vgl. die Szene: Wald und Höhle.

124, 56 f. **Türner** Ältere Form für Türmer, die Goethe auch sonst gebraucht. Der Türmer ist hier der Gefängiswärter.

4399 **Rabenstein** Die Richtstätte, die hier durch eine „Hexenzunft" „geweiht" wird.

v. 4405 **Kerker** Die Kerkerszene im *Urfaust* noch in Prosa. In der endgültigen Fassung in Versen umgewertet im Sinne eines „Weltspiels, das im Himmel begann. Was hier im menschlichen Bereiche geschah, wird zugleich auch aus göttlichem Bereiche gedeutet durch die Stimme von oben als ein Vorklang des Ende des 2. Teils, wo Gretchens Gestalt verklärt in jenen Sphären erscheint, welche hier diese Stimme nur andeutet." (Anm. der Hamburger Ausgabe).

4412 **Meine Mutter …** Die folgenden Verse ein Lied aus dem *Märchen vom Machandelbaum* (Wacholder). Erschienen zuerst 1808 in Achim von Arnims *Zeitung für Einsiedler* in der von Philipp Otto Runge aufgezeichneten niederdeutschen Fassung. Von Grimm aufgenommen in die *Kinder- und Hausmärchen*. „Aus dem Bereich des Märchens, den Goethe ganz nebenher kennen gelernt hatte, ergreift er gerade das, was wie nichts anderes hierher passt – so wie er aus alten Kirchenhymnen oder pansophischen Alchemistenbüchern gerade das ergriff, was als symbolisches Motiv sich in die große Bilderreihe dieses Dramas fügte." (Anm. der Hamburger Ausgabe).

4448 **Sie singen Lieder auf mich** Ein „Thränenlied einer bußfertigen Sünderin" war nach der Hinrichtung einer Frankfurter Kindesmörderin 1758 gedruckt erschienen (Beutler).

4590 **Die Glocke ruft, das Stäbchen bricht** Der Stab als Zeichen höchster Gewalt bei Königen, Fürsten und Richtern. „Über dem Haupt des Verurteilten wird der Stab gebrochen und ihm vor die Füße geworfen, ein noch jetzt … gehegter Brauch … Das Symbol drückt aus, dass der Mörder nichts weiter zu hoffen hat und seines Lebens verzichtet." (Jacob Grimm, *Deutsche Rechtsaltertümer*, 1828).

4603 **heiliger Ort** Geheiligt durch die Erscheinung der Erlösung verheißenden Engel.

Motivgeschichte der Faust-Figur

Eine schillernde Figur ist der historische Dr. Faust bis in unsere Zeit geblieben – weil man bis heute nicht allzu viel über die Person in Erfahrung bringen konnte. Beste Voraussetzungen zur Legendenbildung! Und im Mittelalter hat dann natürlich immer gleich der Teufel die Hand im Spiel. Hier kommen Fakten, Halbwahrheiten, Gerüchte und Geschichten zu Dr. Faust ...

Der historische „Mogeldoktor" Faust (Hans-Ulrich Stoldt, 2009)

Doktor Faust, das Vorbild berühmter Dramen, Opern und Romane, hat um 1500 gelebt. Aber wer war der legendäre Astrologe und Experimentator wirklich? Seine letzten Stunden mochte Doktor Faust nicht allein verbringen. Nachdem er mit befreundeten Studenten ausgiebig gefrühstückt hatte und spazieren war, lud er sie für den Abend ins Gasthaus „Zum Löwen" ein. Er habe ihnen dort eine wichtige Mitteilung zu machen. Und so beichtete Faust den Studenten sein dunkles Lebensgeheimnis: Wie er den Wonnen von Wein und Weib zugetan war, welche unglaublichen Aben-

So könnte er vielleicht ausgesehen haben, der historische Dr. Faust: wandernder Magier, Astrologe und Wahrsager.

teuer zu Erde, Wasser und Luft er bestanden hatte, wie die Welt ihm schier zu gehorchen schien – und welchen Preis er dafür jetzt zahlen muss. Denn seine Seele, ach, habe er an den Teufel verkauft, und diese Nacht wolle der kommen und den Wechsel einlösen. Sein grausliges Ende solle den Studenten Mahnung sein, sich nicht von eitlem Schein und giftigen Reizen verlocken zu lassen, sondern brav und gottesfürchtig ihr Leben zu führen. Nach Mitternacht geschah es: Ein gewaltiger Sturm raste ums Haus, dazu „ein grewliches Pfeiffen und Zischen, als ob das Hauß voller Schlangen, Natern unnd anderer schädlicher Würme were", wie ein Chronist es später notierte.

Als der Morgen anbrach, bot sich den verschreckten Studenten ein fürchterliches Bild: „Sie sahen keinen Faustum mehr und nichts, dann die Stuben voller Blut gesprützet. Das Hirn klebte an der Wandt, weil jn der Teuffel von einer Wandt zur andern geschlagen hatte. Es lagen auch seine Augen und etliche Zäen allda – ein greulich und erschrecklich Spectackel." Die sterblichen Überreste des Doktors fanden sich draußen auf einem Misthaufen, sein Gesicht war auf den Rücken gedreht. All dies geschah in Staufen im Breisgau am 5. April anno 1540. Oder war es der 8. April? Oder war es eher im Mai, in einem ganz anderen Jahr, an einem ganz anderen Ort? Und wer war da überhaupt zu Tode gekommen? Doktor Johann Georg Faust? Hat es den überhaupt je gegeben? Ja, das ist gewiss: Faust hat gelebt. Viel mehr weiß man nicht. [...] Wo aber kommt diese grässliche Geschichte her, über sein ausschweifendes Leben und den Teufelspakt? Wer war Faust?

„Den historischen Faust umgibt ein Gestrüpp von Fragezeichen", schreibt der Literaturhistoriker Günther Mahal, „man kann seine Gestalt kaum fassen." Dabei gibt es wohl kaum ein Schicksal, das im vergangenen halben Jahrtausend häufiger beschrieben, besungen, auf die Bühne oder ins Kino gebracht wurde. Faust steht für die ewigen Fragen nach dem Woher, Wohin und Warum. Er symbolisiert Verführung und Grenzüberschreitung, Gut und Böse, das haltlose Streben nach irdischem Glück und das Scheitern daran. Und er steht – wie der Gelehrte Heinrich Faust bei Goethe – für die Suche nach dem, „was die Welt im Innersten zusammenhält".

Christopher Marlowe, Gotthold Ephraim Lessing, Heinrich Heine sowie Klaus und Thomas Mann ließen sich von dem Thema ebenso anregen wie Hanns Eisler, Gustaf Gründgens, Ariane Mnouchkine oder Salvador Dalí. Mick Jagger ließ sich bei seinem Song „Sympathie for the Devil" von Michail Bulgakows „Der Meister und Margarita" inspirieren, in dem Wahrheitssuche und Teufel tragende Rollen spielen. Nicht immer heißen die Helden „Faust", mal sind es Heldinnen, auch der Ausgang der Geschichte führt nicht zwangsläufig zur Fahrt in die Hölle. Doch was hat all das mit dem ursprünglichen Faust zu tun, der wahrscheinlich zwischen 1480 und 1540 in Süddeutschland gelebt hat?

Ganze neun Nachweise seiner wohl 60-jährigen Existenz gibt es, Dokumente, die auf drei Din-A4-Blättern zusammenzufassen sind und deren Inhalt sich erst im Kontext der Epoche erschließt. „Was die Zeitgenossen über Faust zu berichten wussten, ist der Quantität nach äußerst dürftig, der Qualität nach eine Mischung aus banalen Aktenvermerken und hochkarätigem Rufmord", weiß Faust-Biograf Mahal. Geboren wurde Faust wohl in Knittlingen, einem Städtchen in der Nähe von Pforzheim. Jedenfalls ausweislich eines Kaufbriefs von 1542, in dem das Haus neben der heutigen Stadtkirche als das Gebäude „allwo Fausten born" bezeichnet wird. Der Knabe geriet in eine Welt, die gerade ihre Koordinaten verlor: Es waren Jahrzehnte des Umbruchs vom späten Mittelalter zur frühen Neuzeit, Dekaden, in denen sich – je nach Betrachter – das Universum auftat oder der Himmel einstürzte. Columbus entdeckte Amerika, Magellan umsegelte die Erde, Luther begehrte gegen den Papst auf, und Kopernikus stürzte die Erde von ihrem Thron.

Es war aber auch die Zeit der Bauernkriege, der Pest, der Hexenverbrennungen und der Inquisition, mit deren Hilfe sich die Kirche ihren schwindenden Einfluss sichern wollte. Das Neue sei alles Teufelswerk, riefen die Kleriker, und der Glaube an den Satan saß tatsächlich tief im Volk verankert. Selbst Luther, der Reformator, glaubte an den schwefligen Hinkefuß. Und über alle dem drehte oben im All – jedem tatsächlich sichtbar – der später nach seinem Entdecker benannte Komet Halley seine Bahn, was die Menschen zusätzlich in Verwirrung stürzte. Fruchtbarer Boden für Wahrsager, Astrologen, Magier und Heiler, wie Faust einer war. [...] Dass Faust lesen und schreiben konnte, darf getrost angenommen werden, obwohl es dafür keinen Beleg gibt. Ihm eilte oft ein Ruf als Gelehrter voraus, als Doktor gar, und es ist nicht erwiesen, dass er sich gegen den (vermutlichen) Etikettenschwindel wehrte. Er war aber wohl auch ein exzentrischer Angeber, ein lauter Besserwisser, der sich auf den Märkten mit allerlei Spektakel auffällig inszenieren konnte. Alles in allem ein Mann mit höchst ambivalentem Leumund.

Eine erste Erwähnung findet Faust am 20. August 1507 in einem Brief des Würzburger Abts Johannes Trithemius an den Heidelberger Mathematiker und Hofastrologen Johann Virdung. [...] Das nächste Zeugnis seiner

Existenz stammt aus dem Jahr 1513 und ist ebenfalls nicht sonderlich schmeichelhaft. „Vor acht Tagen kam ein Chiromant nach Erfurt, namens Georgius Faustus Helmitheus Hedelbergensis, ein bloßer Prahler und Narr", schrieb der Kleriker Mutianus Rufus an einen Klosterverwalter. „Seine Kunst, wie die aller Wahrsager, ist eitel", notierte der Geistliche weiter, „ich hörte ihn im Wirtshaus schwatzen." Doch das Bild eines Mannes, der sich vornehmlich in Kneipen und auf Märkten produziert, ist so nicht vollständig: Faust hatte offenbar auch Zugang zu hohen politischen Kreisen und dort einen guten Ruf als Astrologe. So stellte er dem einflussreichen Bamberger Fürstbischof Georg III. im Jahre 1520 das Geburtshoroskop. Und das war eine nicht geringe Anerkennung, denn der Bischof war einer der höchsten kirchlichen Würdenträger im deutschen Sprachraum. [...] Wer die Konstellation der Gestirne zu definieren und interpretieren wusste, galt als kluger Mann. Als Wetterkundler versuchte sich Faust ebenfalls, wie 1528 eine Notiz von Prior Kilian Leib belegt, dem Leiter des Klosters Rebdorf in Eichstätt. [...] Derlei Gemogel und Amtsanmaßung mag sich herumgesprochen haben – vielleicht bis nach Ingolstadt, wo am 17. Juni 1528 laut Protokoll des Rates einer, „der sich genant Dr. Jörg Faustus von Heidelberg" der Stadt verwiesen wurde: „Dem Wahrsager soll befohlen werden, dass er zu der Stadt auszieh und seinen Pfennig anderswo verzehre." Noch härter kam eine Verfügung des Nürnberger Rates aus dem Jahre 1532, der Faust einen „Sodomiten" schalt, was damals allerdings noch nicht Unzucht mit Tieren unterstellte, sondern ein gemeines Schimpfwort war. Die Nürnberger Würdenträger ließen den angeblich aus Fürth („furr") stammenden Faust vor dem Stadttor stehen: „Doctor fausto, dem grossen Sodomiten und Nigromantico zu furr, glait ablainen." Danach ist wieder auf Jahre nichts von Faust zu hören. [...] Voll des Lobes war indes 1540 Philipp von Hutten, ein Neffe des Humanisten Ulrich von Hutten. Philipp hatte sich Jahre zuvor einer Expedition nach Venezuela angeschlossen, der Faust zutreffend einen schlechten Verlauf prognostizierte – „dasz ich bekennen musz, dasz es der Philosophus Faustus schier troffen hat".

Mal als Weissager und Astrologe gelobt, mal als Betrüger und Aufschneider geschmäht – ob es sich dabei stets um eben jenen Mann aus Knittlingen gehandelt hat, weiß niemand. Denn es gab ja auch noch andere Menschen mit dem Namen Faust, oder so ähnlich. Etwa jener Johannes Faust aus Simmern, der 1505 in Heidelberg ein Studium beginnt und es vier Jahre später mit Examen abschließt. Vielleicht verdankt der Knittlinger Faust dieser Namensgleichheit seinen Mogeldoktor. Oder jener Johan Fust aus

Mainz, einer der ersten Buchdrucker und zeitweiliger Kompagnon von Johannes Gutenberg, dem Faust vielleicht den Ruf als „Schwarzkünstler" verdankt. Denn so wurden nicht nur die Praktiker der „schwarzen Magie" genannt, sondern auch jene, die schwarz auf weiß etwas produzierten, nämlich druckten.

Da braute sich schon einiges zusammen im „richtigen Leben" des Johann Georg Faust aus Knittlingen, der irgendwann, irgendwo, wohl so um 60 Jahre alt, aus der Welt wieder verschwand – verschied. Kann sein, der Mann starb friedlich im Bett, kann sein, er wurde feige gemeuchelt. Vielleicht auch, und das ist der Faust-Forscher liebste Version, verabschiedete er sich mit gehörigem Rumms bei einem nicht ganz nach Plan verlaufenden Experiment – ein alchemistischer Betriebsunfall. [...]

Der Frankfurter Verleger Johann Spies ließ alles zusammenfegen, was es an Gerüchten und Gemeinheiten über Faust zu erzählen gab. Das alles verrührte er mit erdachten Geschichten, alten Erzählungen und schockierenden Teufelsschilderungen. 1587 legte er ein „Volksbuch" genanntes Werk vor, die: „Historia von D. Johann Fausten, dem weitbeschreyten Zauberer vnd Schwartzkünstler", der sich dem Teufel verschrieb, allerlei erstaunliche Dinge erlebte und sein wohlverdientes Ende fand. Zum großen Teil beruhe das Werk auf den eigenen Schriften Fausts, behauptete Spies – „allen fürwitzigen vnd Gottlosen Menschen zum schrecklichen Beyspiel". Und, damit auch der Letzte versteht, um was es hier geht: „Seyt Gott underthänig, widerstehet dem Teuffel." Das Buch wurde ein Renner, „ein Bestseller des 16. Jahrhunderts", wie die Historikerin Heike Hamberger sagt, Direktorin des Faust-Museums in Knittlingen. [...] Berühmt werden konnte das Phantom aus Schwaben, weil es in eine Epoche zwischen den Zeiten fiel, in der das Alte nicht weichen wollte und das Neue noch um seinen Platz kämpfte. Denn so viel sei klar, sagt Museumsleiterin Hamberger: „Hätte Faust hundert Jahre später gelebt, hätte kein Hahn nach ihm gekräht."

Hans-Ulrich Stoldt: *Erfinder & Pioniere: Der Mogeldoktor*. In: Der Spiegel, 29.9.2009. www.spiegel.de/spiegelgeschichte/a-652397.html

Brief des Johannes Trithemius (1507)

Jener Mensch, über welchen du mir schreibst, Georg Sabellicus, welcher sich den Fürsten der Nekromanten zu nennen wagte, ist ein Landstreicher, leerer Schwätzer und betrügerischer Strolch, würdig ausgepeitscht zu werden, damit er nicht ferner mehr öffentlich verabscheuungswürdige und der heiligen Kirche feindliche Dinge zu lehren wage. Denn was sind die Titel, welche er sich anmaßt, anders als Anzeichen des dümmsten und unsinnigsten Geistes, welcher zeigt, daß er ein Narr und kein Philosoph ist? So machte er sich folgenden ihm konvenierenden Titel zurecht: Magister Georg Sabellicus Faust der Jüngere, Quellbrunn der Nekromanten, Astrolog, Zweiter der Magier, Chiromant, Aeromant, Pyromant, Zweiter in der Hydromantie. –

Siehe die törichte Verwegenheit des Menschen; welcher Wahnsinn gehört dazu, sich die Quelle der Nekromantie zu nennen! Wer in Wahrheit in allen guten Wissenschaften unwissend ist, hätte sich lieber einen Narren denn einen Magister nennen sollen. Aber mir ist seine Nichtswürdigkeit nicht unbekannt. Als ich im vorigen Jahre aus der Mark Brandenburg zurückkehrte, traf ich diesen Menschen in der Nähe der Stadt Gelnhausen an, woselbst man mir in der Herberge viele von ihm mit großer Frechheit ausgeführte Nichtsnutzigkeiten erzählte. Als er von meiner Anwesenheit hörte, floh er alsbald aus der Herberge und konnte von niemandem überredet werden, sich mir vorzustellen. Wir erinnern uns auch, daß er uns durch einen Bürger die schriftliche Aufzeichnung seiner Torheit, welche er dir gab, überschickte. In jener Stadt erzählten mir Geistliche, er habe in Gegenwart vieler gesagt, daß er ein so großes Wissen und Gedächtnis aller Weisheit erreicht habe, daß, wenn alle Werke von Plato und Aristoteles samt all ihrer Philosophie durchaus aus der Menschen Gedächtnis verloren gegangen wären, er sie wie ein zweiter Hebräer Esra durch sein Genie sämtlich und noch treffender wiederherstellen wolle.

Als ich mich später in Speyer befand, kam er nach Würzburg und soll sich in Gegenwart vieler Leute mit gleicher Eitelkeit gerühmt haben, daß die Wunder unseres Erlösers Christi nicht anstaunenswert seien; er könne alles tun, was Christus getan habe, so oft und wann er wolle. In den Fasten dieses Jahres kam er nach Kreuznach, wo er sich in gleicher großsprecherischer Weise ganz gewaltiger Dinge rühmte und sagte, daß er in der Alchemie von allen, die je gewesen, der Vollkommenste sei und wisse und könne, was nur die Leute wünschten. Während dieser Zeit war die Schulmeisterstelle in gedachter Stadt unbesetzt, welche ihm auf Verwendung von Franz von Sickingen, dem Amtmann deines Fürsten, einem nach mystischen Dingen überaus begierigen Manne, übertragen wurde. Aber bald darauf begann er mit Knaben die schändlichste Unzucht zu treiben und entfloh, als die Sache ans Licht kam, der ihm drohenden Strafe. Das ist es, was mir nach dem sichersten Zeugnis von jenem Menschen feststeht, dessen Ankunft du mit so großem Verlangen erwartest.

Text im Original lateinisch. Erster Druck in: Johannes Trithemius, Epistolae familiares. Haganoae 1536, S. 312–314. http://www.schwertschlager.de/deutsch/faust/trithenius.htm

Rechnung des Bamberger Bischofs (1520)

Item X. gulden geben vnd geschenckt Doctor *Faustus* ph[ilosoph] zuvererung hat m[einem] g[nedigen] herren ein natiuitet oder Indicium gemacht, zalt am Sontag nach scolastice. Jussit R[everendissi]mus

Zitiert nach Hans Henning: *Faust-Variationen. Beiträge zur Editionsgeschichte vom 16. bis zum 20. Jahrhundert*. München; London: K.G. Saur, 1993. S. 12.

Philipp Benardi: *Index Sanitatis* (1538)

Es wirt noch eyn namhafftiger dapfferer mann erfunden: ich wolt aber doch seinen namen nit genent haben / so wil er auch nit verborgen sein / noch vnbekant. Dann er ist vor etlichen jaren vast durch alle landtschafft / Fürstenthuomb vnnd Königreich gezogen / seinen namen jederman selbs bekant gemacht / vnd seine grosse kunst / nit alleyn der arznei / sonder auch Chiromancei / Nigramancei / Visionomei / Visiones imm Cristal / vnd dergleichen mer künst / sich höchlich berümpt. Vnd auch nit alleyn berümpt / sondern sich auch eynen berümpten vnd erfarnen meyster bekant vnnd geschriben. / Hat auch selbs bekant, vnd nit geleugknet, daß er sei, vnnd heyß Faustus / domit sich geschriben Philosophum Philosophorum etc. Wie vil aber mir geklagt haben / daß sie von jm seind betrogen worden / deren ist eyn grosse zal gewesen. Nuon sein verheyssen ware auch groß /wie des Tessali: dergleichen sein rhuom / wie auch des Theophrasti: aber die that / wie ich noch vernimm / vast kleyn vnd betrüglich erfunden: doch hat er sich imm gelt nehmen / oder empfahen (das ich auch recht red) nit gesaumpt / vnd nachmals auch imm abzugk / er hat / wie ich beracht / vil mit den ferßen gesegnet. Aber was soll man nuon darzuo thuon / hin ist hin / ich wil es jetzt auch do bei lassen / luog du weiter / was du zuschicken hast.

Philipp Begardi: *Index Sanitatis, Eyn Schöns und vast nützlichs Büchlein, gena[n]t Zeyger der gesundtheyt, Den jhenen, so kranck seind, vnd nit wissens haben, wie, wo vn[d] mit was massen sie widerumb bekommen mögen vnd erlange[n] recht volkommende gesundtheyt zu trost gemacht vnd an[n] tag geben*. 22. Dezember 1538. Seite XVII.

BIOGRAFIE
WORT- UND SACHERKLÄRUNGEN
MATERIALIEN

Johann Spies: *Historia von D. Johann Fausten*, 1587 (Schöne, 2009)

Die Handlung der *Historia* zerfällt in vier Teile: erst umfangreiche theologische Disputationen Fausts mit dem Teufel über Hölle und Himmel, dann Fausts Abenteuer als Astronom und Astrologe mit phantastischen Reisen durch die ganze Welt bis in die Hölle und den Himmel und anschließend eine lange Reihe unverbundener schwankhafter Episoden, in denen der Zauberer Faust im Mittelpunkt steht, und schließlich Fausts schreckliches Ende.

Albrecht Schöne (Hg.): *Johann Wolfgang Goethe. Faust. Eine Tragödie (Faust I)*. Frankfurt, M.: Suhrkamp, 2009. S. 236.

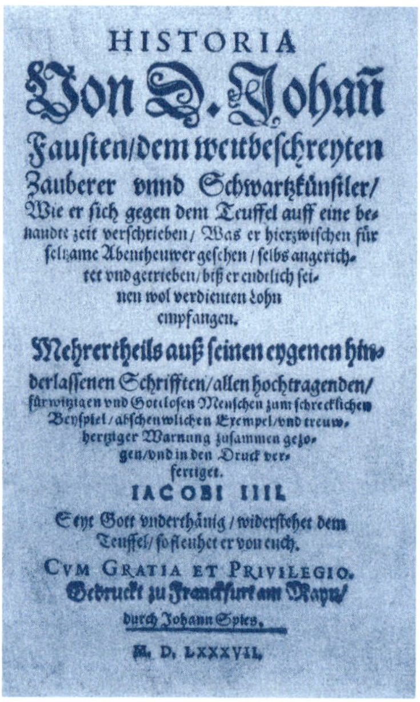

HISTORIA
Von D. Johañ
Fauſten/dem weitbeſchreyten
Zauberer vnnd Schwartzkünſtler/
Wie er ſich gegen dem Teuffel auff eine benandte zeit verſchrieben/ Was er hierzwiſchen für ſeltzame Abentheuwer geſehen/ſelbs angerichtet vnd getrieben/biß er endtlich ſeinen wol verdienten Lohn empfangen.
Mehrertheils auß ſeinen eygenen hinderlaſſenen Schrifften/allen hochtragenden/ fürwitzigen vnd Gottloſen Menſchen zum ſchrecklichen Beyſpiel/abſcheuwlichen Exempel/vnd treuwhertziger Warnung zuſammen gezogen/vnd in den Druck verfertiget.
IACOBI IIII.
Seyt Gott vnderthänig/widerſtehet dem Teuffel/ſo fleuhet er von euch.
CVM GRATIA ET PRIVILEGIO.
Gedruckt zu Franckfurt am Mayn/ durch Johann Spies.
M. D. LXXXVII.

Im Herbst 1587 stellte Spies sein Buch über Faust auf der Frankfurter Buchmesse vor, gefolgt von zahlreichen Nachdrucken und Raubkopien.

Von Faust zu Marlowe (Hans Henning, 1978)

[...] Die Existenz eines historischen Faust wird durch urkundliche Zeugnisse und durch Erwähnungen in der gedruckten Literatur, die vor Erscheinen des Faust-Buches zur Veröffentlichung kam, belegt. Darin wird der richtige Name Georg Faust genannt. Nach gründlicher [...] Auslegung und Vergleichung der Quellen stehen folgende Lebensstationen Fausts fest: Aufenthalt 1506 in Gelnhausen, 1507 in Kreuznach, 1513 Besuch in Erfurt, 1520 Betätigung in Bamberg, 1528 Ausweisung aus Ingolstadt,

1532 Aufenthalt in Nürnberg. Des weiteren können wir mit ziemlicher Sicherheit annehmen: Geburt etwa 1480 in Knittlingen und erster Aufenthalt in Würzburg um 1506. Für die Jahre 1525–1532 können wir die Flucht aus Wittenberg bestimmen, für den Anfang der dreißiger Jahre (1532–1533) das Wirken in der Kölner Gegend und für die Jahre 1534–1536 das erneute Auftauchen in Nürnberg und Würzburg. Nach 1536 scheint sich Faust zurückgezogen zu haben, in den Jahren 1540 oder 1541 – eine sichere Angabe für uns – hat ihn dann in Staufen im Breisgau der Tod ereilt. [...] Nach der Erstauflage [der *Historia von D. Johann Fausten* von Spies] entstehen in rascher Folge neue Drucke, und zwar noch 1587 weitere fünf und bis 1598 insgesamt 22 Ausgaben, darunter gereimte oder ins Niederdeutsche übersetzte sowie umgearbeitete und vor allem erweiterte Fassungen. Es kann von einem Bucherfolg des 16. Jahrhunderts gesprochen werden. Die Fülle der Auflagen zeugt von der Verwurzelung des Faust-Stoffes in den Vorstellungen der Menschen des 16. Jahrhunderts. In dieser Hinsicht ist von dem Faust-Buch als einem Bestandteil der Volksliteratur zu sprechen. [...]
Die Wirkung des Faust-Buches blieb nicht auf das damalige Deutschland beschränkt. 1588 wurde eine dänische, 1592 eine holländische Übersetzung veröffentlicht, 1598 eine französische und 1611 eine tschechische. Die englische Übersetzung, die vermutlich erstmals 1588 erschien, also wohl nur ein Jahr nach dem deutschen Faust-Buch, nimmt in der Geschichte des Faust-Stoffes einen besonderen Rang ein. Die *Historie of the damnable life, and deserved death of Doctor Iohn Faustus*, von der als erster überlieferter Druck nur eine Ausgabe von 1592 bekannt ist, führt den Stoff in die englische Sprache, Literatur und Kultur ein und begründet damit eine englische Faust-Tradition, die bis in unser Jahrhundert reicht. Die Aufnahme in die englische Welt Ende der achtziger Jahre bedeutet gleichzeitig eine Transponierung in die fortgeschrittenere englische Sprach- und Erzählkunst, so dass die englische Version auf eine poetisch höhere Stufe gelangt als das deutsche Faust-Buch. [...] Die mehr als graduellen Unterschiede sind besonders in der Sprachbehandlung erkennbar; die Übersetzung vermeidet grobe Wendungen, hebt das sprachliche Niveau, wird im ganzen poetischer und somit ein Werk der Shakespeare-Zeit. Die Auswirkungen der sprachlichen und literarischen Verfeinerung berühren sogar die Anlage der Faust-Gestalt, gewissermaßen in der Entwicklungslinie zu Marlowe. [...] Dieser Niveauhebung des Faust-Buches mit der englischen Übersetzung folgt Marlowes dramatische Bearbeitung. [...] Der englischen Übersetzung des Faust-Buches folgt eine 1588 ent-

standene Ballade. *Ballad of the life and death of doctor Faustus the great congerer* und natürlich Marlowes *Tragicall History of D. Faustus*, das erste Menschheitsdrama, das den Stoff auf die Bühne bringt. Die früheste Aufführung fand vielleicht schon 1590, wenigstens 1594 statt. Drucke von Marlowes Faust-Drama sind aus den Jahren 1604, 1609 usw. bekannt. [...] Marlowe bildet Faust als eine suchende, in ihrem Wissensdrange fast maßlos zu nennende Gestalt weiter aus. [...] In England wird nach Marlowe der Stoff verschiedentlich aufgegriffen, zu Farcen bearbeitet und bis in eine spätbürgerliche Phase tradiert.
Deutschland lernt durch englische Schauspielertruppen Marlowes *Doktor Faustus* kennen, und zwar als freigestaltetes Theaterstück und als Puppenspiel. Die erste Aufführung lässt sich für 1608 in Graz nachweisen. Über Marlowe geht eine dramatische Linie zu dem niederländischen und zu dem erst vor wenigen Jahren ermittelten französischen Faust-Spiel und über zwei Jahrhunderte hinweg zu der unter völlig neuen Voraussetzungen entstandenen Faust-Dichtung Goethes. Eine regelrechte Übersetzung von Christopher Marlowes Stück erschien jedoch erst 1818 in der Übersetzung von Wilhelm Müller, Dichter der deutschen Romantik und Zeitgenosse der Shakespeare-Übersetzer Schlegel und Tieck. [...]

Hans Henning: *Von Faust zu Marlowe*. In: Ders.: Faust-Variationen. Beiträge zur Editionsgeschichte vom 16. bis zum 20. Jahrhundert. München; London: K.G. Saur Verlag, 1993. S. 135–142.

Wissen und Glaube (Jörg Wesche, 2018)

Wissen und Glaube sind in besonderer Weise mit dem Faust-Stoff verbunden. Dies gilt gerade für die Makroepoche der Frühen Neuzeit (ca. 1500 bis 1800), in der beide Schlagwörter kulturgeschichtlich eine zentrale Stellung einnehmen. Sie sind jedoch nicht als apriorische Kategorien zu fassen, da sie begriffshistorisch jeweils einem Wandel bzw. einer Ausdifferenzierung und Umwertung unterliegen. Erschwerend kommt hinzu, dass auch der semantische Zusammenhang zwischen dem Begriffspaar mehrdeutig und dynamisch zu denken ist. Dies lässt sich nicht zuletzt entlang der frühneuzeitlichen Wirkungsgeschichte des Faust-Stoffs nachvollziehen. Die sich philosophisch vor allem durch Kant, Jacobi, Schelling und Fichte zunehmend verfestigende Kollokation von Glauben und Wissen ist aus heutiger Sicht gleichwohl wesentlich durch Hegels gleichnamigen Aufsatz von 1802 bzw. seine dritte *Vorlesung über die Beweise vom Dasein Gottes* (1829) geprägt. Für die Frühe Neuzeit ist sie strenggenommen anachronistisch. Bereits Hegel versteht das Verhältnis von Wissen

und Glauben nicht einfach als Gegensatzrelation, sondern reflektiert es in kategorial verschiedenen Dimensionen des Fürwahrhaltens [...].
Das Wissensproblem bewegt sich dabei in der Frühen Neuzeit zunächst grundsätzlich in der Polarität zwischen der christlichen Stigmatisierung der Neugierde (*curiositas*) als Erbsünde einerseits [...] und ihrer fortschreitenden Legitimation in den neuen Wissenschaften infolge von Humanismus und Renaissance andererseits [...]. Im vielfältigen Bezug auf diese Polarität begründet der Faust-Stoff geradezu paradigmatisch einen Mythos des Wissens, der in der Spannweite zwischen neuzeitlicher Wissenschaft als anerkannter *scientia universalis* [...] und ungesichertem Wissensprekariat [...] stark disparate Wissensdomänen und -formen zum Gegenstand macht.
Die Problematisierung des Glaubens steht in der Frühen Neuzeit sodann allgemein im Zeichen der Konfessionalisierung [...]. Schon Kant setzt vor diesem Hintergrund den Hauptpunkt seiner Aufklärungsdefinition auf den »*Ausgang des Menschen aus seiner selbstverschuldeten Unmündigkeit*«, »vorzüglich *in Religionssachen*« (Kant 2002, 9 u. 16). Auch literaturgeschichtlich, gleichsam mit der Faustformel Goethes, ist die »innere Einheit *und* Spannung« der Frühen Neuzeit »in einmaliger Weise durch die ›Gretchenfrage‹ (›Nun sag, wie hast du's mit der Religion?‹) bestimmt« (Kemper 2004, 95). Die beiden angedeuteten Problemlagen sind dem Faust-Stoff fundamental eingeschrieben. Seine frühneuzeitliche Entfaltung dokumentiert damit auch den Prozess der Reflexion und Aushandlung von Wissen und Glauben in wechselnden kulturhistorischen Konstellationen und unterstreicht auf diese Weise seine Bedeutung als »Schlüsselmythos der Neuzeit« (Kreutzer 2003, 9).

Wissen als Sündenfall der Lust

Beflügelt die Renaissance die weltliche Zentrierung des Subjekts und Idealisierung antiken Paganwissens, ist das christliche Weltbild damit in der Frühen Neuzeit entschieden auf die Probe gestellt. Auch Faust erscheint vor diesem Hintergrund als Figuration der Selbstermächtigung, welche im Streben nach Befriedigung von Wissensdrang und sinnlicher Begierde sowie dem gleichzeitigen Ringen um das eigene Seelenheil zum Tragen kommt. In dieser figuralen Konfliktsituation (re)produziert der Faust-Stoff sowohl alte als auch neue Wissensvorstellungen. Muss man insgesamt von »wechselnden Semantiken« der *curiositas* ausgehen, die wie etwa bei Nikolaus von Kues bereits im Mittelalter durchaus auch rehabilitiert erscheint [...], knüpfen die frühneuzeitlichen Faust-Bearbeitungen zunächst an die mittelalterliche Wissenskritik an, die auf der Konkupiszenz-Lehre des Augustinus fußt (*Confessiones*, X/35). Dieser begreift Neugierde als weltverfallene Befriedigung sinnlicher Augenlust (*concupiscentia oculorum*). Als innerweltliche Erkenntnisform stört *curiositas* die Konzentration auf Gott und verführt den Einzelnen zum Hauptlaster hochmütiger Selbstliebe (*superbia*), die frühneuzeitlich, und so auch in der Faust-Figur, typenhaft in Form des Gelehrtenstolzes in Erscheinung tritt. *Curiositas* ist dabei theologisch als sündhaftes Begehren (*cupiditas*) konzipiert und rückgebunden an den biblischen Sündenfall (Gen 3). Legitime Wissensformen sind in diesem Verständnis letztlich nur Gotteserkenntnis und christliche Tugendlehre. Weltzugewandtes Forschen wie die erfahrungsgeleitete Ergründung der Natur wird hingegen als ›Wissbegierde‹ im Sinne zweckfreier und selbstsüchtiger Befriedigung der Sinnenlust verworfen. Ist für die christliche Wissensauffassung nach Augustinus mithin die Konzeptualisierung von Wissen(schaft) als Verschränkung von *curiositas* und *cupiditas* leitend, wirkt diese Konstellation auch nachhaltig in die frühneuzeitlichen Faust-Bearbeitungen hinein. An ihnen lässt sich dabei schrittweise auch die Loslösung von der mittelalterlichen Wissenskritik hin zu autonomer Wissenschaft studieren [...].

Als Initialtext dieser Entwicklung hält sich die *Historia von D. Johann Fausten* (1587) als, wie sie in der Widmungsadresse eingeführt wird, Warnschrift »der gantzen Christenheit« noch weitgehend im Bann des augustinischen Modells [...]. Fausts Gelehrtenstolz steht gewissermaßen komplementär zum Laster menschlicher Unwissenheit, wie es als *ignorantia*-Figur z. B. in Jakob Wimpfelings spätmittelalterlicher Schulkomödie *Stylpho* (1480) Gestalt annimmt. Buchstäblich vom quacksalbernden Scharlatan der legendarischen Überlieferung zum Universitätsgelehrten promoviert, verschreibt sich Faust in dieser ersten Verkettung seiner Taten zu einem kohärenten Lebenslauf keinesfalls nur den abergläubischschwarzmagischen Wissensdomänen (Nigromantie), auch wenn ihn die Titelei als die Abschreckungsfigur des »Zauberer[s] und Schwartzkůnstler[s]« exponiert [...]. Besonders heikle Wissensformen wie Zauberformeln will die Vorrede aus Sorge um Nachahmungstäter gar aussparen [...]. So gilt Fausts Wissensdrang vielmehr auch der Erforschung der Natur. [...]

Jörg Wesche: *Wissen und Glaube*. In: Carsten Rohde; Thorsten Valk; Mathias Mayer (Hg.): Faust-Handbuch. Stuttgart: J.B. Metzler Verlag, 2018. S. 98–99.

Zum Autor

Goethe und die Entstehungsgeschichte des *Faust*

Goethe kam vermutlich schon früh als Kind durch ein Puppenspiel mit dem Fauststoff in Berührung, wie er in *Dichtung und Wahrheit* bekannte. Auch nachdem er mit dem Schreiben begonnen hatte und der *Urfaust* und das *Fragment* veröffentlicht waren, ließ ihn der Stoff nicht los. Immer wieder passte er die Charaktere an oder fügte neue oder abgeänderte Szenen hinzu. So finden sich in *Faust I* Züge des Sturm und Drang ebenso wie der Epoche der Klassik.

Urfaust, Fragment und *Faust I* (BR Telekolleg, 2016)

Goethe hat von seinem 21. bis zu seinem 57. Lebensjahr am ersten Teil des Faust gearbeitet. In dieser Zeit hat sich das Werk stilistisch und inhaltlich gewandelt. [...] 36 Jahre lang hat Goethe immer wieder am ersten Teil des Faust gearbeitet. Die drei Fassungen [Urfaust – Fragment – Faust I] dokumentieren neben der inhaltlichen Erweiterung auch eine bedeutende stilistische Entwicklung.
Schon während der Arbeit an „Faust I" hatte Goethe Entwürfe und Szenen zum zweiten Teil des Faust angelegt, obwohl er selbst nicht daran glaubte, dieses Projekt verwirklichen zu können.

Entstehungsgeschichte: Urfaust

Goethe beginnt die Arbeit an seinem Faust zwischen 1772 und 1775, angeregt von dem Prozess gegen die Kindesmörderin Susanna Margaretha Brandt (deren Hinrichtung Goethe wahrscheinlich 1772 miterlebt hat). In dieser ersten, „Urfaust" genannten Fassung, steht die Liebestragödie um Gretchen im Vordergrund. Der Urfaust beginnt mit Fausts Monolog im Studierzimmer. Mephisto tritt auf, aber der eigentliche Teufelspakt fehlt. Nach der Szene in Auerbachs Keller nimmt die Gretchentragödie ihren Lauf; die Hexenküche und die Walpurgisnacht fehlen.

Faust. Ein Fragment

Aus dem Urfaust entwickelt Goethe die Fassung „Faust, ein Fragment", die 1788 vollendet ist und 1790 gedruckt wird. Gegenüber dem Urfaust ist das Faustfragment um einen Dialog mit Mephisto erweitert, in dem der Teufelspakt jedoch noch unausgesprochen bleibt. Neu hinzugekommen ist die Szene Hexenküche, dafür fehlt Gretchens Ende im Kerker. Neben der Liebestragödie um Gretchen wird die Tragödie des zweifelnden und scheiternden Wissenschaftlers sichtbar.

Faust. Eine Tragödie

1797 – also 22 Jahre nach dem Urfaust – nimmt Goethe die Arbeit am Faust wieder auf, ermuntert durch Friedrich Schiller. Er fügt dem Fragment die einleitenden Szenen „Zueignung", „Vorspiel auf dem Theater" und „Prolog im Himmel" hinzu. Die endgültige Fassung der bereits im Urfaust und im Fragment enthaltenen Szenen sowie die Ausführung der Walpurgisnacht erfolgt bis 1806. Das Werk geht als „Faust. Eine Tragödie" für die Ostermesse 1808 in Druck. Aus der Geschichte um ein unglücklich gemachtes Mädchen und einen verzweifelten Wissenschaftler war ein Menschheitsdrama zwischen Himmel und Hölle geworden.

Schon während der Arbeit am „Faust I" hatte Goethe Entwürfe und Szenen zu einem zweiten Teil des Faust angelegt. Und dabei hatte er selbst große Zweifel, ob er dieses Projekt noch würde vollenden können. Er hat es geschafft. Die Arbeit daran beendete er 1830, zwei Jahre vor seinem Tod. Das Manuskript versiegelte er mit dem Hinweis: „Erst nach meinem Tod öffnen."

Bayerischer Rundfunk: *Wie Goethes Faust entstand*. Telekolleg. 2016. https://www.br.de/telekolleg/faecher/deutsch/literatur/goethe-faust-entstehungsgeschichte-100.html

Die Entstehung von Goethes *Faust* (Albrecht Schöne, 2009)

Die Entstehung von Goethes Faust-Dichtung umfasst beinahe sein ganzes Leben, von der ersten Bekanntschaft des Knaben mit dem *Puppenspiel vom Doktor Faust* in der Mitte des 18. Jahrhunderts bis zum Abschluss von *Faust II* kurz vor seinem Tod 1832. Dazwischen liegen etwa 75 Jahre, ein ganzes Menschenleben. Es ist unwahrscheinlich, dass ein solches Werk wie aus einem Guss wirkt und aus einem einzigen Grundgedanken heraus zu verstehen ist.

Im Faust haben sich vier verschiedene Schichten abgelagert, die jeweils einer eigenen Konzeption folgen: die älteste Fassung, deren erhaltene Szenen der kaum mehr als zwanzigjährige Sturm-und-Drang-Dichter ver-

mutlich zwischen 1772 und 1775 niederschreibt; die Wiederaufnahme durch den knapp Vierzigjährigen 1787 in Italien und die Veröffentlichung der nicht zum Abschluss gebrachten Überarbeitung 1790 unter dem Titel *Faust. Ein Fragment*; die Vollendung von *Faust I* durch den Fünfzigjährigen zwischen 1797 und 1801, die aufgrund der Wirren der Napoleonischen Kriege erst 1808 gedruckt werden konnte. Um 1800 entstehen auch eine Planskizze für beide Teile und eine erste Vorarbeit zu *Faust II*, den der ganz alte Goethe zum allergrößten Teil zwischen 1825 und 1831 dichtet, also mit etwa 80 Jahren. [...]
Phase 3: *Faust I*. Schiller, mit dem Goethe seit 1794 in immer engerer Freundschaft verbunden ist, drängt ihn lange vergebens zur Weiterarbeit am *Faust*-Fragment. Erst 1797 nimmt er sie wieder auf. Am 24. Juni entsteht die *Zueignung*, unmittelbar danach als „Mini-Faust" die Ballade *Der Zauberlehrling*. Bis 1800 kommen noch die beiden anderen „Prologe" dazu: das *Vorspiel auf dem Theater* und der *Prolog im Himmel*. In demselben Jahr entwirft Goethe einem Plan des gesamten *Faust* und dichtet eine Vorstufe zum dritten Akt von *Faust II* mit dem Titel *Helena im Mittelalter. Ein Satyrdrama. Episode zu Faust*. Ein Jahr später, 1801, werden die Umarbeitungen, Ergänzungen und Umstellungen abgeschlossen, zuletzt die Walpurgisnacht und die Versifizierung der alten Szene *Kerker*. *Faust I* ist fertig, wird aber aufgrund der durch Napoleons Feldzüge verursachten Unruhen erst 1808 veröffentlicht. *Faust – eine Tragödie* erscheint als Band 8 der *Werke*. [...]

Albrecht Schöne: *Die Entstehung von Goethes Faust*. In: Ders. (Hg.): Johann Wolfgang Goethe. Faust. Eine Tragödie (Faust I). Frankfurt, M.: Suhrkamp, 2009. S. 242–244.

Goethe und der Faust-Stoff (Henning, 1982)

[...] Wann Goethe zum ersten Male mit dem Stoff in Berührung kommt, wissen wir nicht. Die früheste und recht beiläufige Erwähnung Fausts findet sich in „Die Mitschuldigen". Zur Zeit der Entstehung der ersten Handschrift von diesem Jugendwerk Goethes (1768/69) ist ihm die Faust-Gestalt also nicht mehr verborgen. Ob dies der Bekanntschaft mit „Auerbachs Keller" zu verdanken ist, oder ob Goethe schon vor dem Beginn seines Studiums in Leipzig (1765–68) von Faust weiß, bleibt offen. Wir dürfen annehmen, dass die Tradition des Faust-Buches und des -Spieles unmittelbar zu Goethe führt. Die Frankfurter und Leipziger Verhältnisse legen eine solche Vermutung nahe, denn an beiden Orten werden die Faust-Bücher verlegt und verkauft und das Faust-Spiel aufgeführt. [...] Über die Straßburger Zeit (1770/71) sagt Goethe im 10. Buch von „Dichtung und

Wahrheit": „Die bedeutende Puppenspielfabel ... klang und summte gar vieltönig in mir wieder." Die Beunruhigung des Dichters durch den Stoff besagt aber noch nicht, dass zu dieser Zeit Entwürfe angefertigt werden. Erst für die Frankfurter Jahre einschließlich des Wetzlarer Aufenthalts usw. bis zum Eintreffen in Weimar lässt sich mit Sicherheit vom eigentlichen Beginn der Arbeiten an einer Faust-Dichtung sprechen. Gotter erwähnt in einem Briefgedicht an Goethe aus dem Sommer 1773, Boie in seinem Tagebuch unterm 15. Oktober 1774 und Knebel in einem Briefe an Bertuch vom 23. Dezember 1774 die Beschäftigung Goethes mit einem „Faust". Die Nachrichten mehren sich Anfang 1775, bis die ersten Mitteilungen in dem Gothaer „Theater-Kalender auf das Jahr 1775" (1774) und in der „Deutschen Chronik" (1775) auftauchen. Der entscheidende Anstoß geht von einem Frankfurter Erlebnis aus. Den Prozess gegen die Kindesmörderin Susanna Margaretha Brandt, der 1771/72 in Frankfurt stattfand, erlebte Goethe aus nächster Nähe. [...]

Anfang Dezember [1775] liest Goethe vor den Herzoginnen aus den Bruchstücken vor. [...] Gotter, Boie, Knebel u. a. erhalten von solchen Bruchstücken dadurch Kenntnis, dass Goethe aus ihnen vorliest. Im wesentlichen hat die Handschrift wohl den gleichen Umfang wie diejenige, die Goethe am 1. Dezember 1777 an seine Mutter schickt und die er vor der Reise nach Italien zurückerbittet, um sie erneut vorzunehmen und einer Abrundung zuzuführen. Bevor das genannte Manuskript nach Frankfurt geht, hat es die Gesellschafterin der Herzogin Anna Amalia, das Fräulein Luise von Göchhausen, abgeschrieben. Das 94 Seiten umfassende Quartheft, das wohl nicht alle Entwürfe und Notizen berücksichtigt [...] ist für lange Zeit verborgen geblieben [...].

Die ersten Weimarer Jahre bis zur Reise nach Italien sind der Dichtung nicht förderlich. Sie gelangt kaum über die Entwürfe hinaus, die Goethe schon 1775 in die Residenzstadt an der Ilm mitbringt. Abgesehen von Vorlesungen und vielleicht auch aus dem Gedächtnis vorgetragenen Rezitationen beschäftigt sich Goethe kaum mit dem Werk. [...] Die weitere Ausarbeitung vollzieht sich während der ersten „Italienischen Reise" (September 1786 bis Juni 1788). [...] Die Rückkehr nach Weimar verhindert einen weiteren wesentlichen Fortschritt. Da aber die Sammlung der „Schriften" 1787 bei Göschen in Leipzig zu erscheinen begonnen hat, die Faust-Dichtung andererseits nicht gedeiht, entschließt sich Goethe, die nunmehr vorliegende Handschrift dem Druck zu überantworten. Am 10. Januar 1790 geht das Manuskript an Göschen ab. [...]

Der Fortschritt vom „Urfaust" zum „Fragment" beruht [...] nicht allein in Textergänzungen und in mehr oder weniger großen Erweiterungen einzelner Szenen. [...] Die weitere Ausformung der Dichtung geht nicht ohne inhaltliche Veränderungen vor sich. [...] Das „Fragment" muss als Zwischenstufe betrachtet werden. [...] Es geht nunmehr um die Betonung des Wissenstriebes und um den Gegensatz Faust-Mephisto. [...] Dann handelt es sich um die weitere Ausformung und den endlichen Abschluss, also weniger um gänzlich neue Schichten der Dichtung, wie sie die Entwicklung vom „Urfaust" über das „Fragment" zum „Teil I" kennt. Dies gilt selbst unter Berücksichtigung der Tatsache, dass die Ausprägung von Fausts Lebensstufen wieder Probleme stellt, Lücken entstehen lässt und die Vielfalt der Stilebenen nach innerer Übereinstimmung verlangt. Zunächst aber ist die Aufgabe zu lösen, den ersten Teil der Faust-Dichtung abzuschließen. Der Anstoss kommt von außen. Die engere Zusammenarbeit mit Schiller seit 1794 führt auch zur Diskussion über das „Fragment" und die mögliche Vollendung des Werkes. Goethe weicht zunächst aus, wird [aber] angeregt durch die Anmerkungen Schillers [...]. Zwischen 1797 und 1806, als das Manuskript an den Verleger geht, entsteht der „Prolog im Himmel" und die die Lücken ausfüllenden Szenen: „Vor dem Tor", „Studierzimmer 1", Paktszene für „Studierzimmer 2" und „Walpurgisnacht". Außerdem werden „Wald und Höhle" sowie „Nacht. Straße vor Gretchens Türe" umgearbeitet, ergänzt und neu eingefügt. Schließlich erhalten die schon im „Urfaust" vorhandenen Szenen, die auf „Dom" folgen und die bis zu „Kerker" reichen, ihre endgültige Gestalt. [...]

Hans Henning: *Die Entstehungsgeschichte von Goethes Faust-Dichtung*. 1982. In: Ders.: Faust-Variationen. Beiträge zur Editionsgeschichte vom 16. bis zum 20. Jahrhundert. München; London: K.G. Saur Verlag, 1993. S. 229–240.

Goethe und Schiller

Friedrich Schiller, von der ersten Stunde ein Bewunderer des berühmten Literaten Goethe, hatte maßgeblichen Einfluss auf die Fertigstellung von Goethes *Faust I*, wie der Briefwechsel zwischen den beiden Schriftstellern belegt.

BIOGRAFIE

WORT- UND SACHERKLÄRUNGEN

MATERIALIEN

Erstes Zusammentreffen zwischen Goethe und Schiller (Safranski, 2009)

Am 11. Dezember 1779 machen der Weimarer Herzog Karl August und der Geheime Legationsrat Goethe, auf der Rückreise von Bern Station in Stuttgart, wo sie Gäste des württembergischen Herzogs sind. Karl Eugen persönlich führt die Gäste durch die Hohe Karlsschule, die er stolz seine »Pflanzstätte« nannte. Die Studenten drängen sich, den berühmten Autor des »Götz« und des »Werther« leibhaftig sehen und vielleicht einen Blick von ihm erhaschen zu können. Dazu gibt es Gelegenheit. Am 14. Dezember wird das Stiftungsfest der Karlsschule im Neuen Schloss gefeiert, mit Musik, Reden und Chorgesang. Im blumengeschmückten Festsaal zeigen sie sich: vorne in der Mitte steht Karl Eugen, zu seiner Rechten der Weimarer Herzog, zur Linken Goethe, würdevoll steif. Er ist nur zehn Jahre älter als Schiller, aber er steht dort vor ihm, über ihm, wie eine alte Macht aus einer höheren Welt. Iffland erlebte ihn damals auch zum ersten Mal: »Goethe hat einen Adlerblick, der nicht zu ertragen ist. Wenn er die Augenbrauen in die Höhe zieht, so ist, als ginge der Hirnknochen mit«. Die Jahrgangspreise werden verteilt. Die Ausgezeichneten treten vor, knien nieder und küssen zum Dank den Rockzipfel des Herzogs. Schiller erhält drei Silbermedaillen und Diplome in medizinischen Fächern. Auch er muss knien und küssen. Er bedauert es, sich nicht bemerklich machen zu können, und wagt es nicht, den Blick seitlich schräg nach oben zu lenken, wo Goethe über ihn hinwegblickt.

Das Goethe-und-Schiller-Denkmal auf dem Theaterplatz in Weimar.

Goethe stand zu diesem Zeitpunkt zwar immer noch in dem Ruf, ein »Stürmer und Dränger« zu sein, aber er war es nicht mehr. Kurz vor Antritt dieser Reise hatte er im Tagebuch notiert: *Andre Zeiten andre Sorgen. Stiller Rückblick aufs Leben, auf die Verworrenheit, Betriebsamkeit ... Wie ich besonders in Geheimnissen, dunklen imaginativen Verhältnissen eine Wollust gefunden habe ... Wie kurzsinnig in menschlichen und göttlichen Dingen ich mich umgedreht habe ... wie nun kein Weg zurückgelegt sondern vielmehr ich nur dastehe wie einer der sich aus dem Wasser rettet und den die Sonne anfängt wohltätig abzutrocknen ...*

Seine Haltung ist neuerdings bemüht würdevoll. Eine Veränderung, die von seiner näheren Umgebung, die ihn anders kennen und schätzen gelernt hatte, mit Befremden aufgenommen wurde – »statt der allbelebenden Wärme«, schreibt Wieland, »ist politischer Frost um ihn her. Er ist immer gut und harmlos, aber – er teilt sich nicht mehr mit«. Das Befremden, das er bewirkte, hat Goethe gespürt. In einem Brief an Charlotte von Stein vergleicht er sich am 13. September 1780 mit einem *Vogel der sich aus einem guten Entzweck ins Wasser gestürzt hat, und dem, da er am Ersaufen ist, die Götter seine Flügel in Flossfedern nach und nach verwandeln. Die Fische die sich um ihn bemühen begreifen nicht, warum es ihm in ihrem Elemente nicht sogleich wohl wird.* Warum sollen die anderen mit ihm ihr Behagen haben, wenn es ihm selbst daran fehlt? Warum sollten sie nicht von ihm befremdet sein, da er doch selbst auch von sich und seiner neuen Rolle befremdet ist?

Da stand nun also dieser »frostige« Goethe steif und Ehrfurcht gebietend auf der Empore des Neuen Schlosses in Stuttgart, womöglich hat er sich gelangweilt. [...]

Skandale gehörten zum Personenkult der Geniezeit. Ein Künstler legt ein Werk vor. Gut. Das genügt aber nicht. Besser, man macht das eigene Leben zum Kunstwerk, das die Neugier und Deutungslust des Publikums anregt. Goethe hatte es vorgemacht. Man redete schon damals über sein Leben, über die Jahre in Frankfurt, über seine Geliebten, über die Frage, wieviel Goethe steckt im »Werther«, über das tolle Treiben mit dem jungen Herzog in den ersten Weimarer Jahren. [...]

Der »Götz« war ein nationaler, der »Werther« wurde ein europäischer Erfolg. Die Wertherkleidung – gelbe Weste und Hose, blauer Frack und braune Stulpenstiefel – ist bis zum heutigen Tage der seltene Fall, daß eine Modewelle in Deutschland von der Literatur ihren Ausgang nahm und ihren Ursprung nicht, wie gewöhnlich, in Frankreich, England oder Amerika hatte. Auch soll es da und dort zu nachahmenden Selbstmorden gekommen sein. Der »Werther« wurde zum Kultbuch einer ganzen Generation. [...]

In der zweiten Hälfte der siebziger Jahre wurden die Nachrichten vom Genietreiben in Weimar spärlicher, aber der Geniebegriff, den Goethe so überzeugend verkörperte, verlor bei jungen Leuten wie Schiller und seinen Freunden an der Karlsschule nichts von seiner Strahlkraft. Genie – das war für sie eine Angelegenheit des Herzens, ein Schlachtruf fast in den geistigen Kämpfen ihrer Gegenwart, an denen sie teilnahmen, wenn auch einstweilen noch aus der Ferne. Goethes Genie stellte alle in den Schatten. [...]

War von Genie die Rede, dachte man in den siebziger Jahren zunächst an Shakespeare. Noch dreißig Jahre zuvor war er in Deutschland fast unbekannt, jetzt gilt er als der Menschenschöpfer schlechthin. *Er wetteiferte,* schreibt Goethe in seiner Rede auf Shakespeare, *mit dem Prometheus, bildete ihm Zug vor Zug seine Menschen nach, nur in Kolossalischer Größe*. Shakespeare erhebt sich nicht, wie Klopstock, über die Natur, er ahmt sie auch nicht idyllisch nach, wie die Anakreontiker, er schafft sie aus seiner inneren Natur und trifft eben darum die Wahrheit der äußeren Natur und des Menschengewimmels.

›Natur‹ ist neben ›Genie‹ das andere Zauberwort der Epoche. Beide Begriffe gehören zusammen und stehen in Opposition zu Künstlichkeit und Zwang. Das Genie hält sich nicht an Regeln, sondern gibt sich selber welche, die der eigenen schöpferischen Natur entstammen. [...]

Was galt nun aber dem Sturm und Drang und denen, die in Goethe ihren Abgott sahen, als ›Natur‹ und als ›natürlich‹? Natur ist, was von innen her organisch wächst und sich entfaltet. Was von Natur aus geschieht, kann von außen gehemmt, abgedrängt, verstümmelt werden. Das bewirken künstliche Ordnungen, mechanische Denkweisen, Regeln, die nicht das Gedeihen begünstigen, sondern einschränken. Es war Rousseau, der dem Jahrhundert die entscheidenden Stichworte für das Unbehagen an der Kultur geliefert hatte. Ist der Mensch, so fragt man seit Rousseau, nicht eigentlich ein mitfühlendes Wesen, wird aber im gesellschaftlichen Mechanismus zum Egoismus gezwungen? [...] Verleitet ihn das Streben nach Eigentum und Besitz nicht dazu, herrschen zu wollen oder sich ängstlich abzugrenzen? Haben ihn die gesellschaftlichen Regeln nicht seiner natürlichen Rechte beraubt? [...]

Die Natur ist stark, voller Energie, aber ist sie auch immer gut? In Augenblicken beseligten Naturempfindens mag es so scheinen. *Wenn ich das Wimmeln der kleinen Welt zwischen Halmen, die unzähligen, unergründ-*

lichen Gestalten, all der Würmgen, den Mückgen, näher an meinem Herzen fühle ... dann, so Werther, ist ihm, als würde der Spiegel seiner Seele *der Spiegel des unendlichen Gottes* werden. Aber bei anderer Gelegenheit, es ist fast dieselbe Szenerie, verwandelt sich ihm der *Schauplatz des unendlichen Lebens* in den *Abgrund des ewig offnen Grabs*. [...] Es ist genau diese Ambivalenz des Goetheschen Naturbegriffs, von der sich der junge Schiller angezogen fühlt [...].

Schiller hatte wie der Sturm und Drang und wie der junge Goethe mit der Heiligsprechung der Natur begonnen, aber er geht nun andere Weg[e], mit der Freiheit reißt er sich los, überfliegt die Natur, setzt sich ihr sogar entgegen. Das ist nicht ganz ungefährlich. Die Freiheit, sagt Karl Moor, *brütet Kolosse und Extremitäten aus*.

Zum Zeitpunkt von Goethes Besuch in Stuttgart hat Schiller nicht nur seine erste Dissertation abgeschlossen, sondern er ist auch fast fertig mit den »Räubern«, jenem Stück, das ihn über Nacht berühmt machen wird, womit er einen Erfolg wiederholt, den Goethe zehn Jahre zuvor mit seinem »Götz« erzielt hatte. [...] In einer Selbstrezension von 1782, verfasst kurz nach der Uraufführung, kritisiert Schiller die mangelnde Wirklichkeitsnähe seiner Figuren. Sie seien nicht nach der Natur gebildet, der Verfasser habe, schreibt Schiller, die *Menschen überhüpft*. Das empfand man auch im fernen Weimar so, jedenfalls verständigten sich Goethe und Wieland darauf. Der junge Mann aus Schwaben habe nun wirklich übertrieben mit seinen Kopfgeburten. [...]

Rüdiger Safranski: *Goethe und Schiller*. München: Carl Hanser Verlag, 2009. S. 17–37.

Goethes Verhältnis zu Schiller (Gerrit Brüning, 2010)

Goethes Verhältnis zu Schiller war in den Jahren nach seiner Rückkehr aus Italien im Juni 1788 nur lose. Die beiden lernten sich am 7. September 1788 im Rahmen einer Gesellschaft bei den Familien Lengefeld und Beulwitz in Rudolstadt kennen. Caroline Herder, die zugegen war, berichtete: „Goethe betrug sich gut gegen ihn [Schiller], und es war eine gute Stimmung". „Unsere Bekanntschaft war bald gemacht, und ohne den mindesten Zwang", konnte Schiller mitteilen. Aber Goethe und Schiller begegneten einander nicht auf Augenhöhe: Jener stand im Mittelpunkt, während dieser nur zu der Gesellschaft gehörte, deren Aufmerksamkeit sich ganz auf Goethe richtete (SNA 25, S. 106 f.). Im Dezember desselben Jahres setzte sich Goethe dafür ein, dass Schiller als außerordentlicher Professor an die Jenaer Universität berufen wurde, um historische Vorlesungen zu halten (FA I, 27, S. 11 f.). Es kam zu einem erneuten Treffen, bei dem der Förderer den Geförderten von der Entwicklung der Angelegenheit unterrichtete. Diesmal sprachen Goethe und Schiller noch weit weniger auf Augenhöhe miteinander als in Rudolstadt. Ihre literarischen und philosophischen Interessen berührten sich durchaus. Goethe registrierte kurz nach dem Rudolstädter Treffen Schillers umstrittenes Gedicht *Die Götter Griechenlandes* und wurde dadurch zu einem mündlichen Exkurs über die Griechen und ihre Götter angeregt. Offenbar von Karl Philipp Moritz erfuhr Schiller fünf Monate später, Goethe habe das Gedicht „sehr günstig beurtheilt". Doch das Gespräch mit dem Verfasser der *Götter Griechenlandes* suchte Goethe nicht. Als weitere Berührungspunkte sind die literarische Gestaltung des spanisch-niederländischen Kriegs sowie die Mitarbeit am *Teutschen Merkur* genannt worden. Und schließlich: Beide lasen Kant. Über ihn wurde gesprochen, als Goethe am 31. Oktober 1790 bei Schiller in Jena zu Gast war. Goethe scheint sich jedoch einer substantiellen Diskussion entzogen zu haben. Den Theoretiker Schiller nahm Goethe erst später wahr. Zu einem nochmaligen flüchtigen Austausch kam es, vermittelt über Wieland, im Oktober 1791 wegen der *Karlos*-Aufführung des Weimarer Hoftheaters. Doch in den beiden Jahren vor 1794 verlor Goethe Schiller ganz aus den Augen: Er reiste im August 1792 zu den konterrevolutionären Truppen nach Frankreich, von wo er erst im Dezember zurückkehrte, und im Mai des folgenden Jahres zur Belagerung von Mainz. Noch vor Goethes Rückkehr ging Schiller nach Württemberg, wo er bis Mai 1794 blieb. Goethe musste im Sommer 1794 „mit dem Gange Ihres [Schillers] Geistes, besonders in den letzten Jahren", noch vertraut werden. Nachdem Schiller ihm einen Teil der sogenannten Kallias-Briefe und die *Fortgesetzte Entwicklung des Erhabenen* zugeschickt hatte, erbat Goethe sich Schillers sämtliche ästhetische Schriften, „damit man ohne Zeitverlust das vergangene nachhohlte". Was Caroline Herder über das Treffen im September 1788 schrieb, gilt für die folgenden Jahre allgemein: Goethe betrug sich gut gegenüber Schiller, *wenn* er sich denn zu ihm verhielt. Sein Interesse an Schiller war, soweit die Quellen ein Urteil darüber erlauben, viel geringer als das Interesse Schillers an ihm. In Goethes autobiographischer Erzählung, dem *Glücklichen Ereignis*, verläuft die Vorgeschichte der Freundschaft anders. Der aus Italien Zurückgekehrte hält nach literarischen Werken mit hoher Reputation und starker Wirkung Ausschau, wobei sein Blick von vornherein auf den Bereich extremer ästhetischer Positionen beschränkt ist: Heinses *Ardinghello* (1787) und Schillers *Räuber* (1781) scheinen die gesamte Literaturlandschaft zu vertreten. Goethe sieht sich „zwischen Ardinghello und Franz Moor eingeklemmt", so als habe es nur diesen Raum gegeben (LA I, 9, S. 79 f.). Die autobiographische Figur gründet ihre Wahrnehmung der Situation ganz auf die extremen literarischen Tendenzen und stürzt in eine Krise [...]. Vom historischen Goethe ist überliefert, dass er die Wirkung der *Räuber* schon kurz nach der Uraufführung abschätzig registrierte: „Gothe hat einen, ebenso großen Gräuel als ich, an der seltsamen Hirnwuth, die man izt am Nekkarstrome für Genie zu halten pflegt", schrieb Wieland 1782, nachdem Schiller ihm die *Räuber* hatte zukommen lassen. Ein krisenhafter Schrecken ist in diesem wegwerfenden Urteil nicht erkennbar und in späterer Zeit umso weniger anzunehmen, als Goethe die anhaltende Popularität der *Räuber*, wenn überhaupt, schon in voritalienischer Zeit registriert haben musste. Nach dem *Glücklichen Ereignis* zu urteilen, hatte Goethe die Person, mit welcher er in Rudolstadt zusammentraf, vor allem oder gar ausschließlich mit dem Erstling assoziiert. Darüber nämlich, dass sich Schiller mit dem kurz zuvor (1787) erschienenen und uraufgeführten *Dom Karlos* von der Dramenpoetik der *Räuber* entfernt hatte, geht Goethe hinweg: „Die Erscheinung des Don Carlos war nicht geeignet mich ihm näher zu führen" [...]. Nur infolge mangelnder Offenheit, konnte man meinen, findet sich die autobiographische Figur zu einer positiveren Würdigung des Stücks noch nicht bereit. [...]

Gerrit Brüning: *Unglückliches Ereignis. Goethes Erfindung und sein Verhältnis zu Schiller*. In: Werner Frick, Jochen Golz, Albert Meier und Edith Zehm (Hg): Goethe Jahrbuch 2010. Band 127. Göttingen: Wallstein Verlag, 2012. S. 48–56. http://www.goethe-gesellschaft.de/download/jahrbuch/9783835322004.pdf

Schillers Kenntnis des *Faust*-Plans, 1794–1795 (Brüning, 2015)

Ende November 1794 hatte Schiller erstmals bei Goethe nach dem *Faust* gefragt. Er bezog sich dabei auf die „Bruchstücke", die „noch nicht gedruckt waren". Von ihnen dürfte Schiller während der vierzehntägigen Konferenz erfahren haben, die Goethe und Schiller in der zweiten Septemberhälfte abhielten und wo „von anzufangenden und angefangenen Trauerspielen" die Rede war. Goethe jedoch traute sich nach eigenem Bekunden nicht, das „Packet" wieder „aufzuschnüren". Zum Ersatz schrieb er Schiller die Rolle des entscheidenden Förderers in spe zu: „Kann mich künftig etwas dazu [zur Ausarbeitung] vermögen; so ist es gewiß ihre Theilnahme." Unter dem Paket muss man sich „das alte noch vorräthige höchst confuse Manuscript" mit denjenigen Szenen vorstellen, die in den Druck des Fragments nicht aufgenommen worden, aber bereits entstanden waren. Dazu gehörten die „Urfaust"-Szenen „Nacht. Vor Gretgens

Haus“ (V. 1373–1398), „Faust, Mephistopheles“ (V. 1399–1408), „Faust, Mephistopheles“ (Prosa; entspr. „Trüber Tag. Feld“), „Nacht. Offen Feld“ (V. 1437–1442), „Kerker“ (Prosa). Möglicherweise lag zur Entstehungszeit des Urfaust bereits eine größere Textmasse vor als die von Luise von Göchhausen abgeschriebene. In Italien könnten über die im Fragment gedruckte Szene „Hexenküche“ hinaus weitere Szenen entstanden sein. Karl Philipp Moritz lernte entweder noch in Rom oder nach der Rückkehr aus Italien zumindest die Verse des Paralipomenons kennen. Als Schiller am 2. Januar 1795 noch einmal nach ungedruckten Szenen fragte, berief er sich auf Charlotte von Kalb, die „etwas davon wußte“. Es geht aus Schillers Brief nicht hervor, wieviel Charlotte von Kalb „wusste“ oder ob sie Teile des unveröffentlichten Werks aus eigener Anschauung kannte. Mit dem Hinweis auf bereits kursierende Gerüchte versuchte Schiller, seinem Adressaten genauere Auskünfte zu entlocken. Dies misslang zunächst. Spätestens zwischen dem 29. Juni und dem 2. Juli 1795 muss Goethe mit Schiller über seine *Faust*-Pläne gesprochen haben. Schiller berichtete darüber am 6. Juli in einem nicht überlieferten Brief an Wilhelm von Humboldt, der darauf skeptisch reagierte: „Für die ausführliche Nachricht von *Göthens* Faust meinen herzlichen Dank. Der Plan ist ungeheuer, schade nur, daß er ebendarum wohl nur Plan bleiben wird.“ [...]
Dass Goethe mit Schiller über *Faust* sprach, ist außerdem durch den Briefwechsel selbst belegt. Am 17. August 1795 kündigte Goethe an, was er im selben Jahr für die *Horen* voraussichtlich noch würde liefern können, und beendete die Aufstellung mit einem wagen Versprechen: „wenn es möglich wäre etwas von Faust.“ Bei dieser Gelegenheit reflektiert Goethe über die Wirkung des Austauschs mit Schiller:

> Mit diesem letzteren geht mirs wie mit einem Pulver, das sich aus seiner Auflösung nun einmal niedergesetzt hat; so lange sie dran rütteln, scheint es sich wieder zu vereinigen, so bald ich wieder für mich bin setzt es sich nach und nach zu Boden. [...]

Wie aus Schillers Antwort hervorgeht, hatte dieser um eine Veröffentlichung von Bruchstücken des *Faust* gebeten: „noch einmal wiederhohle ich meine Fürbitte wegen Faust. Laßen Sie es auch nur eine Scene von 2 oder 3 Seiten seyn.“ Goethes Versprechen blieb unverbindlich und am Ende auch unerfüllt.

Gerrit Brüning: *Ungleiche Gleichgesinnte. Die Beziehung zwischen Goethe und Schiller.* 1794–1798. Göttingen: Wallstein Verlag, 2015. S. 201–204.

BIOGRAFIE
WORT- UND SACHERKLÄRUNGEN
MATERIALIEN

Briefwechsel

Goethe an Schiller (Weimar, 22. Juni 1797)

Da es höchst nöthig ist daß ich mir, in meinem jetzigen unruhigen Zustande, etwas zu thun gebe, so habe ich mich entschlossen an meinen *Faust* zu gehen und ihn, wo nicht zu vollenden, doch wenigstens um ein gutes Theil weiter zu bringen, indem ich das was gedruckt ist, wieder auflöse und, mit dem was schon fertig oder erfunden ist, in große Massen disponire, und so die Ausführung des Plans, der eigentlich nur eine Idee ist, näher vorbereite. Nun habe ich eben diese Idee und deren Darstellung wieder vorgenommen und bin mit mir selbst ziemlich einig. Nun wünschte ich aber daß Sie die Güte hätten die Sache einmal, in schlafloser Nacht, durchzudenken, mir die Forderungen die Sie an das Ganze machen würden, vorzulegen und so mir meine eigenen Träume, als ein wahrer Prophet, zu erzählen und zu deuten.

Da die verschiedenen Theile dieses Gedichts, in Absicht auf die Stimmung, verschieden behandelt werden können, wenn sie sich nur dem Geist und Ton des Ganzen subordiniren, da übrigens die ganze Arbeit subjectiv ist; so kann ich in einzelnen Momenten daran arbeiten, und so bin ich auch jetzt etwas zu leisten im Stande.

Unser Balladenstudium hat mich wieder auf diesen Dunst- und Nebelweg gebracht, und die Umstände rathen mir, in mehr als in Einem Sinne, eine Zeit lang darauf herum zu irren. Das Interessante meines neuen epischen Plans geht vielleicht auch in einem solchen Reim- und Strophendunst in die Luft; wir wollen es noch ein wenig cohobiren lassen. Für heute leben Sie recht wohl! [...]

Goethes Werke. Herausgegeben im Auftrag der Großherzogin Sophie von Sachsen. IV. Abteilung: Goethes Briefe. Bd. 1–50, Weimar 1887–1912. Weimarer Ausgabe, IV. Abteilung, Bd. 13. S. 166.

Schiller an Goethe (Jena, 23. Juni 1797)

Ihr Entschluß an den Faust zu gehen ist mir in der That überraschend, besonders jetzt, da Sie sich zu einer Reise nach Italien gürten. Aber ich hab' es einmal für immer aufgegeben, Sie mit der gewöhnlichen Logik zu messen, und bin also im voraus überzeugt, daß Ihr Genius sich vollkommen gut aus der Sache ziehen wird.

Ihre Aufforderung an mich, Ihnen meine Erwartungen und Desideria mitzutheilen, ist nicht leicht zu erfüllen; aber so viel ich kann, will ich Ihren Faden aufzufinden suchen, und wenn auch das nicht geht, so will ich mir einbilden, als ob ich die Fragmente von Faust zufällig fände und solche auszuführen hätte. So viel bemerke ich hier nur, daß der Faust, das Stück

nämlich, bei aller seiner dichterischen Individualität die Forderung an eine symbolische Bedeutsamkeit nicht ganz von sich weisen kann, wie auch wahrscheinlich Ihre eigene Idee ist. Die Duplicität der menschlichen Natur und das verunglückte Bestreben das Göttliche und das Physische im Menschen zu vereinigen, verliert man nicht aus den Augen; und weil die Fabel in's Grelle und Formlose geht und gehen muß, so will man nicht bei dem Gegenstand stille stehen, sondern von ihm zu Ideen geleitet werden. Kurz, die Anforderungen an den Faust sind zugleich philosophisch und poetisch, und Sie mögen sich wenden wie Sie wollen, so wird Ihnen die Natur des Gegenstandes eine philosophische Behandlung auflegen, und die Einbildungskraft wird sich zum Dienst einer Vernunftidee bequemen müssen. Aber ich sage Ihnen damit schwerlich etwas Neues, denn Sie haben diese Forderung in dem was bereits da ist, schon in hohem Grade zu befriedigen angefangen.
Wenn Sie jetzt wirklich an den Faust gehen, so zweifle ich auch nicht mehr an seiner völligen Ausführung, welches mich sehr erfreut. [...]

Schillers Briefe. 2. Band. Berlin: Allgemeine deutsche Verlagsanstalt, 1854. S. 540.

Schiller an Goethe (Jena, 26. Juni 1797)

[...] Den Faust habe ich nun wieder gelesen und mir schwindelt ordentlich vor der Auflösung. Dieß ist indeß sehr natürlich, denn die Sache beruht auf einer Anschauung, und so lang man die nicht hat, muß ein selbst nicht so reicher Stoff den Verstand in Verlegenheit setzen. Was mich daran ängstigt ist, daß mir der Faust seiner Anlage nach auch eine Totalität der Materie nach zu erfordern scheint, wenn am Ende die Idee ausgeführt erscheinen soll, und für eine so hoch aufquellende Masse finde ich keinen poetischen Reif der sie zusammenhält. Nun, Sie werden sich schon zu helfen wissen. Zum Beispiel: es gehörte sich, meines Bedünkens, daß der Faust in das handelnde Leben geführt würde, und welches Stück Sie auch aus dieser Masse erwählen, so scheint es mir immer durch seine Natur eine zu große Umständlichkeit und Breite zu erfordern.
In Rücksicht auf die Behandlung finde ich die große Schwierigkeit, zwischen dem Spaß und dem Ernst glücklich durchzukommen; Verstand und Vernunft scheinen mir in diesem Stoff auf Tod und Leben miteinander zu ringen. Bei der jetzigen fragmentarischen Gestalt des Faust's fühlt man dieses sehr, aber man verweist die Erwartung auf das entwickelte Ganze. Der Teufel behält durch seinen Realism vor dem Verstand, und der Faust vor dem Herzen Recht. Zuweilen aber scheinen sie ihre Rollen zu tauschen und der Teufel nimmt die Vernunft gegen den Faust in Schutz.

Eine Schwierigkeit finde ich auch darin, daß der Teufel durch seinen Charakter, der realistisch ist, seine Existenz, die idealistisch ist, aufhebt. Die Vernunft nur kann ihn glauben, und der Verstand nur kann ihn so, wie er da ist, gelten lassen und begreifen.
Ich bin überhaupt sehr erwartend, wie die Volksfabel sich dem philosophischen Theil des Ganzen anschmiegen wird. [...]

Schillers Briefe. 2. Band. Berlin: Allgemeine deutsche Verlagsanstalt, 1854. S. 542.

Goethe an Schiller (Weimar, 1. Juli 1797)

[...] Meinen Faust habe ich, in Absicht auf Schema und Übersicht, in der Geschwindigkeit recht vorgeschoben, doch hat die deutliche Baukunst die Luftphantome bald wieder verscheucht. Es käme jetzt nur auf einen ruhigen Monat an, so sollte das Werk zu männiglicher Verwunderung und Entsetzen, wie eine große Schwammfamilie aus der Erde wachsen. Sollte aus meiner Reise nichts werden, so habe ich auf diese Possen mein einziges Vertrauen gesetzt. Ich lasse jetzt das Gedruckte wieder abschreiben und zwar in seine Theile getrennt, da denn das neue desto besser mit dem alten zusammen wachsen kann. [...]

Goethes Werke. Herausgegeben im Auftrag der Großherzogin Sophie von Sachsen. IV. Abteilung: Goethes Briefe. Bd. 1–50, Weimar 1887–1912. Weimarer Ausgabe, IV. Abteilung, Bd. 13. S. 178.

Goethe an Schiller (Weimar, 6. Dezember 1797)

[...] Halten Sie sich ja zu Ihrem Wallenstein; ich werde wohl zunächst an meinen Faust gehen, theils um diesen Tragelaphen los zu werden, theils um mich zu einer höhern und reinern Stimmung, vielleicht zum Tell, vorzubereiten. Dabei soll gelegentlich an den nächsten Almanach gedacht werden, vielleicht fällt auch etwas für die Horen ab. [...]

Goethes Werke. Herausgegeben im Auftrag der Großherzogin Sophie von Sachsen. IV. Abteilung: Goethes Briefe. Bd. 1–50, Weimar 1887–1912. Weimarer Ausgabe, IV. Abteilung, Bd. 13. S. 371.

Goethe an Schiller (Weimar, 5. Mai 1798)

[...] Meinen Faust habe ich um ein gutes weiter gebracht. Das alte noch vorräthige höchst confuse Manuscript ist abgeschrieben und die Theile sind in abgesonderten Lagen nach den Nummern eines ausführlichen Schemas hinter einander gelegt; nun kann ich jeden Augenblick der Stimmung nutzen, um einzelne Theile weiter auszuführen und das Ganze früher oder später zusammenzustellen.

Ein sehr sonderbarer Fall erscheint dabei: Einige tragische Scenen waren in Prosa geschrieben, sie sind durch ihre Natürlichkeit und Stärke im Verhältniß gegen das andere ganz unerträglich.
Ich suche sie deswegen gegenwärtig in Reime zu bringen, da denn die Idee wie durch einen Flor durchscheint, und die unmittelbare Wirkung des ungeheueren Stoffes gedämpft wird. [...]

Goethes Werke. Herausgegeben im Auftrag der Großherzogin Sophie von Sachsen. IV. Abteilung: Goethes Briefe. Bd. 1–50, Weimar 1887–1912. Weimarer Ausgabe, IV. Abteilung, Bd. 13. S. 135.

Schiller an Goethe (Jena, 8. Mai 1798)

[...] Ich gratuliere Ihnen zu dem vorgerückten Faust. Sobald Sie bei diesem Stoff nur erst bestimmt wissen, was noch daran zu thun ist, so ist er so gut als gemacht, denn mir schien immer das *Unbegränzbare* das Schwierigste dabei zu seyn. Ihre neuliche Bemerkung, daß die Ausführung einiger tragischen Scenen in Prosa so gewaltsam angreifend ausgefallen, bestätigt eine ältere Erfahrung die Sie bei der Mariane im Meister gemacht haben, wo gleichfalls der pure Realism in einer pathetischen Situation so heftig wirkt, und einen nicht poetischen Ernst hervorbringt: denn nach meinen Begriffen gehört es zum Wesen der Poesie, daß in ihr Ernst und Spiel immer verbunden seyen. [...]

Schillers Briefe. 2. Band. Berlin: Allgemeine deutsche Verlagsanstalt, 1854. S. 700.

Schiller an Cotta (16. Dezember 1798)

[...] Göthe hat an seinem *Faust* noch viel Arbeit eh er fertig wird. Ich bin oft hinter ihm her, ihn zu beendigen und seine Absicht ist wenigstens, daß dieses nächsten Sommer geschehen soll. Es wird freilich eine kostbare Unternehmung seyn. Das Werk ist weitläuftig 20–30 Bogen gewiß, es sollen Kupfer dazu kommen, und er rechnet auf ein derbes Honorar. Es ist aber auch ein ungeheurer Absatz zu erwarten. Es wird gar keine Frage seyn, daß er Ihnen das Werk in Verlag giebt, wenn Ihnen die Bedingungen recht sind, denn er meint es sehr gut mit Ihnen. [...]

Wilhelm Vollmer: *Briefwechsel zwischen Schiller und Cotta*. Stuttgart: Verlag der J.G. Cotta'schen Buchhandlung, 1876. S. 330.

Schiller an Cotta (24. März 1800)

[...] Nun noch einen guten Rath. Ich fürchte, Göthe läßt seinen Faust, an dem schon so viel gemacht ist, ganz liegen, wenn er nicht von außen und durch anlockende Offerten veranlaßt wird, sich noch einmal an diese große Arbeit zu machen und sie zu vollenden. Der Faust wird, wie er mir sagte, wenn er vollendet ist zwey beträchtliche Bände, über 2 Alphabethe betragen. Er rechnet freilich auf einen großen Profit, weil er weiß, daß man in Deutschland auf dieses Werk sehr gespannt ist. Sie können ihn, das bin ich überzeugt, durch glänzende Anerbietungen dahin bringen, dieses Werk in diesem Sommer auszuarbeiten. Berechnen Sie Sich nun mit sich selbst, wieviel Sie glauben, an so eine Unternehmung wagen zu können und schreiben alsdann an ihn. Er fodert nicht gern und läßt sich lieber Vorschläge thun, auch accordiert er lieber ins Ganze als Bogenweiß. [...]

Wilhelm Vollmer: *Briefwechsel zwischen Schiller und Cotta*. Stuttgart: Verlag der J.G. Cotta'schen Buchhandlung, 1876. S. 375.

Aus Goethes Tagebuch

Goethe (Tagebuch, 21. März 1806)
Faust angefangen durchzugehen mit Riemer. [...]

Goethe (Tagebuch, 24. März 1806)
Faust mit Riemer. Für mich letzte Scene.

Goethe (Tagebuch, 29. März 1806)
Faust. Scenen vom Valentin pp Hamanns Schriften. [...]

Goethe (Tagebuch, 21. April 1806)
Faust mit Riemer letzte Revision [...].

Goethe (Tagebuch, 25. April 1806)
Faust letztes Arrangement zum Druck. [...]

Goethes Werke. Weimarer Ausgabe, Weimar 1887–1912, III. Abteilung, Bd. 3, S. 113. S. 121–125.

Gretchen-Tragödie

Die Gretchen-Tragödie – die tragische Liebesgeschichte zwischen Faust und Gretchen – ist zentraler Handlungsstrang im *Faust*. Das Motiv der Kindstötung fand dabei in der Literatur des Sturm und Drang häufig Verwendung. Goethe hatte aufgrund seiner juristischen Tätigkeit mit einigen Kindsmörderinnen Kontakt und das hinterließ in der Gretchen-Tragödie deutliche Spuren.

Ist gerettet!
Kupferstich von Carl August Schwerdgeburth (1829).

Vor Gericht (Johann Wolfgang von Goethe, 1776)

Vor Gericht

Von wem ich es habe, das sag ich euch nicht,
Das Kind! in meinem Leib.
»Pfui!« speit ihr aus: »die Hure da!«
Bin doch ein ehrlich Weib.

Mit wem ich mich traute, das sag ich euch nicht.
Mein Schatz ist lieb und gut,
Trägt er eine goldene Kett am Hals,
Trägt er einen strohernen Hut.

Soll Spott und Hohn getragen sein,
Trag ich allein den Hohn.
Ich kenn ihn wohl, er kennt mich wohl,
Und Gott weiß auch davon.

Herr Pfarrer und Herr Amtmann ihr,
Ich bitte, laßt mich in Ruh!
Es ist mein Kind, es bleibt mein Kind,
Ihr gebt mir ja nichts dazu.

Johann Wolfgang von Goethe: *Berliner Ausgabe. Poetische Werke* [Band 1–16], Band 1, Berlin 1960 ff., S. 128–129.

Der Fall der Susanna Margaretha Brandt (Mona Dertinger, 2016)

Am 3. August 1771 wurde die dreiundzwanzig Jahre alte Dienstmagd Susanna Margaretha Brandt in der Freien Reichsstadt Frankfurt festgenommen, nachdem sie am Tag zuvor von ihrer Schwester beim Jüngeren Bürgermeister der Stadt angezeigt worden war. Der Tatvorwurf bestand in der Verheimlichung einer Geburt sowie der anschließenden Tötung des Neugeborenen. Sofort war Haftbefehl gegen Brandt erlassen und steckbrieflich nach der Verdächtigen gefahndet worden. Die Untersuchung begann noch am Tag der Festnahme. Am 10. Januar 1772 wurde der jungen Frau nach erfolgtem Nachweis ihrer Schuld das Todesurteil verkündet, welches vier Tage später vollzogen wurde. [...] Goethes Faust-Tragödie verbindet zwei unterschiedliche Stoffquellen miteinander: die Volkssage um den historischen Johann Georg Faust und den Rechtsfall um Susanna Margaretha Brandt. [...]

Während die Ursprünge der Faustsage ins 16. Jahrhundert zurückführen, ereignete sich der Fall um Susanna Margarethe Brandt im direkten zeitlichen Umfeld Goethes. Zur Zeit der Ereignisse 1771 war der junge Goethe nach Abschluss seines Jurastudiums gerade in seine Heimatstadt Frankfurt zurückgekehrt. Die gerichtliche Untersuchung konnte er aus nächster Nähe verfolgen, die am Verfahren beteiligten Ratsherren, Mediziner und Schreiber kannte er weitestgehend persönlich. Zudem wurden im Goethehaus Frankfurt Teilabschriften aus den Prozessakten zum Fall Susanna Brandt gefunden, die scheinbar auf Anweisung Goethes angefertigt worden waren und ihm eine tiefere Einsicht in den Prozess erlaubt hatten. [...]

Inhaltlich weist die Gretchentragödie typische Elemente des bürgerlichen Trauerspiels des Sturm und Drang auf: den Konflikt zwischen den Sehnsüchten einer jungen Bürgerstochter und dem strengen Normengefüge der Gesellschaft, die Verführung der jungen Unschuld durch einen gewissenlosen, egoistischen und sozial höher gestellten Verführer und ein männliches Familienmitglied – üblicherweise der Familienvater, in der Gretchentragödie tritt Valentin als älterer Bruder nach dem Tod des Vaters an dessen Stelle – als strikter Vertreter der gesellschaftlichen Moralanforderungen, der über die Ehre der einzelnen Familienmitglieder wacht.

Wesentlich zentraler als diese Nähe zum bürgerlichen Trauerspiel – vor allem weil in den gesellschaftlichen Begrenzungen des Individuums nur ein Teil der Ursache des Untergangs Gretchens gesehen werden kann – erscheint jedoch der Charakter Fausts, der sich als typischer Charakter des Sturm und Drang und als Personifizierung des Goetheschen Gedankenguts dieser Schaffensphase deuten lässt. Im Faust der Gretchentragödie lässt sich nahezu jeder Aspekt des Strebens der Stürmer und Dränger finden: Die Aufwertung der Sinne, Gefühle und Leidenschaften des Menschen, die Abkehr von der Vernunftherrschaft und das Streben nach innerer Bewegung und Begeisterung anstelle von kaltem verstandesmäßigen Erfassen und Buchgelehrsamkeit sowie der Drang nach Freiheit und die Kritik an der bestehenden Gesellschaft bzw. die Abwendung von dieser.

Mona Dertinger: *Mutter, Gattin, Mörderin. Eine Untersuchung zu Weiblichkeit und weiblicher Kriminalität in Recht und Literatur.* Dissertation, Universität Heidelberg, 2016. S. 196–206. https://archiv.ub.uni-heidelberg.de/volltextserver/24092/

Criminalia 1771, Nr. 62: Susanna Margaretha Brandt (1746–1772)

Zu peinlicher Untersuchungssachen wider Susanna Margarethen Brandtin, erkennen wir Bürgermeister und Rath der Kayßerlichen freyen Reichsstadt Frankfurt am Mayn, auf vorgängige umständliche Erforschung und Untersuchung der Sache geführte Verteidigung, vorgelegt rechtliche Syndicatsbedenken und sorgfältiger Erwägung aller Umstände vor Recht, daß gedachte Brandtin des an ihrem lebendig zur Welt gebrachten Kinde, nach eigener wiederholter Bekundnis, vorsetzlich und boshafterweise verübten Mordes halber, nach Vorschrift der göttlichen und weltlichen Gesetze und zwar ihrer zur wohlverdienten Strafe und anderen zum abscheulichen Exempel mit dem Schwerd vom Leben zum Todt zu bringen und dieses Urteil fordersamt zu vollziehen seye. Geschlossen bey Rath dinstag den 7. Januar 1772.

Quelle: *Wikipedia. Nach Criminalia 1771, Nr. 62.* (Institut für Stadtgeschichte Frankfurt a. Main) https://de.wikipedia.org/wiki/Susanna_Margaretha_Brandt

Das kurze Leben der Johanna Catharina Höhn (Scholz, 2004)

[...] Goethes Schuld wird bis auf den heutigen Tag von einem beträchtlichen Teil der einflussreichen apologetischen Goethe-Forschung bestritten. Während als Hintergrund der Gretchentragödie im *Faust* der Prozess gegen Susanna Margaretha Brandt und ihre Hinrichtung am 14. Januar 1772 früh erwähnt und sorgfältig aufgearbeitet wurden, geschah dies bei Johanna Höhn nicht. Erst Fritz Hartung erwähnte in seiner Geschichte des Staates Sachsen-Weimar 1923 Goethes Votum für die Beibehaltung der Todesstrafe bei Kindsmord, ließ aber den Zusammenhang mit dem Schicksal von Johanna Höhn aus. Erst Friedrich-Wilhelm Luft veröffentlichte 1929 Fakten. Seither gibt es um die Bewertung von Goethes Verhalten einen Streit. Es kam 1931/32 zu einer Kontroverse in Tageszeitungen, die Goethes Verhalten einem breiten Publikum bekannt machte und z. B. die Bemerkung Thomas Manns – „erschütternd" – und Feuchtwangers ironischen Vergleich Goethes mit dem faschistischen Opportunisten und Pseudohumanisten Wiesener in seinem Roman *Exil* zur Folge hatte. Die mangelhafte Dokumentation des gesamten Vorgangs in dem von Willi Flach 1950 herausgegebenen ersten Band von Goethes *Amtlichen Schriften* verharmloste Goethes Rolle. [...]

Mit dem Nachweis von gravierenden Menschenrechtsverletzungen Goethes in seiner Tätigkeit für den Weimarer Staat, von Daniel Wilson im Goethe-Jahr 1999 veröffentlicht, hat das Bild des großen Humanisten Goethe Risse bekommen. In dieser Diskussion spielt die Frage, ob Goethes

BIOGRAFIE WORT- UND SACHERKLÄRUNGEN MATERIALIEN

Eintreten für die Beibehaltung der Todesstrafe für Kindesmörderinnen – und damit für die Hinrichtung von Johanna Höhn – mit Goethes Begriff von Menschlichkeit, mit dem Menschenbild der deutschen Klassik vereinbar ist.
Es geht zugleich um jene Goethe-Forschung und Goethe-Biographik, denen die Idealisierung Goethes auf Kosten der historischen Wahrheit vorgeworfen wird. Dass die kritischen Studien das idealisierte öffentliche Bild Goethes nicht wirksam und nachhaltig beeinflussen konnten, ist für das Verhältnis der deutschen Öffentlichkeit zur klassischen deutschen Literatur und ihres Hauptvertreters gesellschaftspolitisch in negativer Weise charakteristisch.
Die drei dokumentierten Kindesmordprozesse können aber auch wegen der großen Bedeutung für die Rechtsgeschichte Interesse beanspruchen. Die drei Fälle führen uns an den Anfang unseres heutigen Rechtssystems. Gerade über das Strafmaß bei Kindesmord unmittelbar nach der Geburt durch die ledige Mutter hat sich in der jahrzehntelangen Diskussionen des 18. und 19. Jahrhunderts mit der Begriff des Schuldstrafrechts entwickelt. Die Berücksichtigung der individuellen sozialen und psychischen Notlage der Kindestöterinnen führte in Europa überall zur Abschaffung der Todesstrafe für dieses Delikt.
Wir gewinnen mit diesen Fällen Einblick in die persönlichen Umstände der drei Frauen. Wir erleben eine Justiz am Übergang von der vordemokratischen Ungeteiltheit der drei Gewalten Exekutive, Legislative und Jurisdiktion zu deren Trennung. Wir erfahren praktisch und im Detail, wie im letzten Drittel des 18. Jahrhunderts im Weimarer Staat Recht gesprochen und Urteile vollzogen wurden. [...]
Das Aufeinanderprallen der modernen, der Aufklärung zugehörenden Rechtsauffassung und des älteren Vergeltungsstrafrechts bestimmt auch Goethes Verhalten. Die Dokumentation der drei Fälle kann dazu beitragen, Goethes Position in diesem Umbruch des Menschenbildes und der Rechtsgeschichte zu klären. [...]
Da die drei Frauen aus dörflichen Lebensverhältnissen stammen, eher arme Eltern hatten und „nur" Dienstmägde waren, gibt es nur wenige Spuren ihres Lebens. [...] Johanna Höhn und Maria Rost stammen aus „ordentlichen" Familien, sind ehelich geboren und haben Geschwister; Dorothea Altwein hat eine Mutter, zu der sie Kontakt hat. Das Leben der drei Frauen hat sich bis zur Tat über den Kleinstaat Weimar offenbar nicht hinausbewegt. Dorothea Altwein blieb auch nach ihrer Entlassung aus dem bayreuthischen Zuchthaus für immer aus Sachsen-Weimar verbannt, ihre

Spur verliert sich, während Maria Rost im Staat Sachsen-Weimar weiterlebte. [...]

Rüdiger Scholz (Hg.): *Das kurze Leben der Johanna Catharina Höhn. Kindesmorde und Kindesmörderinnen im Weimar Carl Augusts und Goethes. Drei Akten zu den Fällen Johanna Catharina Höhn, Maria Sophia Rost und Margarethe Dorothea Altwein*. Würzburg: Königshausen & Neumann, 2004. S. 5–7.

Die Gretchenfigur im *Faust* (Ulrich Knoop, 2008)

Diese Gretchen-Figur war schon immer so faszinierend, dass die erwünschten weiblichen Verhaltensweisen in großer Vielfalt auf sie projiziert wurden. Diese intensive Rezeption bewirkt eine solche Gegenwärtigkeit und Vertrautheit des Textes, dass darüber die Differenz seiner Sprache marginal erscheint. Gegenüber der Zeit um 1800 hat sich die deutsche Sprache aber so verändert, dass sich viele Wortbedeutungen von unserem Sprachgebrauch unterscheiden und wir uns deshalb vieles in seiner Bedeutung erst vergegenwärtigen müssen, was damals ganz selbstverständlich gewesen ist.

[...]

Der Anfang der Szene "Straße" ist Fausts erster Auftritt in einem Lebenszusammenhang, der für ihn neu und ungewohnt ist. Umgekehrt zeigt Gretchen, dass sie sprachlich und speziell rhetorisch exzellent gebildet ist. Das ist nicht nur aus der Wortwahl, der eleganten Syntax ersichtlich, sondern auch aus der Spontaneität der wohlformulierten Antwort. Goethe legt diese Figur so an, dass sie damit zeigt, welche Fähigkeiten sie hat: sie versteht blitzschnell und antwortet blitzgescheit. Das ist Bildung in dem Sinne, wie sie Goethe ansonsten verstanden wissen will: die kluge Einbettung in die Situation, ihre souveräne Bewältigung und der souveräne Umgang mit erworbenen Mitteln. Hier besonders klug: besonnen, ohne polemisch zu werden und dann indirekt zu erkennen geben (Augensprache mit Niederschlagen der Lider: "Wie sie die Augen niederschlägt", V. 2515), dass sie doch beeindruckt ist, ohne sich etwas zu vergeben. Das ist: Beherrschung der Situation! Wie gesagt: es ist Gretchens erster Auftritt, so wird sie vom Autor kennzeichnend eingeführt. [...]

Zur Vorstellung von ihrer angeblichen Naivität hat auch diese Auffassung beigetragen, so dass man ihre Frömmigkeit im aufklärerischen Sinne als kleinstädtisch bzw. kleinbürgerlich geprägte Frömmelei verstand. Diese Auffassung minimiert die tatsächlich angelegte Spanne zwischen Faust und ihr, denn seine Verbindung zu magischen Kräften und Geistern hat einen deutlichen Widerpart in ihrer Verbindung zu den christlichreligiösen Kräften. Dazu ist der Verweis auf ihr Gebet in der Szene "Zwinger" in Faust I („Ach neige, Du Schmerzensreiche ..." V. 3587 ff.) zu deutlich. Dem entspricht auch die Anlage der Person in Faust I. Man hat mit den Szenen "Am Brunnen" oder "Gretchens Stube", ihrer (zu oberflächlich erfassten) Frömmigkeit oder dem raschen, nicht sehr widerständigen Eingehen auf Faust ihre Naivität begründet. Das wurde fast typisch: Blond, [Zöpfe], naiv, ein Mädchen aus dem "Kleinbürgertum", wie man das dann kennzeichnete, dem in Faust die große Welt begegnet und der sie ganz in Bann schlägt. Aber sie ist alles andere als das. Wie schon gesehen, ist sie rhetorisch geschickt. Das kann man nur sein, wenn zuhause und durch Schulbildung diese Fähigkeit angelegt und gefördert wird. Spinnradlied und Thule-Lied sind zwar volkhaft, aber eben artistisch so, dass es aussieht wie volkhaft. Tatsächlich ist es die natürliche Bildung, die gemeint ist, also gleichweit entfernt von Naivität oder Verbildung.

Ach neige, du Schmerzensreiche: Kupferstich von Franz Xaver Eissner (1829).

Zu dieser Aus-Bildung (Schule, Geselligkeit ...) muss eine Familie finanziell in der Lage sein. Anzeichen deuten klar daraufhin, dass das so ist. Ihr Bruder Valentin ist Offizier, das setzt Vermögen voraus. Und dass die Familie über Vermögen verfügt, wird dadurch angedeutet, dass Schmuck bzw. Geld im Hause nichts Ungewöhnliches sind. Gretchen sagt nämlich, als sie die erste Schmuckgabe von Mephisto sieht: „Vielleicht bracht's jemand als ein Pfand, / Und meine Mutter lieh darauf." (V. 2786 ff.). Das liegt daran, dass der verstorbene Vater "ein hübsch' Vermögen" hinterlassen hat (V. 3117). "Stube" hat für uns die Bedeutung "kleiner Raum", so dass "Gretchens Stube" wie "Kämmerlein" klingt (eine Verniedlichung, die Peter Stein in seiner Inszenierung ausgeschlossen hat). Denn um 1800 bezeichnet ‚Stube' einen wichtigen, vor allem aber komfortablen Wohnraum: er ist beheizbar (mhd. stoven, stövchen; engl. stove) und das ist der Vorzug des wohlsituierten Bürgertums. Dazu passt dann die Verfügung über oder zumindest den Zugang zu einen (Lust-)Garten, in dem Marthe und Mephisto, Faust und Gretchen spazieren gehen und wo sich auch ein Gartenhäuschen befindet, was mögliche Muße andeutet (Gretchen kokettiert also eher mit ihren vielen Tätigkeiten, denn diese sind vergangen, so dass sie selbst sagen kann: "doch hab ich jetzt so ziemlich stille Tage" [V. 3119]) Im übrigen ist die gern gewählte Kennzeichnung von Gretchen als "kleinbürgerlich" ein Terminus, der auf spätere Verhältnisse im 19. Jahrhunderts zutrifft. Das Wort selbst wird erst um 1800 geprägt. Auf die sozialen Verhältnisse, die dann kleinbürgerlich genannt werden, träfe die zeitgenössische Kennzeichnung "Armut" oder "arme Leute" zu und das sind solche, die nicht oder wenig versteuern. Zahlenmäßig sind das bis zu 80% der Stadtbewohner [...]. Dazu gehört die Familie von Gretchen aber gerade nicht. [...]

Ulrich Knoop: *Die Gretchenfigur im "Faust" – worthistorisch erläutert.* (Abschiedsvorlesung, Freiburg, am 23. Juli 2008). https://www.ulrich-knoop.com/geistesgeschichte/gretchen/

Das Paar Faust – Margarete (Astrid Lange-Kirchheim, 2009)

Von Anfang an ist die Figur der Magarete männlich perspektiviert, sei es durch die mittels des Autors eingespeiste Geschlechtertopic, sei es durch den Blick der Dramenfigur Faust. Die Namengebung Margarete situiert sie gleich doppelt zwischen der Heiligen und der Hure. Der erste Verweis auf sie stellt das „himmlisch Bild" (V. 2429) hinein in die Abgründigkeit der Hexenküche und entindividualisiert sie schließlich zur Wiedergängerin von Helena, dem Inbegriff von Schönheit und Verrat (V. 2604). Dieser doppelte Blick auf sie wiederholt sich in der Opposition der

Räume von „Kirche" und „Straße" sowie in der Zweideutigkeit der Anrede „Fräulein".

FAUST
Mein schönes Fräulein, darf ich wagen,
Meinen Arm und Geleit Ihr anzutragen?
MARGARETE
Bin weder Fräulein, weder schön,
Kann ungeleit nach Hause gehn (V. 2605 f.).

„Fräulein" bezeichnet einmal die Zugehörigkeit einer Frau zum (höheren) Adel, das andere Mal eine Prostituierte, was der Text selbst explizit macht, wenn Mephistopheles von Herrn Schwerdtleins letzter Liebe, einem „schöne[n] Fräulein" erzählt) V. 291). Faust weiß und gesteht später ein, dass er mit dieser Anrede (und der Geste, sich bei Margarete unterzuhaken) eine „Frechheit" begeht (V. 3167). [...] Es ist also die gezielte Performanz, die Margarete hier erniedrigt, aber ebenso auch die Provokation ihre Ehrbarkeit, die ja mit dem Gegenteil operiert.

FAUST
Beim Himmel, dieses Kind ist schön!
So etwas hab ich nie gesehn.
Sie ist so sitt- und tugendreich,
Und etwas schnippisch doch zugleich.
Der Lippe Rot, der Wange Licht,
Die Tage der Welt vergess' ich's nicht!
Wie sie die Augen niederschlägt,
Hat tief sich in mein Herz geprägt;
Wie sie kurz angebunden war,
Das ist nun zum Entzücken gar! (V. 2609–18).

In diesem, den kurzen Wortwechsel folgenden Monolog konstruiert Faust Margarete zum engelgleichen Wesen, eine Erhöhung, eine Idealisierung, der die Erniedrigung und Entwertung bereits eingeschrieben sind. Was Faust am meisten entzückt, d. h. in Extase versetzt, [...] ist Margaretes „Schnippisch-" und „Kurz-angebunden" Sein. Wir können dieses Verhalten als kokett, als zum Liebesspiel gehörige Performanz von Widerstand auffassen. Ulrich Knoop hat die Herkunft der Wendung „kurz angebunden sein" aus der Fechtsprache nachgewiesen: „leicht in Händel verwickelt, rasch zum Kampf entschlossen", ist die Bedeutung. „Margarete ist also kurz (= schnell) entschlossen, mit Faust anzubinden, mit ihm die Klingen zu kreuzen." Hieraus zieht Knoop den Schluss:

Sie ist im besten Sinne wehrhaft, und das ist es, was Faust fasziniert: Nicht die blonde Naivität, die ein Bild von Gretchen geprägt hat, sondern das ständische Selbstbewußtsein einer Margarete [laut Knoop zum Bürgertum nicht zum Kleinbürgertum gehörig], das sich ihm mit ihren wohlgeformten und dennoch schnell gezückten Worten entgegenstellt: diese Person ist schlagfertig und eloquent. [...]

Stimmt das? Zunächst ist festzuhalten, dass es sich in diesem Monolog um Projektionen Fausts handelt. Er konstruiert Margarete aus dem Gegensatz von himmlischem Wesen und schnippischem Verhalten, „Sitt- und tugendreich-" und zugleich „Kurz-angebunden-Sein". [...] Schließlich könnte man kritisch sogar behaupten, dass sich Magarete Faust anpasst, denn sie wiederholt echogleich seine Worte: Fräulein, schön, Geleit. Genderorientiert gesehen, konstruiert Faust Magarete als eine, die Widerstand leistet, aber sich auch auf Händel mit ihm einlässt. Dadurch erhält ihre Rede ein Moment des Phallischen, und Margarete wird einen Moment lang zu einer *femme fatale*. [...]

Astrid Lange-Kirchheim: *Polarität oder Hierarchie? – Psychoanalytisch-genderorientierter Versuch zum Geschlechterverhältnis in Goethes Faust*. In: Wolfram Mauser u.a. (Hg.): *Goethe*. Würzburg, 2010. S. 155–198.

Goethe und das Thema der Mütter (Rainer M. Holm-Hadulla, 2009)

Goethes Weg zum schöpferischen Leben war steinig und von vielfältigen Krisen erschüttert. Schon seine Geburt war dermaßen kompliziert, dass man glaubte, das Kind sei tot. Noch im hohen Alter von 74 Jahren verliebte sich Goethe so unglücklich, dass er mit ähnlichen Selbstmordgedanken spielte wie als 20-Jähriger. In seiner langen Lebenszeit war er bitteren Enttäuschungen ausgesetzt und heftigen Stimmungsschwankungen unterworfen. Goethe war nicht nur ein begabtes Kind, ein vielgeliebter Dichter und ein einflussreicher Politiker, sondern hat während seines gesamten Lebens gesucht, geirrt und gelitten. Dabei verfügte er über eine besondere Fähigkeit, seelische Leiden auszuhalten und zu kreativer Entwicklung zu nutzen. Seine Art und Weise, aus seinen Leidenschaften schöpferische Impulse zu gewinnen, ist auch für den modernen Leser höchst inspirierend. Menschen des 21. Jahrhunderts können in Goethes Leben und Werk wichtige Anhaltspunkte für ihre eigene kreative Entwicklung und Lebenskunst finden. [...]

Zeitlebens setzte sich Goethe mit der Beziehung von Müttern zu ihren Kindern auseinander und bearbeitete dieses Thema in seinen Werken. Dabei stand die Tragik von Kindsmörderinnen ganz im Vordergrund. In seiner Leipziger Studentenzeit beschäftigte ihn die Geschichte von Catharina Maria Flindt, die wegen der Ermordung ihres unehelichen Kindes zum Tode verurteilt worden war. Sie wurde von ihrem Liebhaber aus dem Gefängnis befreit, doch kehrte sie aus freiem Willen dahin zurück, weil sie von ihrem schlechten Gewissen überwältigt worden war. Noch stärker erschütterte Goethe das Schicksal der Dienstmagd Susanna Margaretha Brandt, von dem er während seiner Straßburger Studentenzeit 1770 Kenntnis erhielt. Susanna Margaretha war eine unbescholtene 24-jährige Frau, die in Frankfurt lebte. Sie wurde verführt, schwanger, brachte heimlich ihr Kind zur Welt und tötete es aus Angst und Verzweiflung. Nach Frankfurt zurückgekehrt, verfolgte Goethe den Prozess bis zu ihrer Hinrichtung. Dieses Ereignis ließ ihn nicht mehr los und führte zur Dichtung der Gretchen-Tragödie im »Faust«. In der Gretchen-Tragödie setzt er sich mit den vernichtenden Aspekten der Beziehung von Mutter und Kind auseinander. Nach der Geburt ihres Kindes tötet Gretchen diese Frucht ihrer Liebe zu Faust und wird selbst wie Catharina Maria Flindt und Susanna Margaretha Brandt hingerichtet. Ein Leitmotiv dieser Tragödien ist, dass Mutter und Kind sich gegenseitig zerstören. An vielen Stellen findet sich dieses Motiv in Goethes Werken. Aus Mutter Natur saugt man immer wieder »frische Nahrung, neues Blut« (HA 1, S. 102). Sie ist aber nicht nur lebensspendend, sondern auch vernichtend. In »Die Leiden des jungen Werthers« vereinigt sich der Protagonist durch seinen Freitod mit der »Allmutter Natur«, nachdem er sie vorher als »ein ewig verschlingendes, ewig wiederkäuendes Ungeheuer« (HA 6, S. 53) erlebt hat. In der ersten, im Herbst 1771 geschriebenen Fassung des »Götz von Berlichingen« sagt Weislingen zu Adelheid: »Das ist Weibergunst. Erst brütet sie mit Mutterwärme unsere liebsten Hoffnungen an; dann, gleich einer unbeständigen Henne, verlässt sie das Nest und übergibt ihre schon keimende Nachkommenschaft dem Tod und der Verwesung« (HA 4, S. 537).

Rainer M. Holm-Hadulla: *Leidenschaft: Goethes Weg zur Kreativität. Eine Psychobiographie*. 2. bearbeitete Auflage. Göttingen: Vandenhoeck & Ruprecht, 2009. http://www.goethezeitportal.de/fileadmin/PDF/db/wiss/goethe/holm-hadulla_leidenschaft.pdf

Aspekte der *Faust*-Interpretation

Seit dem Erscheinen von Goethes *Faust* füllen Interpretationen und literaturwissenschaftliche Untersuchungen in Bibliotheken unzählige Regalmeter: Volksbuch-Motivik, Gelehrtentragödie, Gretchentragödie, Religion, Entstehungsgeschichte und Epochenzugehörigkeit ... Wie ein Füllhorn bietet der *Faust* für alle wissenschaftlichen Richtungen einen Zugang und gilt daher wohl als DAS Werk der deutschen Literatur.

Goethes Walpurgisnächte (Thomas Höffgen, 2014)

Walpurgisnacht – das ist die Nacht zum 1. Mai, in der nach altem Volksglauben die Hexen und Unholde auf Besen und Böcken, nackt und mit Hexensalbe versehen zum Blocksberg fliegen, um dem Diabolos zu huldigen. Der Sage nach treffen sich die Hexen und Hexenmeister jedes Jahr im Frühjahr auf dem Brocken im Harz, um mit ihren Buhlteufeln zu tanzen, Unzucht zu treiben und gotteslästerliche Rituale abzuhalten. Walpurgisnacht – das ist ein Synonym für Hexensabbat, Zaubersabbat oder ›synagoga satanae‹. Verbreitung fand die Vorstellung von diesem Hexenfest seit der frühen Neuzeit mit der Erfindung des Buchdrucks, als christliche Gelehrte und ›Hexentheoretiker‹ sich mit der ›Hexenfrage‹ auseinandersetzten und sie in diversen Dämonologien abhandelten. Eine breite Popularität erlangte die Walpurgisnacht durch Goethes *Faust. Der Tragödie Erster Teil* (1808), in deren Szene *Walpurgisnacht* der Teufelsbündner Faust mit dem Teufel Mephistopheles den Weltgeistgipfel – hier: den Brocken – zu erklimmen sucht, um endlich zu erkennen, »was die Welt/Im Innersten zusammenhält« (WAI, 14, S. 28). Als Goethe die *Walpurgisnacht* in den Jahren 1800 und 1801 zu Papier brachte, bezog er sich auf eben jene Vorstellung vom Hexensabbat, die in der Literatur der Frühneuzeit vertreten wurde; schon mit der literarischen Orientierung an der *Historia von D. Johann Fausten* (1587) suggerierte der Dichter den historischen und weltanschaulichen Hintergrund des 15. und 16. Jahrhunderts. So verwendete er zur Konzeption der Szene eine Handvoll frühneuzeitlicher Werke zum Hexenwesen und zum Blocksbergtreiben, aus denen Stellen bisweilen wörtlich in die *Walpurgisnacht* übernommen wurden. Dementsprechend ist die Dramaturgie der Szene nach dem Muster eines stereotypen Hexensabbats aufgebaut: Faust und Mephistopheles treten ein in die »Traum- und Zaubersphäre« des Harzes (WAI, 14, S.196), werden bei dem Brockenaufstieg von einem fliegenden »Hexen«-Chor erfasst und streben mit demselben dann nach »oben«, wo der »Urian« erwartet wird (WAI, 14, S.199). Sie treffen unterwegs auf eine »Trödelhexe«, die blutige Mordinstrumente feilbietet, auf die biblische Ur-Dämonin »Lilith« und auf zwei Hexen, »die Alte mit der Jungen«, mit denen sie das Tanzbein schwingen und obszöne Dialoge führen (WAI, 14, S. 206f.). Erst als Faust ein »blasses schönes Kind« erscheint, das leblose »Zauberbild« oder »Idol«, das »dem guten Gretchen gleicht«, woraufhin Mephisto ihn zu dem Walpurgisnacht-»Theater« drängt, ist der Geisterspuk vorüber (WA I, 14, S. 210 f.). Es beginnt das satirische Intermezzo *Walpurgisnachtstraum*. Allerdings bleibt in Goethes Szene *Walpurgisnacht* eine Ungereimtheit in der Konzeption des Raumes offen: Nach »oben« schaffen es die beiden Blocksberggänger gar nicht; sie verweilen unterhalb des Gipfels. Auf Tuchfühlung mit einem »Urian« gehen Faust und Mephisto also nicht. Mit Albrecht Schönes Worten: »In der Topographie des Blocksbergs erscheint ein ausgesparter Raum«. [...]

Bekanntermaßen hat Goethe die Walpurgisnacht mehr als einmal dichterisch verewigt. Auch im *Faust. Der Tragödie Zweiter Teil* (1832) kommt der *Klassischen Walpurgisnacht* eine Schlüsselrolle zu [...].
Offenkundig sind die beiden Szenen des *Faust* grundverschieden modelliert. Sie könnten sich kaum fremder sein, allein der Name scheint sie zu verbinden: Während die *Walpurgisnacht* das frühneuzeitliche Stereotyp vom Hexensabbat auf dem Blocksberg darstellt, erscheint die *Klassische Walpurgisnacht* vor antiker, ägäischer Szenerie als frei erdichtete Walpurgis-Variante. Folglich muss die Fragestellung lauten: Was ist der Leitgedanke der beiden Dichtungen? Wo ist der ›rote Faden‹? Was verbindet Harz und Hellas? Um dem Zusammenhang der beiden Szenen näherzukommen, gilt es zu beachten, dass der *Walpurgisnacht*-Gesamtkomplex von Goethe keinesfalls auf die zwei Teile des *Faust* reduziert werden kann. Die *Walpurgisnacht* ist nicht Goethes ›erste Walpurgisnacht‹ und die *Klassische Walpurgisnacht* ist keine ›zweite Walpurgisnacht‹. Vielmehr publizierte Goethe schon 1799 eine Dichtung, die eben diesem Korpus zuzu-

rechnen ist. Die Rede ist von Goethes Ballade *Die erste Walpurgisnacht* – einem Gedicht, das nicht nur namentlich, sondern auch thematisch und entstehungszeitlich in unmittelbarer Relation zu den Walpurgisnächten der Gelehrtentragödie steht, in der germanistischen Forschung bislang jedoch kaum Beachtung gefunden hat.

Thomas Höffgen: *Goethes Walpurgisnächte. Zwischen Pantheismus und Kirchenkritik.* In: Goethe-Jahrbuch 2014. Band 131. Göttingen: Wallstein Verlag, 2015. S. 71–78. http://www.goethe-gesellschaft.de/download/jahrbuch/gjb-2014.pdf

Der Wandel des Faustschen Naturbildes (Peter Matussek, 1998)

In der über sechzigjährigen Entstehungsgeschichte des *Faust* hat Goethe es vermocht, den jeweils aktuellen Stand seiner Auseinandersetzung mit den Akzentverschiebungen und Umwälzungen im naturgeschichtlichen Denken seiner Zeit dramaturgisch zu verarbeiten, ohne das früher Gestaltete durch das später Hinzugekommene zu ersetzen. Das diachrone Arbeitsverfahren hat denn auch in der Komposition des Werks deutliche Spuren hinterlassen. Manche Brüche im dramatischen Ablauf und manche Wechsel der Sprachform sind nur durch die historischen Zeitverschiebungen zu erklären, erhalten durch deren Reflexion aber auch ihren prägnanten Sinn. So ist die polyzentrische Anlage des *Faust* keineswegs so konzeptionslos, wie es Goethe immer wieder vorgeworfen wurde. Allerdings hat er es seinen Kritikern nicht leicht gemacht. In einem Brief an Schiller etwa nennt er das Drama eine „Schwammfamilie“ (1.7.1797), und den Direktor im *Vorspiel* lässt er von einem „Ragout“ (V. 100) sprechen. Doch wie so oft bei Goethe verbirgt sich hinter scheinbar lakonisch hingeworfenen Formulierungen ein präziser Sinn. Das Bild von der „Schwammfamilie“ bezeichnet eine Pilzkolonie, die durch ein kompliziertes untergründiges Fadengeflecht zusammen- und am Leben gehalten wird. Und damit ein „Ragout […] glücken“ kann – wie es der zitierte Vers fordert –, bedarf es einer genauen Abstimmung der einzelnen Zutaten. […]
Die zu interpretierenden Naturbilder Fausts verdanken ihren Reiz der Tatsache, dass sie als ästhetische Konfigurationen zum Begriffshorizont der Epoche in einem gespannten Verhältnis stehen. Dieses Spannungsverhältnis erzeugt Kontrasteffekte, die für das kulturgeschichtliche Verständnis des Problems der Verzeitlichung aufschlussreich sind. Denn es ist evident, dass in der diskursiven Sprache manches ungesagt bleiben muss, was in der Formensprache der Kunst dennoch seinen physiognomischen Ausdruck finden kann. Probleme und Paradoxien, die das Denken der Zeit mit seinen begrifflichen Konstrukten verdeckte, werden in solchen Physio-

gnomien sichtbar. Es verhält sich ja nicht nur so, dass Fausts Monologe ein bestimmtes Gedankengut verkörpern. Vielmehr lässt sich an ihnen zeigen, dass Goethes Entwicklung als Naturforscher aus dem „Umweg" über die poetische Gestaltung wichtige Erfahrungen zog, die zur Korrektur und Neubestimmung seiner theoretischen Positionen beigetragen haben – welche wiederum in die jeweils nächste Phase der Arbeit am *Faust* eingegangen sind. Macht man sich diese Zusammenhänge deutlich, sind manche von der Faust-Forschung bisher ungeklärte Deutungsprobleme lösbar [...].

Das expressive Naturbild: Erdgeistbeschwörung

Die Beschwörungsszene ist Teil des Konvoluts, das Goethe 1775 von Frankfurt nach Weimar mitbrachte. Sie steht ganz im Zeichen der Geniebewegung. Meine Charakterisierung ihres Naturbildes als „expressiv" ist an Charles Taylor angelehnt, der mit dem Wort die auf Herder zurückgehende poetische Realisierung eines „Ausdrucksgeschehens" bezeichnet. 2 Es handelt sich dabei um einen spezifischen Reaktionstyp auf die im letzten Drittel des 18. Jahrhunderts einsetzende Temporalisierung der Naturgeschichte. [...]

Das sympathetische Naturbild: *Wald und Höhle*

Fausts Monolog in *Wald und Höhle* ist – nach einer Formulierung Max Schelers – einzureihen in die Tradition der „Versuche [...], in Liebe und Sympathie bestimmter Artung Funktionen nachzuweisen, die uns dem Grunde aller Dinge selbst näher führen". [...] In diesem Sinne spreche ich hier vom „sympathetischen" Naturbild. Als habe er das Scheitern der Erdgeistbeschwörung auf der Grundlage neuer Erfahrungen und Erkenntnisse revidieren wollen, schreibt Goethe in den 80er Jahren eine neue *Faust*-Szene, in der uns vorgeführt wird, wie die Kommunikation mit dem Geist doch noch gelingen kann. Der Monolog in *Wald und Höhle* zeigt die Natur als Gegenstand jener substantiellen Zeiterfahrung, die zuvor vergeblich erstrebt worden war.

Das harmonisierende Naturbild: Osterspaziergang

Warum ich von einem harmonisierenden und nicht einfach von einem harmonischen Naturbild spreche, wird im folgenden deutlich werden. [...] Die Szene *Vor dem Tor [...]* entstand um die Jahrhundertwende, also nach dem Monolog in *Wald und Höhle*. Im dramatischen Ablauf aber liegt sie diesem voraus. Der Osterspaziergänger Faust ist hier noch der Gelehrte, der gerade zum ersten Mal im Verlauf des Dramas seine Stube verlassen hat. [...] Das konkrete Phänomen aufbrechenden Lebens und die allgemeine Idee der Auferstehung werden hier, in der gesellschaftlichen Sphäre, ebenso bruchlos in Übereinstimmung gebracht wie zuvor in der natürlichen. Was aber verbindet die beiden Sphären untereinander? Wie im Monolog *Wald und Höhle*, so werden auch im Osterspaziergang Natur- und Humangeschichte verschränkt [...]. Fausts Verse können „Blumen" und „geputzte Menschen" als austauschbar erscheinen lassen, da sie durch ein gemeinsames Drittes zusammengehalten werden: Beide Lebenssphären werden durch das Sonnenlicht gleichermaßen vitalisiert. [...]

Das konstruktivistische Naturbild: Fausts letzter Monolog

Wenn es auch modernistisch anmutet, die erst sehr viel später formulierten konstruktivistischen Programmatiken in der Bezeichnung dieses Naturbildes anklingen zu lassen, scheint es mir doch von der Sache her gerechtfertigt. Die letzten Worte Fausts – geschrieben in Goethes letzten Lebensjahren – nehmen den Konstruktivismus der neueren Wissenschaftstheorie ebenso vorweg, wie ihr Autor den der neueren Kunstgeschichte antizipiert, der sich kritisch zu jenem verhält, indem er den artifiziellen Charakter seiner Naturdarstellung als solchen thematisch werden lässt. Fausts Monolog beschreibt kein Vorhandenes, sondern er entwickelt eine Vision, die Vision eines künstlichen Paradieses, das in einem technischen Projekt gigantischen Ausmaßes dem Meer abgerungen werden soll [...]. Die naturgeschichtliche Dynamik ist hier vollständig auf das Subjekt übergegangen. War die Natur zu Beginn unseres Untersuchungszeitraums der Quell und das Vorbild schöpferischer Produktivität, erscheint sie hier nur noch als „fauler Pfuhl", dem erst die zivilisatorische Großtat des Wasserbauingenieurs neues Leben einhaucht. Ihre elementare Kraft beweist sie zwar noch in Gestalt der „Flut", die in das deichgeschützte Neuland „gewaltsam einzuschießen" droht, doch sie muss draußen bleiben; für das „paradiesisch[e]" Konstrukt „im Innern" bedeutet sie nichts als „Gefahr". Energiequell ist nun einzig der tätige Mensch, der mit einem durch äußere Risiken ihm abgenötigten „Gemeindrang eilt", jede eventuell im anti-ozeanischen Schutzwall sich auftuende „Lücke zu verschließen". Stand in der Erdgeistbeschwörung die Geschichte unter dem Zeichen der Natur, so ist es nun umgekehrt: *Natur steht unter dem Zeichen der Geschichte*. [...]

Peter Matussek: *Formen der Verzeitlichung. Der Wandel des Faustschen Naturbildes und seine historischen Hintergründe*. In: Ders. (Hg.): Goethe und die Verzeitlichung der Natur. München 1998, S. 202–233. http://www.peter-matussek.de/Pub/A_22.pdf

Das Buch Hiob (Altes Testament)

Es war ein Mann im Lande Uz, der hieß Hiob. Der war fromm und rechtschaffen, gottesfürchtig und mied das Böse. Und er zeugte sieben Söhne und drei Töchter, und er besaß siebentausend Schafe, dreitausend Kamele, fünfhundert Joch Rinder und fünfhundert Eselinnen und sehr viel Gesinde, und er war reicher als alle, die im Osten wohnten. Und seine Söhne gingen hin und machten ein Festmahl, ein jeder in seinem Hause an seinem Tag, und sie sandten hin und luden ihre drei Schwestern ein, mit ihnen zu essen und zu trinken. Und wenn die Tage des Mahles um waren, sandte Hiob hin und heiligte sie und machte sich früh am Morgen auf und opferte Brandopfer nach ihrer aller Zahl; denn Hiob dachte: Meine Söhne könnten gesündigt und Gott abgesagt haben in ihrem Herzen. So tat Hiob allezeit. Es begab sich aber eines Tages, da die Gottessöhne kamen und vor den HERRN traten, kam auch der Satan unter ihnen. Der HERR aber sprach zu dem Satan: Wo kommst du her? Der Satan antwortete dem HERRN und sprach: Ich habe die Erde hin und her durchzogen. Der HERR sprach zum Satan: Hast du Acht gehabt auf meinen Knecht Hiob? Denn es ist seinesgleichen nicht auf Erden, fromm und rechtschaffen, gottesfürchtig und meidet das Böse.

Der Satan antwortete dem HERRN und sprach: Meinst du, dass Hiob Gott umsonst fürchtet? Hast du doch ihn, sein Haus und alles, was er hat, ringsumher beschützt. Du hast das Werk seiner Hände gesegnet, und sein Besitz hat sich ausgebreitet im Lande. Aber strecke deine Hand aus und taste alles an, was er hat: was gilt's, er wird dir ins Angesicht absagen! Der HERR sprach zum Satan: Siehe, alles, was er hat, sei in deiner Hand; nur an ihn selbst lege deine Hand nicht. Da ging der Satan hinaus von dem HERRN.

An dem Tage aber, da seine Söhne und Töchter aßen und Wein tranken im Hause ihres Bruders, des Erstgeborenen, kam ein Bote zu Hiob und sprach: Die Rinder pflügten und die Eselinnen gingen neben ihnen auf der Weide, da fielen die aus Saba ein und nahmen sie weg und erschlugen die Knechte mit der Schärfe des Schwerts, und ich allein bin entronnen, dass ich dir's ansagte.

Als der noch redete, kam ein anderer und sprach: Feuer Gottes fiel vom Himmel und traf Schafe und Knechte und verzehrte sie, und ich allein bin entronnen, dass ich dir's ansagte. Als der noch redete, kam einer und sprach: Die Chaldäer machten drei Abteilungen und fielen über die Kamele her und nahmen sie weg und erschlugen die Knechte mit der Schärfe des Schwerts, und ich allein bin entronnen, dass ich dir's ansagte. Als der noch redete, kam einer und sprach: Deine Söhne und Töchter aßen und tranken im Hause ihres Bruders, des Erstgeborenen, und siehe, da kam ein großer Wind von der Wüste her und stieß an die vier Ecken des Hauses; da fiel es auf die jungen Leute, dass sie starben, und ich allein bin entronnen, dass ich dir's ansagte. Da stand Hiob auf und zerriss sein Kleid und schor sein Haupt und fiel auf die Erde und neigte sich tief und sprach: Ich bin nackt von meiner Mutter Leibe gekommen, nackt werde ich wieder dahinfahren. Der HERR hat's gegeben, der HERR hat's genommen; der Name des HERRN sei gelobt! – In diesem allen sündigte Hiob nicht und tat nichts Törichtes wider Gott.

Die Bibel. Das Alte Testament. Das Buch Hiob (Ijob).

Goethes *Faust* und die Bibel (Gerhard Kaiser, 1983)

[...] Wie alle Kinder dieser Zeit, auch Goethe selbst, ist er mit den Geschichten der Bibel, des Alten und Neuen Testaments, aufgewachsen. Seine Phantasie ist von ihnen durchtränkt. Als älterer Mann und Kulturhistoriker hat Goethe in den Noten und Abhandlungen zum west-östlichen Divan vermerkt, dass „vor fünfzig Jahren die Erziehung dahin gerichtet war, die sämtlichen Heranwachsenden bibelfest zu machen; man lernte nicht allein bedeutende Sprüche auswendig, sondern erlangte zugleich von den übrigen genugsame Kenntnis." Für Goethes Generation lag durch diese Schulung ein ständiger Vorrat an Vorstellungen, Bildern, Formeln und Ideen bereit, aus dem sich Schreiben und Reden auch über andere als religiöse Gegenstände speiste.

[...] Was für Goethes gesamtes Werk gilt, trifft in besonderem Maße auf sein Faustdrama zu, das ihn lebenslänglich begleitete und das Zentrum seines Schaffens bildet. Faust ist durchwebt von der Bibel, eben weil diese Dichtung ihrem Anspruch nach von Gott und der Welt handelt. So viel hat der Dichter des Faust mit seinem Helden gemein, dass er hier nicht Teilaspekte des menschlichen Lebens und der menschlichen Gesellschaft entwirft, sondern eine ganze Welt.

[...] Patriarchen, Väter, Männer stehen in der bei Goethe geläufigen Symbolik der Geschlechterrollen für des Leben ernstes Führen, die Maßstäbe, die Grundsätze, die Gesetzlichkeit ein. Und um diese geht es im Prolog im Himmel, speziell im Gespräch zwischen dem alten Herrn und dem Teufel Mephistopheles, der im biblischen Wortsinn Schalk, und das heißt Provokateur, von Gott dem Herrn akzeptiert wird (V. 339). Nebenher ist auf die biblische Geschichte vom Sturz der gefallenen Engel angespielt (Offb 12, 9), die im Gegensatz zu den „echten Göttersöhnen" stehen (V. 344). Mephistopheles gehört zu diesen Gestürtzten.

BIOGRAFIE

WORT- UND SACHERKLÄRUNGEN

MATERIALIEN

Goethes eigenhändiger Entwurf mit der Feder zu der *Faust*-Szene „Prolog im Himmel" (1808).

Goethe selbst hat sich gegenüber Eckermann am 18. Juni 1825 dafür gelobt, dass er im Gespräch zwischen Gott und dem Teufel dem Buch Hiob (I, Vers 6–12) nachfolgt. Dort wird eine Wette zwischen Gott und Satan über den Gottesknecht Hiob abgeschlossen, wobei es um die Frage geht, ob Hiob zur Absage an Gott gebracht werden kann. Im *Urfaust* aus Goethes Sturm- und Drangperiode erscheint Faust als Ausnahmeerscheinung, als Übermensch. Goethes späterer genialer Griff nach dem Buch Hiob ist entscheidend für die Wandlung der Faustkonzeption im Sinne der Klassik. So wie an Hiob, dem großen Frommen, *exemplarisch* der Rang, das Gottes- und Weltverständnis des Menschen verhandelt wird, kann auch Faust bei der Konstruktion dieses Rahmens überragende Gestalt bleiben und *zugleich* Menschheitsrepräsentant sein, das heißt in die klassische Welt des exemplarisch Menschlichen einrücken.
Und noch zwei weitere Festlegungen sind mit dem Rückgriff auf das Buch Hiob an dieser Stelle getroffen: Erstens wird durch die Wettsituation der Hiobgeschichte die Wette zwischen Faust und Mephisto vorbereitet, mit der Goethe die alte Teufelspaktsage umformt und bereichert. Zweitens – und das ist noch wichtiger – folgt Faust als Figur der Gestalt Hiobs in einer entscheidenden Richtung. So wie Hiob noch und erst recht als Leidender, als Zweifler, als Aufbegehrender, ja als Ankläger gegen Gott auf diesen als sein Gegenüber bezogen bleibt und eben dadurch sich als Frommer erweist – und nicht etwa durch Fügsamkeit und Wohlverhalten –, so bleibt auch Faust in allem Irren, Verzweifeln und Aufbegehren gegen Gott auf diesen seinen „Urquell" bezogen und damit der Rettung fähig (V. 324). Und darum geht es schließlich in der Pakt- und Wettszene zwischen Faust

und Mephisto. Scheinbar widersprüchlich will der Teufel einmal Faust durch Genuss betrügen, zum andern durch Verzweiflung zugrunde richten. Das Gemeinsame dieser Spielarten teuflischer Wirksamkeit aber ist: Mephisto muss, will er seine Wette mit Gott gewinnen, Faust aus seinem Gottesbezug lösen. Er muss ihn zum platten, perspektivlosen Wirklichkeitsmenschen machen, seine metaphysische Verzweiflung in nackte Verzweiflung verwandeln, und das gelingt ihm nicht. [...] Hiob ist der Fromme, der an Gott leidet. Faust ist der Fromme, der an Gott leidet, weil er an sich leidet. [...]

Da Goethe kein philosophisches System, sondern ein Weltspiel von Gott und Mensch geschaffen hat, können wir es dabei bewenden lassen, dass in Fausts Verkettung mit dem Teufel das Antagonische, das Böse der menschlichen Existenz, die Düsternis der Welt bis hin zum Wahnsinn heraustritt. Gretchen, die menschliche Figur der absoluten Liebe, gewinnt ihre Größe und die Weite ihres Bewusstseins, die Fausts Reflexionsniveau in der Kerkerszene weit übersteigt, indem sie die Augen ihres Denkens dem vollen Widerspruch ihres Verhältnisses zu Faust öffnet. Sie sieht am Ende ihres Weges alle Schuld bis zum Mord, und sie sieht die Schuld bis zum Mord verschwistert mit aller Liebe, die sie nach der göttlichen Liebe für Faust und sich rufen lässt. [...] Der Schluss des Werks zeigt sich im Umkreis der göttlichen Liebe. Sie ist der weiblichen Offenbarung des Göttlichen zugeordnet, die als Grund der Welt bei Goethe alle Widersprüche des Lebens auffängt. Wie die Maria Aegyptica aus den „Acta sanctorum" und die Magna Peccatrix aus Luk 7,36, die in der Tradition mit Maria Magdalena gleichgesetzt wurde, ist sie Sünderin und Heilige zugleich; [...]. Hier ist eine Dimension der Figur, die in geläufigen, die Gretchenfigur verharmlosenden Faustdeutungen untergeht. Gerade auch an Gretchen zeigt sich das Antagonistische der menschlichen Existenz, denn eben die Absolutheit ihrer Liebe ist es, die sie in voller Hingabe an Faust alle anderen menschlichen Bindungen, in denen sie lebt, verdrängen und zerreißen lässt. Sie fällt nicht nur aus allen sozialen Bindungen überhaupt heraus und wird in diesem Punkt, wenn auch entgegengesetzt motiviert, Faust ähnlich. Er will Selbstüberhöhung, sie Hingabe ihrer selbst, aber im Lebenskreis des Menschen ist noch solche absolute Liebe schuldhaft. [...]

Gerhard Kaiser: *Goethes Faust und die Bibel*. In: Deutsche Vierteljahrsschrift für Literaturwissenschaft und Geistesgeschichte. September 1984, Volume 58, Issue 3. Stuttgart: J.B. Metzler Verlag. S. 391–413.

Religiöses Schrifttum im *Faust* (Johannes Anderegg, 2013)

Es gibt wohl kaum ein anderes literarisches Werk, dessen Charakter so sehr durch die Vernetzung mit religiösem Schrifttum – insbesondere, aber keineswegs ausschließlich mit christlichem – geprägt ist wie Goethes *Faust*. Von herausragender Bedeutung ist dabei zweifellos die Bibel, auf die schon die *Historia von D. Johann Fausten* mehrfach Bezug nimmt, doch erstreckt sich das intertextuelle Netzwerk auch auf große religiöse Werke der Weltliteratur wie Dantes *Göttliche Komödie* und Calderóns *Großes Welttheater* sowie auf Legenden und Sagen. Die Verzahnungen mit religiösen Texten sind von ganz unterschiedlicher Art – das Spektrum der in diesem Drama realisierten intertextuellen Bezüge ist kaum überschaubar –, aber sie sind strukturbestimmend und für das Verständnis buchstäblich Grund legend. [...] Es gehe nicht darum, so der Theologe Ingolf U. Dalferth, das Unbegreifliche zu begreifen, vielmehr müsse man »sich *selbst* angesichts des Unbegreiflichen [...] begreifen«. Dalferths pointierte Formulierung, die er allerdings primär auf die Auseinandersetzung mit dem Bösen bezieht, liest sich wie eine komprimierte Kommentierung der Verschiebung, die Faust zwischen der Szene *Nacht*, die die »Tragödie« eröffnet, und der Studierzimmerszene (I) vollzieht. Bei seinem ersten Auftritt will er sich physisch und gedanklich aus der Enge seiner spätmittelalterlichen Studierstube befreien, sich das Unbegreifliche des Alls erschließen, das, »was die Welt/ Im Innersten zusammenhält« (V. 382 f.); er will »die Quellen alles Lebens« (V. 456) fassen. Aber das faszinierende Bild des Makrokosmos, das er im »geheimnisvolle[n] Buch / Von Nostradamus eigner Hand« (V. 419 f.) findet, ist nicht eine Erklärung des Unbegreiflichen, sondern stellt das Unbegreifliche als ebensolches dar: »ein Schauspiel nur!« (V. 454). Weder das Bild des Erdgeists, das Faust in der Folge zu begeistern und zu einer Geisterbeschwörung zu stimulieren vermag, noch dessen erschreckende Erscheinung »in der Flamme« (vor V. 482) öffnen den erhofften Zugang zum Unbegreiflichen. Vielmehr sieht Faust sich zurückgeworfen auf das Wenige, was er als Mensch – in seinen Worten: »als Zwerg« (V. 613) – zu begreifen vermag. Auch Fausts dritter Versuch, »Zu neuen Ufern« aufzubrechen und »sich Auf neuer Bahn« aus der menschlichen Beschränkung zu befreien, scheitert: Entschlossen zum Suizid, der die »neuen Sphären« eröffnen soll, setzt er zwar »die Schale an den Mund«, aber der Glockenklang und der österliche Chorgesang aus der nahegelegenen Kirche halten ihn vom »letzten, ernsten Schritt zurück« (V. 701–705; nach 736, 782).

Es ist freilich nicht die biblische Botschaft, die Fausts Sinneswandel bewirkt – »Die Botschaft hör' ich wohl, allein mir fehlt der Glaube«

(V. 765) –, sondern der aus Jugendzeiten vertraute Klang des Chorgesangs. Wenn er aber in der übernächsten Szene, nach dem österlichen Spaziergang und dem weit ausholenden Gespräch mit Wagner, nunmehr begleitet von Mephistopheles in Pudelgestalt, in sein »Studierzimmer« zurückkehrt, wo er sich erneut »nach Offenbarung« sehnt, ist es dann doch das »heilige Original«, das Neue Testament, mit dem er sich auseinandersetzen will (V. 1217, 1222). In dieser Auseinandersetzung vollzieht sich eine entscheidende, für den Fortgang der Tragödie grundlegende Verschiebung, an der der unerkannt anwesende Mephistopheles nicht unbeteiligt ist. Zwar nimmt sich Faust vor, den »Grundtext« in sein »geliebtes Deutsch zu übertragen« (V. 1220, 1223), doch diesem Grundtext begegnet er in ganz anderer Weise als den Bildern im Konvolut des Nostradamus. Er stockt schon beim ersten Vers des Johannes-Evangeliums und – schreibt ihn um:

Geschrieben steht: »im Anfang war das Wort!«
Hier stock' ich schon! Wer hilft mir weiter fort?
Ich kann das Wort so hoch unmöglich schätzen,
Ich muß es anders übersetzen,
Wenn ich vom Geiste recht erleuchtet bin.
Geschrieben steht: im Anfang war der Sinn.
Bedenke wohl die erste Zeile,
Daß deine Feder sich nicht übereile!
Ist es der Sinn, der alles wirkt und schafft?
Es sollte stehn: im Anfang war die Kraft!
Doch, auch indem ich dieses niederschreibe,
Schon warnt mich was, daß ich dabei nicht bleibe.
Mir hilft der Geist! Auf einmal seh' ich Rat
Und schreibe getrost: im Anfang war die Tat!
(V. 1224–1237)

Selbstbewusst bringt Faust sich hier ins Spiel: »Ich kann das Wort so hoch unmöglich schätzen«. Indem er ›Wort‹ wie auch die Alternativen ›Sinn‹ und ›Kraft‹ als Übersetzung des freilich vieldeutigen ›logos‹ verwirft, macht er den christologischen Zusammenhang von logos / Wort – Leben – Licht – Fleischwerdung Christi (1, 1-1, 14), der das Evangelium nach Johannes programmatisch eröffnet, ebenso zunichte wie den Bezug von Joh 1, 1 auf Gen 1 und die Nachklänge dieser Verse beispielsweise im *Buch Jesus Sirach*. Fragt man danach, wie religiöse Texte in das Drama eingebunden werden, so gibt die Studierzimmerszene zumindest vordergründig eine vergleichsweise einfache Antwort: Fausts Auseinandersetzung mit Joh 1, 1 geschieht explizit als Teil der auf der Bühne sichtbaren Handlung. Im Rückblick zeigt sich dann allerdings, dass in der kurzen Szene Grundlegendes geschieht: Indem Faust »getrost« – auch das ein Zeichen neu gewonnenen Selbstbewusstseins – »das Wort« durch »die Tat« ersetzt, geht er mit dem »heilige[n] Original« buchstäblich zum Teufel. Seine Überschreibung von Joh 1, 1 wird zu einem der Zeit freilich vorgreifenden Bekenntnis zu sich selbst, zum Ausdruck seines von Mephistopheles gesteuerten Bestrebens, angesichts des Unbegreiflichen sich *selbst* zu begreifen, sich *selbst* zu bestimmen: als Mann der Tat. Nachdem Faust von Mephistopheles aus dem »dumpfe[n] Mauerloch « (V. 399) hinausgeführt, recht eigentlich befreit worden ist, wird er sich im Laufe des Dramas vielfach verändern. Da sich die Existenz dieser Figur über Jahrhunderte erstreckt, wird man ihr nicht einen psychologisch deutbaren Charakter zusprechen wollen. Doch eine erstaunliche Konstanz in Bezug auf Tatendrang und Tatkraft ist ihr eigen: »Die Tat ist alles« (V. 10188) wird bis zum Ende der Tragödie Fausts Devise sein, dass der Erdkreis »noch Raum zu großen Taten« gewähre, seine Überzeugung (V. 10182). [...]

Johannes Anderegg: *Zum Teufel mit dem „heiligen Original". Überschreibungen biblischer Vorlagen in Goethes „Faust".* In: Goethe-Jahrbuch 2013. Band 130. Göttingen: Wallstein Verlag, 2014. http://www.goethe-gesellschaft.de/download/jahrbuch/gjb-2013.pdf

„Das Böse" bei Goethe und Thomas Mann (Lena Sundheimer, 2013)

[...] Im Buch Hiob dann hat der Satan einen Auftritt *expressis verbis*, da er als ein Gottessohn vor den Schöpfer tritt, um mit ihm über dessen Knecht Hiob und seine Frömmigkeit zu diskutieren. Der Satan erhält von Gott daraufhin die Erlaubnis, Hiob in Versuchung zu führen, ihn mit großem Unglück zu schlagen und somit zu erproben, ob er auch in schlechten Zeiten seinen Gott nicht verleugne. Es handelt sich folglich um eine Prüfung Hiobs, die dieser auch mit Würde und Demut trägt, bis selbst seine Frau und Freunde an seinem göttlichen Beistand zweifeln. Hiob bricht sodann in Klagen aus und verflucht Gott und den Tag, an dem er geboren wurde. Gott ermahnt ihn, von den Klagen abzulassen, und gibt ihm zum Ende der Erzählung das Doppelte von dem, was er vorher gehabt hat. Die Figur Satans fungiert im Buch Hiob vor allem als Verführer, da sie versucht, den Menschen Gott abtrünnig zu machen. Der Beginn des Buches jedoch unterstreicht, dass Satan trotz allem Gott untersteht, dass er sogar zu den Söhnen Gottes gezählt wird. Gott wird hier als Erschaffer der gesamten Schöpfung einschließlich des Bösen in der Welt dargestellt, dessen Wege unergründlich sind, dessen Allmacht aber außer Zweifel steht. Die Parallele der Erzählung

zu Goethes *Faust* und der Fausttradition im allgemeinen ist unumstritten. In den modernen Adaptionen des Stoffes fungiert Satan ebenfalls als der Erzverführer, welcher einen Keil zwischen Gott und den Menschen zu treiben sucht, aber dennoch Teil von dessen Schöpfung ist. Vor allem in Manns *Doktor Faustus* wird deutlich, dass Gutes und Böses gleichermaßen in der göttlichen Schöpfung vorkommen, dass sie jedem Menschen, jeder Nation innewohnen. Ja sogar, dass Gutes aus Bösem entspringen kann, dass es mit den Worten Baudelaires eine „fleur du mal" ist. [...]
Die Vielgesichtigkeit des Teufels wird in den modernen Texten häufig aufgegriffen.
Goethes Mephisto ebenso wie der Teufel in Thomas Manns *Doktor Faustus* vermögen es, ihr Aussehen zu verändern. Sie nähern sich ihren Opfern meist in einer Gestalt, die diesen angenehm und willkommen ist.

Lena Sundheimer: *Wandlungen der Unterwelt bei Thomas Mann und James Joyce*. Dissertation, Bonn 2013.

Kann der Teufel eine Wette gewinnen? (Oliver Jahraus, 2013)

[...] *Faust* ist ein Menschheitsdrama, ein Drama, das ganz grundsätzlich nach der *conditio humana* fragt. In der Frage, wie man denn nun die Gelehrten- und die Gretchentragödie zusammengehören, kann man die beiden Motivstränge erkennen. Aber im Grund genommen ist die Frage falsch gestellt. Denn die Gretchentragödie ist ja auch ein Teil der Gelehrtentragödie, und die Gelehrtentragödie ist wiederum ein Teil einer größeren Tragödie, in deren Mittelpunkt nicht Faust als Gelehrter steht, wie es in seinen allerersten berühmten Versen deutlich zu werden scheint:

Habe nun, ach! Philosophie,
Juristerei und Medizin,
Und leider auch die Theologie!
Durchaus studiert, mit heißem Bemühn.
Da steh ich nun, ich armer Tor!
Und bin so klug als wie zuvor; (V. 354–359)

Nein, es geht um Faust als den exemplarischen Menschen. Das wird an einer Wette deutlich, die in zweifacher Form im Rahmen, im *Prolog im Himmel*, und auch im Drama selbst geschlossen wird. Im Rahmen wetten Gott und Mephistopheles miteinander.

Mephistopheles:
Was wettet Ihr? den sollt Ihr noch verlieren! Wenn Ihr mir
die Erlaubnis gebt, Ihn meine Straße sacht zu führen.

DER HERR:
Solang er auf der Erde lebt, So lange sei's dir verboten,
Es irrt der Mensch so lang er strebt. (V. 312–317)

Karl Eibl hat in seiner Studie mit dem markanten Titel *Das monumentale Ich* als zentrales Bezugsproblem nicht nur diese Wette, sondern den ganzen *Faust* in Frage gesehen, wie der Mensch im Spannungsumfeld von Bestimmung und Unbestimmtheit situiert werden kann. Man könnte dies auch die Frage nach der anthropologischen Disposition des Menschen nennen: was bestimmt den Menschen, was macht ihn aus? Und die entscheidende Antwort muss sein: seine Unbestimmtheit, seine Offenheit, sein Streben, sein Immer-schon-über-sich-Hinaussein. Von daher ist diese Wette nicht ganz fair, denn Mephistopheles kann diese Wette nie gewinnen. Und selbst wenn er sie gewönne, hätte er sie im selben Augenblick verloren, denn wenn es ihm gelänge, Faust zu verführen und auf seine Seite zu schlagen, hätte dies wiederum die Offenheit des Menschen gleichermaßen bestätigt und damit Gott recht gegeben. Insofern ist auch die Binnenwette, die als Teufelspakt bezeichnet wird, eine Wette zungunsten Mephistopheles.

Faust:
Werd ich beruhigt je mich auf ein Faulbett legen,
So sei es gleich um mich getan!
Kannst du mich schmeichelnd je belügen,
Daß ich mir selbst gefallen mag,
Kannst du mich mit Genuß betrügen –
Das sei für mich der letzte Tag!
Die Wette biet ich!
Mephistopheles:
Topp!

Faust:
Und Schlag auf Schlag!
Werd ich zum Augenblicke sagen:
Verweile doch! du bist so schön!
Dann magst du mich in Fesseln schlagen,
Dann will ich gern zugrunde gehn!
Dann mag die Totenglocke schallen,
Dann bist du deines Dientes frei,
Die Uhr mag stehn, der Zeiger fallen,
Es sei die Zeit für mich vorbei! (V. 1692–1706)

Auch in dieser Wette steckt eine Tautologie, die Mephistopheles schlichtweg übergeht. Faust wettet mit dem Teufel also, dass es ihm, den Teufel, nicht gelingen wird, Faust in eine Situation zu bringen, die für ihn von solcher Qualität und Bedeutung ist, dass die Zeit schlichtweg aufhört. Was Faust hier imaginiert, ist ein Zustand des absoluten Präsens. Mephistopheles unternimmt nun alles, um für Faust jene Disposition zu schaffen, damit ein solches Erlebnis zumindest denkbar erscheint. Genau an diesem Punkt verschränken sich Gelehrten- und Gretchentragödie. Das Gelehrtentum, Bildung, wie wir heute sagen würden, selbst wenn sie auf die höchsten akademischen und intellektuellen Spitzen getrieben wird, muss bei der Frage, was den Menschen zum Menschen macht, akademisch und damit unmenschlich bleiben. Die Bedingungen des Menschseins, so führt es uns Faust vor oder wird es uns an Faust vorgeführt, lassen sich reflexiv nicht mehr einholen, sondern bestenfalls praktisch.
Hier kommt – im wahrsten Sinne des Wortes – Mephistopheles ins Spiel. Er schafft entsprechende Erlebnisqualitäten: Er lässt Faust verjüngen, damit ihm bestimmte Erlebnisse überhaupt erst wieder zugänglich werden, er probiert einiges aus, aber schnell wird klar, wenn es ein solches Erlebnis gibt, dann muss es ein Liebeserlebnis sein, sowohl in emotionaler wie in sexueller Hinsicht. Als sich die Begegnung Faust mit Gretchen ergibt und Faust sich verliebt, unternimmt Mephistopheles alles, um die beiden zusammenzubringen, und schreckt dabei auch vor Mord nicht zurück, zu dem er die beiden Liebenden provoziert. Sosehr nun Faust mit Mephistopheles Gretchen in eine Situation gebracht hat, in der sie Faust begehrt und ihrem Begehren keinen moralischen Einhalt mehr gebieten kann, so spürt sie doch, dass diese Verführung nicht mehr in der für sie gültigen und durch die Religion gewährleisteten Ordnung stattfindet, und stellt Faust die berühmte Gretchenfrage: „Nun sag, wie hast du's mit der Religion?" Auch wenn der Teufel seine Wette nicht gewinnen kann, so kann doch Faust diese Frage nicht mehr beantworten. Wo Gretchen denn ihr eigenes Kind tötet, zeigt Goethe sie uns nicht so sehr als Täterin, sondern als Opfer. Und insofern kann sie am Ende des ersten Teils des Dramas auch Erlösung erfahren. So unterschiedlich Rahmen- und Binnenwette auch gestaltet sind, gerade die Idee der absoluten Gegenwart im Augenblick als Ende der Zeit des Menschen lässt einen Rückbezug zur Rahmenwette zu. Auch dort war die Rede davon, dass der Mensch irre, solange er strebe, was aber auch bedeutete, dass er strebe. Das Streben, diese unaufhörliche Prozessualität des menschlichen Lebens, scheint eine anthopologische Grundbedingung zu sein, und die Wette mit dem Teufel scheint nur eine gigantische Inszenie-

rung Gottes zu sein, um das Menschsein des Menschen ein für alle Mal unter Beweis zu stellen. Einen solchen Augenblick kann es nicht geben, und wenn es ihn gäbe, dann würde der Mensch genau in diesem Augenblick nicht nur aufhören zu existieren, sondern auch Mensch zu sein. Insofern sind absolutes Präsens und der Tod äquivalent. Das erklärt auch den Widerspruch zwischen den beiden Wetten, auf die schon Eibl aufmerksam macht, auch wenn hier ein anderer Vorschlag zur Auflösung gemacht wird. Dass Mephistopheles sich „mit den Toten/[...] niemals gern befangen" will (V. 318f.), wie er dem Herrn gegenüber äußert, aber Faust gegenüber seine Wettbedingung im Falle seines Wettverlustes so erklärt, dass Faust dann „drüben" (V. 1668) ihm so dienen soll, wie Mephistopheles ihm auf Erden gedient hätte, verweist noch einmal auf die Unmöglichkeit für Mephistopheles, die Wette zu gewinnen. Das gibt Gott zumindest ex negativo die unabdingbare Zuversicht in seine Oberhoheit über den Teufel.

Oliver Jahraus: *Die 101 wichtigsten Fragen: Deutsche Literatur*. Becksche Reihe. München: Beck Verlag, 2013. S. 57–90.

Rezeption

Lange galt Goethes *Faust* im Theater als nicht aufführbar, ehe die Uraufführung am 24. Mai 1819 im Berliner Schloss Monbijou stattfandt. Inzwischen gehört er zum Standard-Stück auf deutschen und internationalen Bühnen. In der Nazizeit wurde Goethes Faust als Symbolfigur umgedeutet und missbraucht. Seitdem läuft eher der schalkhafte Mephisto Faust den Rang ab: Dafür mitverantwortlich ist sicherlich auch der Schriftsteller Gustav Gründgens, der den Mephisto mehrfach auf der Bühne und im Film zum Besten gab.

Nazifizierung des *Faust* (Franziska Bomski und Anja Oesterhelt, 2018)

Nach 1933 konnten und wollten die neuen Machthaber auf das symbolische Kapital des deutschen Klassikers Goethe nicht verzichten. Allerdings bedurfte es eines gewissen argumentativen Aufwands und einer Selektion entsprechender Werke, um den Kosmopoliten in die nationalsozialistische Kulturpolitik zu integrieren. Der in der Forschung immer wieder geäußerten These einer Immunität Goethes gegen ideologische Vereinnahmungen in der NS-Zeit (so Zabka 1995, Frühwald 2002, Buck 2015) stehen insbesondere die »Überhöhung der Faust-Figur zum ›faustischen Menschen‹« als »Leitfigur des neuen nationalsozialistischen Menschentyps« und die Nutzung des Dramas als »Zitatreservoir« für ideologiekonforme, propagandistische Äußerungen entgegen (Mandelkow 1989, 82; vgl. auch bereits Mahal 1975). In der Diktatur dominierte ein Faust-Bild, das sich mit den NS-Ideologemen der Volkstümlichkeit, des Deutschtums, des Führertums, des Tatmenschen, des Heroismus und der imperialen Expansion in Deckung bringen ließ. Diese Deutungen schlossen an vorangehende, nicht nur völkische Rezeptionslinien an und rissen auch nach 1945 nicht abrupt ab. Vielmehr ist die Bruchlosigkeit der deutschen *Faust*-Begeisterung und des Bedürfnisses nach geistiger Führerschaft durch seinen Autor vor, in und nach der NS-Zeit augenfällig. Diese Begeisterung findet sich unter anderen politischen Vorzeichen auch im Exil.

Popularisierung: Das Ziel, anstelle einer bildungsbürgerlichen Elite die Massen anzusprechen, gehört wesentlich zur kulturpolitischen Agenda der Nationalsozialisten, die durchaus erfolgreich umgesetzt wurde. In diesem Kontext steht etwa die 1937 von Hans Reh besorgte Volksausgabe des *Faust I* und des ›Urfaust‹. Die Zurichtung des Goetheschen Werks für kriegspropagandistische Zwecke war dabei ein wichtiges Anliegen. So präsentiert Benedikt Welser 1941 mit einer entsprechenden Zitat-Aus-

Nationalsozialistische Propaganda (1944): „Auch an der Front bleibt die Sehnsucht nach deutschem Kultur- und Geistesgut in unseren Soldaten lebendig."
© picture alliance / Sammlung Berliner Verlag Archiv

wahl *Goethe als Kämpfer*, und Sigmund Graff gibt 1940 eine im Vorwort mit der »Gutheißung durch das Oberkommando der Wehrmacht« ausgezeichnete *Feldausgabe* Goethes heraus, um mit ›Faust im Tornister‹ die Kriegsbegeisterung von 1914 erneut zu schüren. Zur Popularisierung des *Faust* trugen auch Hörspiele bei, die im neuen Massenmedium Radio verbreitet wurden [...]. Dem zeitgenössischen Bedürfnis nach ›totalen‹ Theatererlebnissen einerseits, der Öffnung für ein breiteres Publikum andererseits entspricht die Vielzahl an Freilichtinszenierungen des *Faust*. [...] Das zwischen 1933 und 1937 installierte Thingspiel, der nationalsozialistische Versuch einer neuen Theaterform für die Massen, arbeitet ebenfalls mit intertextuellen Bezugnahmen auf Goethes *Faust* [...]. Daneben sind herkömmliche Aufführungen wie auch Front- und Laientheater von zentraler Bedeutung für die Verbreitung des *Faust* im Nationalsozialismus. [...]

Das ›Faustische‹: Die Vereinnahmung Fausts als Deutscher geht einher mit der Etablierung des ›Faustischen‹ als Inbegriff des heroischen, seinen Willen verwirklichenden Tatmenschen. Diese schon im 19. Jahrhundert präsente (Bleibtreu 1889), spätestens seit dem Erscheinen von Oswald Spenglers *Untergang des Abendlandes* (1918/22) virulente heroisierende Deutung Fausts wird im Nationalsozialismus dominant und lässt Faust zum »Inbegriff eines deutschen Mythos« werden (Mattenklott 2001, 604). Zum sog. ›Faustischen‹ gehört die starke Betonung der Tat, die in den ersten Jahren des Nationalsozialismus vielfältig mit dem Neuen, Umstürzenden, Revolutionären assoziiert wird. Der bei Goethe inhaltlich nicht eindeutig festgelegte und deswegen vielfältig besetzbare Tat- und Willensgedanke [...] wird im Nationalsozialismus insbesondere mit dem Ende des *Faust II* in Zusammenhang gebracht. [...] In der Konsequenz werden Faust und Hitler als Erobererfiguren miteinander assoziiert, Letzterer wird zum realen Pendant der fiktiven Idealgestalt stilisiert [...].

Franziska Bomski u. Anja Oesterhelt: *Nazifizierung*. In: Carsten Rohde; Thorsten Valk; Mathias Mayer (Hg.): Faust-Handbuch. Stuttgart: J.B. Metzler Verlag, 2018. S. 427–431.

Faust ist nicht mehr ›faustisch‹ (Michael Braun, 2018)

Die literarische Faust-Rezeption nach 1945 steht in Zusammenhang mit dem Umbruch, der sich in der europäischen Kulturgeschichte ereignet hat. Die Desorientierung an einem Kanon, die Selbstwidersprüche einer sich selbst bezweifelnden Moderne, nicht zuletzt die Erfahrungen von Krieg und Holocaust haben Auswirkungen auch auf den Umgang mit der berühmtesten Literaturfigur der Deutschen. Unter den Vorzeichen der

»Entzauberung der Welt« (Max Weber) haben Titanismus und Magie als ›faustische‹ Motive weitgehend ausgedient. Faust ist »ideologisch heimatlos« geworden. »›Wir‹ sind nicht Faust.« (Eibl 2000, 13) Insgesamt gesehen ist der Einfluss der Faust-Figur auf die erzählende Literatur nach 1945 insofern eher in stofflichen Bezügen, Mythos-Korrekturen oder kritischen Rücknahmen zu messen als in werkfüllenden Adaptionen. Bezeichnenderweise wird in den historisierenden Goethe-Romanen zeitgenössischer Schriftsteller meist auf den Autor des *Werther* und der *Wahlverwandtschaften* Bezug genommen (Ortheil 1998, Wellershoff 2000, Walser 2008), selten auf das ›Hauptgeschäft‹ des *Faust*. In dem historischen Roman *Die Vermessung der Welt* hingegen erscheinen die Protagonisten, allesamt Zeitgenossen Goethes, von der klassischen Literatur nicht verzaubert, sondern eher abgeschreckt oder gelangweilt (Kehlmann 2006, 158 u. 221). Zwei Tendenzen haben sich in der Rezeptionsgeschichte herausgebildet. Zum einen hat sich die Faust-Figur vom Gelehrten zum Künstler gewandelt, sie wird ästhetisiert und ihrer religiös-theologischen Erblast entledigt: Der Nachkriegs-Faust ist ein »Ruinenbaumeister « (wie in Herbert Rosendorfers gleichnamigem Roman aus dem Jahr 1969) und nicht mehr erlösungsbedürftig, daher erscheint seine ›Höllenfahrt‹ dramaturgisch plausibel. Rüdiger Safranski entdeckt in dieser Enttranszendierung der Faust-Figur eines der »Betriebsgeheimnisse der Moderne« (Safranski 2013, 612). Das Faust-Kapitel in seiner Goethe-Biographie, die das Leben des Klassikers »als Kunstwerk« (so der Untertitel des Buches) erzählt, entwickelt aus dem Stoff das »Zusammenspiel des Metaphysikers Faust und des Realisten Mephisto«. Die moderne Dynamik der Wette bestehe im Wandel der vertikalen Grenzüberschreitung zu einer horizontalen Geschichtsbemächtigung: »Die Moderne will nicht mehr hinaus, denn sie hat entdeckt, dass der Himmel leer ist. [...] Die Moderne ist nicht mehr kosmisch gesinnt, sondern global.« (Ebd.) [...]

Entfrevelung Mephistos (Michael Braun, 2018)

Zum anderen gewinnt Mephisto an Farbe und Format. Der *Spiegel*-Titel zum Goethe-Jubiläum 1999 zeigt ein Porträt Goethes, der sich selbst Hörner aufsetzt, darunter die Titelschlagzeile: »Mephisto Goethe« [...]. Die Entfrevelung und Aufwertung der Verkörperung des Bösen geht so weit, dass Mephisto mit dem Dichter identifiziert wird. Zugleich wird Mephisto zu einem kühlen Alter Ego Fausts. Die Kälte ist ein häufig genanntes Merkmal der literarischen Teufelsbilder. Gottfried Benn notierte unter den Eindrücken seiner Nachkriegs-*Faust*-Lektüre: »Geheimnis neben Geheimnis, und Abgrund u. Tiefe, Kälte und sowohl lässige wie dämonische Erfahrung auf jeder Seite« (an F. W. Oelze, 29.7.1948; Benn/Oelze 2016, 357 f.). Hans Mayers Diktum zur Goethe-Rezeption in der Moderne gilt auch für den *Faust*: »Es wird immer kälter in der deutschen Poesie.« (Mayer 1999, 371 f.) Die Entfrevelung und De-Moralisierung des ›Volksbuch‹-Teufels ist von Hans Blumenberg als »Arbeit am Mythos« beschrieben worden (Blumenberg 1979, 305–326). Paul Valérys fragmentarisches Drama *Mon Faust*, 1940 bis 1945 entstanden, nimmt eine in diesem Zusammenhang aufschlussreiche Vertauschung der klassischen Rollen von Faust und Mephisto, von Verführtem und Verführer vor. Wenn gemäß Goethes provokativer Selbstdeutung – »Ihr meint, der Teufel werde den Faust holen. Umgekehrt: Faust holt den Teufel« (Goethe GG, 1, 395) – der Teufel schon in Faust steckt (und in diesem Sinne kann man auch den Banker Josef K. sowie den Landvermesser K. in Kafkas Romanen *Der Proceß* und *Das Schloß* als faustkritische Figuren lesen; Blumenberg 2017), wenn der Wissende dem Bösen nicht mehr überlegen ist an Möglichkeiten, sondern angesichts der Totalität und »Banalität des Bösen« (Hannah Arendt) resigniert, dann ist der Mythos am Ende. Für die religiöse Substanz des Faust-Stoffes, die vom ›Volksbuch‹ über das Puppentheater bis zu Goethes Menschheitsdrama im metaphysischen Streit um die menschliche Seele bestand, bedeutet dies auch das »Ende der Seele« (Blumenberg 1979, 315). Das mephistophelische Heldentum hat als eine der ersten Madame de Staël in ihrem Buch *Über Deutschland* (1810/13) entdeckt. Faust kam ihr zu wankelmütig, Gretchen zu naiv vor. Es ist Thomas Mann, der diese Aufwertung des Teufels am konsequentesten episch durchgespielt hat. Mann nennt Mephisto in seiner Vorlesung *Über Goethe's ›Faust‹* (1938/39) einen »Weltmenschen« (Th. Mann 1990, 606) und konzentriert damit das diabolische Ineinander von Modernisierungskrise und Religionsverlust in einer Figur, die aufgeklärt, witzig, höflich, als Moralist erscheint, kurz: als »zivilisierter Teufel« (Weinrich 2007, 130–135).

Michael Braun: *Faust ist nicht mehr ›faustisch‹*. Und: *Entfrevelung Mephistos*. In: Carsten Rohde; Thorsten Valk; Mathias Mayer (Hg.): Faust-Handbuch. Stuttgart: J.B. Metzler Verlag, 2018. S. 440–442.

Der „Faust-Stoff" vor der Kamera (1960)

Ein Teppich mit bizarrem Muster[,] Bilder prallbusiger Weiber mit doppeltem Kopf, blinkender Sputniks, einsam dahinsegelnder Augäpfel, grellfarbener Zwitter aus Wurmtieren und Schraubenschlüsseln, menschenähnlicher Leiber mit metallenen Krallenfüßen – ist der Dekor, den die Bühnenbildner auf dem Fußboden der Halle III in den Hamburger Realfilm-

Ateliers ausgelegt haben. Der seltsame Flurschmuck ist die Kulisse für eine klassische Bühnenszene, die in diesen Tagen verfilmt wird: die „Walpurgisnacht" aus Goethes „Faust".
Denn Ende vergangenen Monats hat die Divina-Produktion des Münchner Gloria-Filmverleihs begonnen, eine farbige Filmfassung der erfolgreichen „Faust-I"-Inszenierung von Gustaf Gründgens herzustellen. Schauspiel-Professor Gründgens, 60, [...] zählt wiederum zu den Akteuren. Er übernahm im „Faust"-Film die Rolle, die er – auf der Bühne schon mehr als 600mal verkörpert hat – Mephisto.
Neben ihm, aber unter seiner „künstlerischen Oberleitung" – Regie führt Peter Gorski – spielt das gesamte „Faust"-Ensemble des Deutschen Schauspielhauses in Hamburg, darunter Will Quadflieg (Faust), Ella Büchi (Gretchen), Elisabeth Flickenschildt (Marthe Schwerdtlein).
Was den Gloria-Verleih bewogen hat, rund eine Million Mark in das „Faust" -Projekt zu investieren – allein die Walpurgisnacht-Szene kostet fast 70 000 Mark – begründet Divina-Produktionsleiter Eberhard Meichsner: „Das Publikum hat ja Freude an der Qualität. Und wenn man bedenkt, dass 'Faust' das deutsche Thema schlechthin ist und auch sehr attraktiv fürs Ausland ..."
[...] Nach der Premiere der Gründgens -Inszenierung (1957) sah sich die „Welt" veranlasst, dieses Ereignis in den sonst politischen Geschehnissen vorbehaltenen Leitartikelspalten zu würdigen. „Wer heutzutage in der Nacht oder am Morgen am Hamburger Schauspielhaus vorbeikommt, [...] wird oft eine lange Kette von Menschen sehen, junge und alte, die – wie einst in den bösen Jahren um ein Pfund Margarine oder einen Brotlaib – um ein Billett zur ‚Faust'-Inszenierung von Gustaf Gründgens anstehen, mit Feldstühlen, Decken und Thermosflaschen bewaffnet."
Das Publikumsinteresse an der „Faust" -Darbietung hat sich seitdem keineswegs vermindert. Längst ist die „Faust"-Aufführung auf Langspielplatten (SPIEGEL 31/1959) erhältlich; noch immer ist es schwierig, eine Karte für einen „Faust" -Abend im Deutschen Schauspielhaus zu ergattern. Da Gründgens mit seinem Ensemble inzwischen auch eine erfolgreiche Rußland-Tournee absolvierte und jüngst gar nach Amerika eingeladen wurde, um dort den „Faust" zu präsentieren, war es nicht verwunderlich, dass „Faust"-Filmregisseur Peter Gorski den optimistischen Produzenten beipflichtete. [...] Allein: Schon einmal haben sich die Hoffnungen als trügerisch erwiesen [...]. Der vieldiskutierte Stummfilm „Faust" [1926] spielte bei weitem nicht die zwei Millionen Reichsmark ein, die der Ufa-Konzern für das ehrgeizige Filmvorhaben aufgewandt hatte. [...]

Erst nach dem Zweiten Weltkrieg nahmen sich die Filmleute wieder des „Faust"-Themas an. Frankreichs Regie-Veteran Rene Clair verfertigte eine gänzlich unproblematische „Faust" -Version („La Beauté du Diable"), die sogar ein Happy-End vertrug: Faust übertölpelt den Teufel und gewinnt sein Zigeuner-Gretchen.
1955 versuchte dann der französische Regisseur Autant-Lara das „Faust"-Thema in Reißer-Manier zu bewältigen („Marguerite de la Nuit"). Er entwarf eine moderne Dreiecks-Geschichte zwischen einem Bardamen-Gretchen (Michele Morgan), einem mephistophelischen Rauschgifthändler und einem tatterigen Faust, der als Nachfahre des Doktor Johann Faust aus dem 16. Jahrhundert ausgewiesen wurde.
Nun rüsteten sich auch deutsche Filmproduzenten, den „Faust"-Stoff aufzuarbeiten. Der Chef der Berliner CCC-Filmproduktion, Artur Brauner, kündigte eine „Faust"-Verfilmung mit O. W. Fischer in der Titelrolle an. Abwechselnd war für die Rolle des Gretchen von Romy Schneider und Maria Schell, für die Rolle des Mephisto von Otto Eduard Hasse, Curd Jürgens und Gustaf Gründgens die Rede. [...]
Gloria-Chefin Kubaschewski, die einstige „Königin-Mutter des deutschen Heimatfilms", stimmte dem Plan, den Bühnen-„Faust" zu verfilmen, sofort zu. Ihre Beauftragten bemühten sich unverzüglich, Gründgens für das Vorhaben zu interessieren. [...] Um diesen „schmalen Grat zwischen Nicht-mehr-Theater und Noch-nicht-Film" zu erklimmen, standen Gründgens nur die technischen Mittel des Films – Kameraführung, Schnitt-Technik und Farbe – zur Verfügung. Er nutzte sie konsequent: Szenisch soll sich der Film kaum von der Bühnenfassung unterscheiden, aber die Kamera bewegt sich wie in einem normalen Spielfilm. Sie photographiert die Bühne nicht vom Zuschauerraum aus – wie beim „abphotographierten Theater" –, sondern ist am Rand oder auf der Bühne selbst postiert.
Die turbulente Walpurgisnacht beispielsweise soll zentral von oben wie auch von allen Seiten gefilmt und dann so geschnitten werden, dass die Leinwand mit zuckenden Gestalten ausgefüllt erscheint. Vorsorglich hat die Divina die Zahl der Komparsen – 40 in der Bühnenversion – auf 200 erhöht. Gründgens: „Der ‚Faust' ist ein unerhört filmisches Stück."

In: DER SPIEGEL 24/1960. https://www.spiegel.de/spiegel/print/d-32417088.html

Was ist am Faust revolutionär? (Brown, 2009)

[... D]ie ungeheure Anziehungskraft *Fausts* und seines Autors [ist auch] für ganz andere Rezipientenkreise bekannt: so z. B. für die jungen Internetsurfer, die ständig von der *Goethe Society of North America* wissen wollen,

ob Goethe wirklich dieses oder jenes (natürlich auf Englisch) gesagt habe, weil sie es bei einer Hochzeit oder derlei Anlässen verwenden wollen; für die Unmenge Studenten, die immer bereit sind, eine Vorlesung über Teufelspakte zu belegen; für die Liebhaber des surrealistischen tschechischen Regisseurs Jan Svankmaier und seines phantastischen Faustfilms. Aber sogar für den linksrevolutionären Che Guevara, den man – Goethe lesend – leicht im Google-Bilderservice finden kann; für die konservative Revolutionärin Hannah Arendt und für die französische Psychoanalytikerin Sabine Prokosch, die *Faust* als das dunkle Herz der freudschen Metapsychologie versteht.
Ihnen allen ist Goethes Faust das urbildlich böse Kind, ein erwachsener Zauberlehrling. Ein jeder Text, der so große Ambivalenz hervorruft, verdient, dass man ihn feiert, aber auch, dass man ihn befragt. Wieso hat *Faust* seine Leser in Konservative und Revolutionäre polarisiert, der etwas altfränkischen Ausdrucksweise der *Faust*-Forschung zufolge in ›Perfektibilisten‹ und ›Nihilisten‹, und warum hält man seit den 1960er Jahren im Westen die utopischen Perfektibilisten, die Fausts revolutionäres Streben ja hochschätzen, für Konservative? Was bedeutet *Faust* für die Gesellschaft? Zu welchen sozialen Veränderungen drängt dieser Text? In dem Sinne will ich wissen, was eigentlich so revolutionär ist am *Faust*.
[...] Während sich der zweite Teil großangelegten politischen und sozialen Erneuerungsprogrammen widmet, spielt sich der erste Teil in der von Goethe so genannten ›kleinen Welt‹ ab und handelt von der privaten Sphäre, einem im Grunde ganz gewöhnlichen Liebesverhältnis. Diese Liebestragödie – in den 1770er Jahren verfasst und in den späten 1790er Jahren umgeschrieben und in *Faust I* eingebettet – schwebt jedoch merkwürdig über der Scheide der Französischen Revolution. Goethe versucht freilich im Laufe der 1790er Jahre, mit der Revolution auf literarische Weise zurechtzukommen, überwiegend in mehr oder weniger misslungenen oder fallengelassenen Werken wie z. B. dem *Groß-Cophta*, den *Aufgeregten* oder dem *Mädchen von Oberkirch*. *Herrmann und Dorothea* und das eher verschlüsselte als offene *Märchen* sind die großen Ausnahmen. *Faust I* folgt auf diese Versuche. Obwohl die Gretchen-Tragödie schon in den 1770er Jahren verfasst wurde, sind die sie umrahmenden Szenen des ersten Teils hauptsächlich zwischen 1797 und 1801 entstanden, d. h. nach den eben aufgezählten Werken. Also verwandelt sich meine erste Frage in diese: Wie verhält sich die Tragödie von Faust und Margarete zu ihrer zeitlichen Umgebung und was ist daran revolutionär?
[...]

Schon zu Goethes Zeiten ist offensichtlich gewesen, dass Rousseau der maßgebliche Denker für die jüngere Generation war, die wir jetzt Romantiker nennen, besonders wo es sich um Gesellschaftserneuerung handelte. Fausts Teufelspakt kehrt in der Tat einen bekannten Satz von Rousseau um, namlich: »Ich wollte, dass dieser Augenblick ewig dauern möge«. Die Entlehnung beweist weniger Ergebenheit als eine tief ambivalente Haltung gegenüber dem französischen Vorgänger – eine Ambivalenz, die Goethe von den *Leiden des jungen Werthers* bis zu seinem Lebensende beschäftigt hat. Diese Ambivalenz erscheint in der Paktszene und ihre Wurzeln zeigen sich in der Kritik an Rousseaus Bildungsroman *Emile* (1762) in *Wilhelm Meisters Lehrjahre* (1795/96). [...]

Die Spannung mit Rousseau hat zunächst einen zeitlichen Aspekt. Der Kernpunkt des Pakts in Goethes *Faust*, wie bei *Faust*-Texten im Allgemeinen, ist Fausts Zugang zum Leben. Er muss aus seinem engen Studierzimmer, aus seiner Welt der Worte, in die Wirklichkeit, in die Zeit hinaus. Der Faust des Volksbuchs erhandelt sich vierundzwanzig Jahre Teufelsdienst und Goethes Faust unterschreibt das Pergament mit dem Ausruf: »Stürzen wir uns in das Rauschen der Zeit« (HA 3, S. 58, V. 1754). Was hat das mit Rousseau zu tun? Die fünfte von Rousseaus *Reveries du promeneur solitaire* (*Träumereien des einsamen Spaziergängers*, 1782) erreicht ihren Höhepunkt mit der Klage: »In unseren lebhaftesten Freuden gibt es kaum einen Augenblick, in dem ich das wahrhaftig sagen könnte: *Ich wollte, dass dieser Augenblick ewig dauern möge*«. Rousseaus Klage, dass der Mensch der Zeitlichkeit unterworfen bleibt, verwandelt Goethes Faust in die explizite Bejahung der Zeitlichkeit mit den berühmten Zeilen: »Werd' ich zum Augenblicke sagen: / Verweile doch! du bist so schön!« (HA 3, S. 57, V. 1699 f.), die den Pakt besiegeln und das Ende von Fausts Leben ankündigen. Goethes Faust und Rousseaus Spaziergänger klagen beide, dass die Welt ihre unersättlichen emotionalen Begierden nicht befriedigt.

Während Rousseau sich das Glück jedoch in einem mitten im See ruderlos schaukelnden Kahn vorstellt, umklammert Faust gerade die proteische Welt, die ihn zur Verzweiflung treibt. Rousseau zieht sich ins reine Selbstbewusstsein zurück; Goethe will lieber ein Streben und Engagement in der Welt, die sich ständig und kräftig bewegt. Ab den 1790er Jahren, als er die Paktszene schreibt und den ersten Teil von *Faust* allmählich zum Abschluss bringt, nennt Goethe dieses rousseauische Zögern, sich in der Welt zu engagieren, »die Sorge« – eine Entwicklung, die erst mit Fausts Erblindung im 5. Akt des zweiten Teils ihren Höhepunkt erreicht. Rousseau ist aber nicht einfach der Gegenspieler, da Faust zu Beginn der

Szene *Nacht* als genau das in sich geschlossene Subjekt (hier der in seinem engen Arbeitszimmer Eingeschlossene) auftritt, das Rousseaus *Reveries* mit solcher Deutlichkeit ins europäische Bewusstsein gerückt haben. Goethe stimmt also Rousseaus Diagnose zu, lässt seinen Helden aber nicht, wie Rousseaus Spaziergänger, in der Subjektivität der Moderne aufgehen. Ethisch motivierte Kritik sowohl an Rousseau als auch an Goethe wegen ihrer vermeintlichen Blindheit gegenüber der Gesellschaft ist ein kritischer Gemeinplatz: Rousseau als einsamer Spaziergänger, Faust als Gegenbild dazu, der amoralische Streber, für den die Tat alles andere übertrumpft. Die bisherigen Ausführungen zeigen aber, dass es doch möglich sein musste, zwischen beiden eine ethische Unterscheidung zu treffen.

[...]

Was Arendt als das große Versagen der Revolution im Europa des 19. Jahrhunderts ansieht, versteht Goethe als das Hauptproblem im *Faust*, nämlich die Spannung zwischen gegensätzlichen revolutionären Anforderungen: einerseits dem Gebot der Natur zur bestmöglichen Selbstrealisierung und andererseits dem Gebot der Gesellschaft zur Entsagung des Ich zugunsten von Eintracht, Ordnung und Mitleid. Das Gebot der Natur schließt eine Subjektivität ein, die von der Einbildungskraft und dem Bewusstsein noch unberührt ist, und bleibt daher noch ohne Mitleid. Es wird Faust vom Herrn im Prolog auferlegt und dann in den beiden Pakten mit Mephistopheles artikuliert, der die Lebenskraft der Natur verkörpert. Diese mephistophelische Rastlosigkeit ist eine Form der Revolution im *Faust*. Das zweite, mitleidige Gebot wird Margarete auf den Leib geschrieben; die schöpferische Vitalität der Natur bringt die moralische und soziale Ordnung in Gefahr und führt sowohl zu persönlicher als auch zu kommunaler Zerstückelung (sie wird ja enthauptet, genau wie so viele Franzosen es werden sollten). Trotzdem stellt das Drama dar, wie Faust und Margarete einander lieben und angehören. Beide sind Revolutionäre und die Tragödien beider richten sich an die politischen und psychologischen Neuerungen des Revolutionärs Rousseau. Revolution wird einerseits als die kreisende Ordnung des unabwendbaren Kosmos begriffen und andererseits als die zerstörerische utopische Sorge um das bisher unsichtbare Volk: Arendts ›soziale Frage‹. Die Geburtswehen dieser zweiten Bedeutung aus der vorigen sind gerade in die 1790er Jahre, die Entstehungszeit des *Faust I*, gefallen. Wenn Faust den prometheischen Aufstand gegen die Begrenzung des menschlichen Zustands verkörpert, um die unendliche Potenz seines Seins in der Natur zu entwickeln, so verkörpert Margarete den tragischen Aufstand gegen die eingrenzenden Sicherheitsmaßnahmen der menschlichen

Gesellschaft, gegen die notwendige Trennung von privater und öffentlicher Sphäre. Und doch kann man das auch umkehren. Faust leidet unter der ständigen Aufopferung seiner privaten Sphäre (seiner Liebe zu Margarete) unter das Gebot der öffentlichen Sphäre, während Margarete, die Märtyrerin der Gesellschaft, als eine Verkörperung der Lebenskraft der Natur, des ewig Weiblichen endet. Dem Zuschauer bleibt es überlassen, sich vom Text unterdrückt oder befreit zu fühlen – vielleicht sogar beides zugleich; auch die Französische Revolution hat übrigens eine solche Ambivalenz erzeugt.

Jane K. Brown: *Faust als Revolutionär: Goethe zwischen Rousseau und Hannah Arendt.* In: Goethe-Jahrbuch 2009. Band 126. Göttingen: Wallstein Verlag, 2009. S. 79–89.

Vom Sturz eines Titanen (Björn Hayer, 2019)

Zwischen Individualismus, Patriarchat und großen Gefühlen: Nach 200 Jahren „Faust" auf der Bühne ziehen die Theater eine Bilanz des bis heute vielschichtigsten Antihelden der Deutschen.

Faust. Ein Mann, ein Wort. Faust, die Verkörperung der Tat, des ewig menschlichen Strebens nach Sinn und Wahrheit. Faust, der Grenzgänger zwischen Melancholie und Selbstüberschätzung. Faust, der Hohepriester der deutschen Seele. Der Überflieger hat im Laufe der Jahrhunderte viele Zuschreibungen erfahren und gilt seit seiner fragmentarischen Uraufführung vor 200 Jahren, am 24. Mai 1819 im Berliner Schloss Monbijou, als einer der schillerndsten, problematischsten Charaktere der Literaturgeschichte. Unzählige Male für das Theater, in Filmen und Romanen adaptiert, zitiert und bearbeitet, avancierte Goethes unsteter Held zu einer Spiegelfigur für Mentalitäten und Herausforderungen der jeweiligen Epochen. Dass die einen in dem Universalgelehrten einen nicht zu kopierenden, beinah gottgleichen Titanen sahen, während andere in ihm den mit allem Guten und Bösen versehenen Jedermann zu erkennen glaubten, ergibt sich aus den Widersprüchen im Helden selbst. Man feierte das von unstillbarem Wissensdurst getriebene Genie genauso wie den an seinen Trieben und Egoismen scheiternden Repräsentanten aller Menschen. [...]
Und während man im Klassenzimmer noch ausgiebig die sogenannte kosmologische Dialektik bespricht, wonach das Gute und Böse, das Himmlische und Antichristliche sich im Idealtypus Faust vereinten, arbeiten die Theater längst an dessen Dekonstruktion. Wie der Besuch verschiedener Inszenierungen im deutschsprachigen Raum – von der Provinzbühne bis zum gewichtigen Mehrspartenhaus – belegt, ist der Säulenheilige längst

von seinem Sockel gestoßen. Was sehen heutige Regisseure und Schauspieler noch in ihm? Ferner: Wie geht man mit einer so bedeutsamen Traditionslinie um, in die sich zuvor schon so viele Dramatiker und Interpreten eingeschrieben haben?
Am Schauspiel Leipzig [...] hat sich der Intendant Enrico Lübbe für einen äußerst überzeugenden und erhellenden Zugang entschieden. Als Ausgangspunkt dient ihm die Gesellschaftsdiagnose von Andreas Reckwitz. In dessen Buch „Gesellschaft der Singularitäten“ (2017) stellt der Soziologe die These auf, dass das spätmoderne Subjekt im Zeichen eines übersteigerten Egokults stehe. Es ziele die Kultivierung des Besonderen in allen Lebensbereichen an. So originell der Urlaub ausfalle, so einzigartig müsse der Fremdsprachenunterricht der Kinder oder die Inneneinrichtung gegeben sein. Vor dem Hintergrund dieser Theorie stellt Regisseur Lübbe Goethes Helden als den Prototyp des nach Differenz und Individualismus strebenden Menschen im 21. Jahrhundert dar. Um dessen fehlenden Gemeinschaftssinn und Ich-Zentrierung sichtbar zu machen, wiederholt Lübbe mehrfach die Szene des Osterspaziergangs. Während sich anlässlich des Glockengeläuts stets derselbe prüde Chor formiert und sein antiquiertes Liedgut darbietet, vermag sich der so skeptisch wie orientierungslos schauende Faust [...] nur schwer in das Kollektiv einzuordnen. Mehrfach findet sich der Protagonist inmitten von lauten Stimmen oder gar Steppschritten wieder. „Hier bin ich Mensch, hier darf ich's sein“, lässt er einmal verlauten.
Vom Titanen ist in dieser souveränen, intelligenten Inszenierung nichts mehr übrig geblieben – eine gleißende Ironie für die Faust-Stadt, wo das berühmte Restaurant „Auerbachs Keller“ nur wenige Meter vom Schauspiel entfernt liegt. Richard Wagner wurde in der Stadt geboren, Johann Sebastian Bach schrieb hier seine großen Werke. Die Pflastersteine atmen Bildung, allerdings ohne jede Verstaubtheit. [...] Auch zur Aufführung findet sich ein höchst durchmischtes Publikum ein. Ein Faust als der Deutschen Überfigur wäre in der mittlerweile hippen City deplatziert. „Im Grunde hat er ein Burnout“, so Intendant Lübbe, der seine Interpretation bewusst in Kontrast zur bis ins 20. Jahrhundert hineinreichenden Rezeption der Verklärung setzt. Sie sei in Summa „ein großes Missverständnis“. Goethe „wendet sich gegen den kleinbürgerlichen Geist seiner Landsleute, dem Faust wie Gretchen ja entfliehen wollen“. Dessen Karikatur im Leipziger Bühnenchor hebt letztlich auf die „totale Verkehrung“ der Tragödie zum „deutschen Nationalstück“ ab, wie es noch im 19. Jahrhundert und bis ins Dritte Reich hinein oftmals verstanden wurde.

Überhaupt setzt erst in der BRD-Nachkriegszeit die umfassende Demontage des Grenzüberschreiter-Dramas ein. Den Grundstein dafür legt 1957 Gustaf Gründgens' inzwischen kanonische Aufführung. Ausgehend von den drei Vorspielen in Faust I zeigt er das Werk als Theater im Theater, wodurch er, noch ohne politische Implikation, mit dem Illusionsraum bricht. In der DDR versuchen Regisseure wie etwa Wolfgang Langhoff den Klassiker zumeist als einen sozialistischen Gründungsmythos zu lesen. [...] Das westdeutsche Regietheater bemüht sich hingegen, solcherlei ideologischen Verkrustungen, die sich im Laufe der Jahrhunderte am Text gebildet haben, herauszustellen. Dieter Dorn arbeitet 1977 an den Münchner Kammerspielen die Fortschrittshybris im Text als Grundelement der Ausbeutung der Natur heraus, Einar Schleef liefert 1990 eine wegweisende Skandalinszenierung, indem er zentrale Wendungen aus Goethes Opus magnum von Chören im Marschschritt als Anspielung auf die nationalistische Pervertierung des Stoffes in der Rezeptionsgeschichte aufsagen lässt [...]. Erst mit Christoph Marthalers (1993) und Nicolas Stemanns (2011) postdramatischen Annäherungen gerät das Werk in seiner Eigenlogik wieder stärker in den Fokus. Indem beide Regisseure Redestücke auf mehrere Figuren aufteilen, setzen sie einen wichtigen Akzent für alle späteren Inszenierungen: Gretchen, Mephisto und Faust können als Partes pro Toto einer Person, mit all ihren Schattierungen und Paradoxien gesehen werden. [...]

Titelseite der Illustrierten Film-Buehne: Gustav Gründgens in seiner Paraderolle als Mephisto – auf der Bühne und vor der Kamera.

Björn Hayer: *Vom Sturz eines Titanen*. In: Cicero. Magazin für politische Kultur. Heft 5, Mai 2019.

Charles Gounods Oper *Faust*

Ein Fest für Stimmfetischisten, aber mit literarischem Anspruch: Mit seiner „Faust"-Oper schuf Charles Gounod perfekte Vokalmusik und setzte zugleich Goethes Tragödie geschickt in Szene. Ein Meilenstein des Musiktheaters.

Was hat Goethes „Faust" mit „Tim und Struppi" zu tun? Charles Gounod (1818–1893) ist der Mittler zwischen der größten Tragödie der deutschen Literatur und den Bildgeschichten des Belgiers Hergé: Mit der „Juwelenarie" der Margarethe schuf der französische Komponist 1859 in seiner „Faust"-Oper einen veritablen Hit, der – nebst dem fiktiven Star Bianca Castafiore – zum „running gag" der Comic-Reihe wurde.
Schon zu Lebzeiten war Gounod ein Komponist, dessen Ruhm sich verselbständigte und zum Symbol für Musik schlechthin wurde. Gounod wurde bei der Eröffnung der Royal Albert Hall in London gespielt, und als die Metropolitan Opera in New York eingeweiht wurde, stand dessen „Faust" auf dem Spielplan. Im Lande Goethes wurde die kongenial eingerichtete „Faust"-Adaption zurückhaltender aufgenommen, etablierte sich aber gleichfalls, wenn auch lange Zeit unter dem etwas irreführenden Titel „Margarethe".
Während Komponisten wie Berlioz, Liszt, Schumann und Wagner ihre „Faust"-Werke am Rande oder jenseits der Gattung Oper ansiedelten, stürzte sich Gounod in ein Musiktheater voller Saft und Kraft – übrigens im Sinne Goethes, der 1829 in einem Gespräch mit Johann Peter Eckermann die Komposition des „Faust" als „ganz unmöglich" bezeichnet hatte, denn: „Das Abstoßende, Widerwärtige, Furchtbare, was sie stellenweise enthalten müsste, ist der Zeit zuwider. Die Musik müsste im Charakter des ‚Don Juan' sein; Mozart hätte den ‚Faust' komponieren müssen. Meyerbeer wäre vielleicht dazu fähig, allein der wird sich auf so etwas nicht einlassen; er ist zu sehr mit italienischen Theatern verflochten."
Der Hinweis auf den damals noch wenig bekannten Giacomo Meyerbeer ist erstaunlich, wurde dieser doch zum Pionier der französischen Oper und damit zu einem direkten Vorläufer von Gounod. Dessen „Faust"-Oper hatte auch deswegen Erfolg, weil Gounod darin Paraderollen für gleich vier Stimmfächer schuf: Die Titelpartie als Haute-Contre-Tenor, Mephistopheles als schwarzer Bassbariton, Margarethe als lyrischer Sopran und deren Bruder Valentin als typisch französischer, hoher „Baryton-Martin". Kein Wunder, dass die Aufnahmegeschichte dieser Oper bereits um 1900 mit Fjodor Schaljapin und Adelina Patti einsetzt. 1930 lagen von Gounods „Faust" schon zwei Gesamtaufnahmen vor; heute ist das Werk in unterschiedlichsten Versionen und Libretto-Übersetzungen greifbar: Ausdruck einer musikalischen Weltsprache. [...]

Die „Faust"-Oper von Charles Gounod. Sie gleicht dem Geist, den sie begreift. In: Deutschlandfunk Kultur, 17.06.2018. https://www.deutschlandfunkkultur.de/die-faust-oper-von-charles-gounod-sie-gleicht-dem-geist-den.1275.de.html?dram:article_id=420266

Goethes „Faust I" in Flix' Comic-Neuinszenierung (Michael Veh, 2016)

Wenn Felix Gormann alias Flix, ein etablierter Vertreter der aktuellen Comic-Szene, im Rahmen eines längeren Projekts ausgerechnet Goethes *Faust* auswählt, um ihn zur Graphic Novel umzuarbeiten, mag dies auf den ersten Blick verwundern. Allzu groß erscheint die Diskrepanz zwischen dem vielleicht einflussreichsten Werk der deutschen Hochkultur einerseits und dem Medium Comic andererseits, das lange Zeit fast ausschließlich dem Bereich der Popularkultur zugerechnet wurde. So drängt sich die Frage auf, warum sich Flix just für dieses Werk entschieden hat. Zur Klärung soll zunächst der Künstler selbst gehört werden, der sich in einem Rundfunkinterview dazu geäußert hat:

Ja, ich habe natürlich – wie viele Schüler auch – *Faust* im Deutschunterricht lesen müssen und hatte damals eine ziemlich strenge Deutschlehrerin, die sehr interpretationskonservativ war und nur das hat gelten lassen, was man in der Sekundärliteratur auch nachlesen hat können. Und da bin ich mit meinen Ideen gegen die Wand gelaufen, bis ich irgendwann so wütend war, dass ich gesagt habe: Okay, dann schreibe ich meinen eigenen „Faust"!

Diese paratextuelle Aussage legt nahe, dass sich Flix vor allem um eine innovative Transformation von Goethes Werk bemüht habe und sich dabei von dessen kanonisierter Deutungstradition bewusst abgrenzen wollte. [...]

Bei der Auseinandersetzung [...] ist im Falle von Flix' *Faust*-Bearbeitung sicherlich entscheidend, dass der Künstler die Handlung radikal aktualisiert, indem er sie in das Berlin des frühen 21. Jahrhunderts versetzt. Zudem erhält die Handlung deutlich humoristische Zuge, so dass der Untertitel *Der Tragödie erster Teil*, den Flix von Goethe übernimmt, zumindest aus Sicht der etablierten Gattungspoetik gänzlich seine Berechtigung verliert. Frühere Interpreten hielten den Comic aufgrund solcher Merkmale mehrfach für eine Parodie von Goethes Werk. Diese Zuordnung ist jedoch – nicht nur angesichts der Äußerungen des Zeichners – recht eindimensional und daher kritisch zu prüfen: Dient der neue historische Kontext nicht eher als Mittel, Anschlüsse von Goethes *Faust* an Wirklichkeitsbereiche des 21. Jahrhunderts aufzuzeigen? [...]

Michael Veeh: *Teufelspakt und Gretchenfrage als Mittel der Gegenwartsdiagnose. Goethes „Faust I" in Flix' Comic-Neuinszenierung*. In Goethe-Jahrbuch 2016. Göttingen: Wallstein Verlag, 2017.126–139.